감사의 마음을 담아

_____에게 드립니다.

홍익희의
유대인 경제사

일러두기

• 본《유대인 경제사》시리즈의 일부 내용은 저자의 전작《유대인 이야기》(행성B잎새, 2013)를 참조하였습니다.

동방무역과 금융업
중세 경제사 上
LEVANTHANDEL &
FINANCIAL BUSINESS

3

홍익희의
유대인
경제사

한스미디어

머리말

6·25전쟁의 잿더미에서 맨손으로 시작한 우리 경제가 이제는 교역 규모 세계 9위이자 수출 5강이다. 무에서 유를 창조한 것이나 진배없다. 1950년대 한국은 아프리카 나라들과 별 차이가 없는 극빈국이었다. 아니, 그보다도 못했다. 전쟁이 끝난 1953년의 1인당 소득은 67달러로 세계 최빈국의 하나였다. 그 뒤 8년이 지난 1961년에조차 1인당 소득은 82달러로, 179달러였던 아프리카 가나의 절반에도 못 미쳤다. 그마저도 미국 원조 덕분이었다. 전쟁 복구가 시작된 1953년부터 1961년까지 원조 액은 무려 23억 달러였다. 당시 우리의 수출액과 비교해보면 미국 원조가 얼마나 큰 금액이었는지 알 수 있다. 1962년 우리 수출실적은 5000만 달러였다.

그해 정부주도로 처음으로 경제개발계획이 시작되었다. 같은 해 대한무역투자진흥공사KOTRA가 설립되었다. 변변한 자원 없는 우리 민족도 한 번 해보자고 무역 진흥의 기치를 높이 내걸고 달리기 시작하였다. 그리고 2년 뒤 1964년에 1억 달러 수출을 달성했다. 이를 기념하여 '수출의 날'이 제정되었다.

그로부터 6년 뒤인 1970년에 수출 10억 달러를 넘어섰다. 또 그로부터 7년 뒤 "친애하는 국민 여러분, 드디어 우리는 수출 100억 달러를 돌파하였습니다. 이 기쁨과 보람은 결코 기적이 아니요, 국민 여러분의 고귀한 땀과 불굴의 집념이 낳은 값진 소산이며, 일하고 또 일하면서 살아온 우리 세대의 땀에 젖은 발자취로 빛날 것입니다"라고 박정희 대통령은 떨리는 목소리로 수출의 날 기념식에서 말하였다.

100억 달러! 당시로는 쉽게 믿기지 않는 숫자였다. 대통령은 그날 일기에 이렇게 적었다. "10억 달러에서 100억 달러가 되는 데 서독은 11년, 일본은 16년 걸렸다. 우리는 불과 7년 걸렸다. 새로운 출발점으로 삼자. 새로운 각오와 의욕과 자신을 가지고 힘차게 새 전진을 다짐하자."

이렇게 달려와 2008년 수출액은 4200억 달러를 넘어섰다. 46년 사이에 8400배 증가한 것이다. 세계은행에 따르면 1960년대 이후 30년 동안 한국의 경제성장률이 세계 197개국 가운데 가장 높았다 한다. 자그마치 30년을 1등으로 달려온 민족이다. 세계 경제사에 유례가 없는 것이라 하였다. 바깥을 향한 경제정책이 우리 민족을 일으켜 세운 것이다. 해외에 나가보면 우리 수출기업들이 정말 열심히 뛰고 있다. 그들의 활약상을 보고 있노라면 누구라도 애국자가 아니 되려야 아니 될 수 없다. 우리 경제가 이만큼이나마 클 수 있었던 것은 수출기업들 덕분이다.

그런데 이러한 수출의 비약적인 발전에도 오늘날 우리 경제가 활력을 찾지 못하는 원인은 무엇일까? 내수경기는 좀처럼 불붙지 못하고 청년실업은 갈수록 늘어나고 있다. 상품 수출로 벌어들인 무역흑자는 서비스 수지와 소득수지 적자로 까먹고도 모자랄 판이다. 이제는 세상이 바뀌어 상품 수출만으로는 안 된다. 서비스산업의 발전 없는 제조업 수출만으로는 한계가 있다.

필자는 해외 7개국에서 근무했다. 그 가운데 1990년대 중반 뉴욕 무역관에 근무할 때, 제조업 고용비중이 10%도 안 되는 미국에 세계 경제를 호령하는 힘은 어디서 나오는지 궁금했다. 속내를 들여다보니 미국은 서비스산업 고용비중이 80%를 넘어선 서비스산업 강국이었다. 특히 금융산업 경쟁력은 세계 최강이었다. 뭔가 월스트리트에 답이 있을 듯했다. 그 속내를 들여다보고 싶었다.

세계의 제조업이 산술급수적으로 커가고 있을 때 금융산업은 기하급수적으로 성장하였다. 미국 경제에서 GDP 성장에 대한 금융산업 기여도는 3할에 이른다. 세계는 바야흐로 금융자본이 산업자본을 이끄는 금융자본주의 시대다. 이러한 금융자본주의 정점에 미국이 있었다. 제조업의 열세로 무역적자에 허덕이는 미국을 세계 각국에 투자된 미국의 금융자본이 먹여 살리고 있었다.

2001년부터는 스페인에서 두 번째로 근무하는 행운을 얻었다. 세계적인 제조업이나 변변한 첨단산업 하나 없는 스페인이 10여 년 전 첫 근무를 할 때에 비해 급속도로 발전하고 있는 데 놀랐다. 관심을 갖고 들여다보니 그 힘 역시 서비스산업이었다. 20세기에 힘들었던 스페인 경제가 21세기 들어 관광산업과 금융산업이 주도하기 시작하면서 활기차게 돌아갔다. 고용창출 효과 또한 대단했다.

해외 근무를 계속하면서 가는 곳마다 유대인들을 만날 수 있었다. 중남미에서부터 미국, 유럽에 이르기까지 필자가 근무한 나라를 더해갈수록 그들의 힘을 더 크게 느낄 수 있었다. 금융은 물론 유통 등 서비스산업의 중심에는 언제나 유대인들이 있었다.

도대체 그들의 힘의 원천이 무엇인지 알고 싶었다. 우리나라도 이제 예외가 아니었다. 이미 우리 생활 곳곳에 알게 모르게 유대인들의 영향력이 강하게 미치고 있었다. 이제는 유대인이 그동안의 개인적인 관심사의 대상을 넘어 우리 경제에서 그냥 지나칠 수 없는 거대한 상대방이 되어 있었다.

서비스산업의 실체에 대해 제대로 공부해보고 싶었다. 뿌리부터 알고 싶었다. 금융산업을 비롯한 서비스산업의 뿌리를 살펴보니 거기에는 어김없이 유대인들이 있었다. 경제사에서 서비스산업의 창시자와 주역들은 대부분 유대인이었다. 더 나아가 세계 경제사 자체가 유대인의 발자취와 궤를 같이하고 있었다. 참으로 대단한 민족이자 힘이었다.

매사에 '상대를 알고 나를 아는' 지피지기가 우선이라 하였다. 그들을 제대로 알아야 한다. 그리고 그들에게 배울 게 있으면 한 수 배워야 한다. 이런 의미에서 우리 경제가 도약하는 데 작은 힘이나마 보탬이 되고자 능력이 부침에도 감히 이 책을 쓰게 되었다. 우리도 금융강국이 되어야 한다. 그리고 다른 서비스산업에서도 경쟁력을 갖추어야 21세기 아시아 시대의 주역이 될 수 있다.

책을 쓰면서 '경제사적 시각'과 '자본의 공간적 흐름'에 주목했다. 지금 세계에는 직접투자자본ₓₓₓ이 인건비가 높은 나라에서 낮은 나라로 물 흐르듯 흐르고 있다. 그 덕에 제조업의 서진화西進化가 빠른 속도로 이루어지고 있다. 중국이 대표적인 사례다. 이를 통해 아시아 시대가 우리가 예상하였던 것보다 더 빨리 다가오고 있다.

그러나 그보다 더 거센 물결은 세계 금융자본의 초고속 글로벌화이다. 대부분의 글로벌 금융자본은 돈 되는 곳이라면 어디든 가리지 않는다. 인터넷 거래를 통해 빛의 속도로 세계 각국을 헤집고 다니며 엄청난 규모의 자본소득을 빨아들이고 있다.

아시아 시대는 이러한 거대하고도 빠른 복합적 흐름으로 가속화되고 있다. 흐름의 가속화는 곧 급류요 소용돌이다. 변혁의 시기인 것이다. 이렇게 급속도로 펼쳐지고 있는 아시아 시대를 맞아 우리나라가 외부의 물살에 휩쓸려서는 안 된다. 더구나 중국이나 일본의 변방에 머물러 있어서는 안 된다. 그 흐름의 중심에 올라타야 한다.

필자는 경제학자도, 경제 관료도 아니다. 경제 전문가는 더더욱 아니다. 그러나 해외 여러 나라에서 근무하면서 보고 듣고 느낀, 서비스산업의 중요성과 유대인의 힘에 대해 같이 생각해보고 싶었다. 필자는 그동안 주로 제조업 상품의 수출을 지원해왔다.

그러나 제조업도 중요하지만 앞으로는 금융, 관광, 교육, 의료, 영상, 문화, 지식산업 등 서비스산업의 발전 없이는 우리의 미래도 한계에 부딪힐 수밖에 없다고 생각한다. 미래 산업이자 고용창출력이 큰 서비스산업이 발전해야 내수도 살아나고 청년실업도 줄일 수 있다. 그래야 서비스수지와 소득수지도 적자를 면하고, 더 나아가 우리 서비스산업이 수출산업으로 자리매김할 수 있다.

　무엇보다 금융산업은 우리 미래의 최대 수출산업이 되어야 한다. 우리 모두가 서비스산업의 중요성에 대해 인식을 깊이 하고 지평을 넓혀야 한다. 21세기 우리 경제를 이끌 동력은 한마디로 서비스산업과 아이디어다. 1970년대에 우리가 '수출입국'을 위해 뛰었듯이, 이제는 '서비스산업 강국'을 위해 매진해야 한다.

　이 책은 오늘날의 유대인뿐 아니라 역사 속 유대인의 궤적도 추적하였다. 이는 역사를 통해 서비스산업의 좌표를 확인하고자 함이요, 또한 미래를 준비하고 대비하기 위한 되새김질이기도 하다. 경제를 바라보는 시각도 역사의식이 뒷받침되어야 한다고 믿는다.

　책을 쓰면서 몇 가지 점에 유의했다. 먼저, 유대인에 대한 주관적 판단이나 감정을 배제하고 객관성을 유지하고자 노력했다. 가능하면 친유대적도 반유대적도 아닌, 보이는 그대로 그들의 장점을 보고자 애썼다.

　두 번째로, 유대인 이야기와 더불어 같은 시대 동서양의 경제사를 씨줄로, 그리고 과학과 기술의 발달 과정을 날줄로 함께 엮었다. 이는 경제사를 입체적으로 파악하기 위해서다. 경제사를 주도한 유대인의 좌표를 그 시대 상황 속에서 살펴보고자 함이요, 동양 경제사를 함께 다룬 것은 서양의 것에 매몰된 우리의 편중된 인식을 바로잡는 데 조금이라도 보탬이 되고자 함이었다. 유대인도 엄밀히 말하면, 셈족의 뿌리를 갖고 있는 동양인이다. 다만 오랜 역사에 시달려 현지화되었을 뿐이다.

과학과 기술의 발달 과정을 함께 엮은 것은, 경제사를 입체적으로 이해하기 위해서는 시대 상황과 함께 과학과 기술의 변천을 함께 살펴야 한다는 믿음 때문이다. 과학기술사는 경제사와 떼려야 뗄 수 없는 불가분의 관계다. 실제 역사적으로 과학기술의 발전이 경제 패러다임을 바꾼 사례가 많았다. 이미 과학과 기술의 트렌드를 알지 못하고는 경제와 경영을 논하기 어려운 시대가 되었다.

날줄과 씨줄이 얽히면서 만들어내는 무늬가 곧 경제사의 큰 그림이다. 만약 이러한 횡적·종적인 연결고리들이 없다면 상호 연관성이 없는 개별적인 역사만 존재하게 되고, 경제사는 종횡이 어우러져 잘 짜여진 보자기가 아니라 서로 연결되지 않은 천 쪼가리들에 지나지 않을 것이다.

세 번째로, 유대인의 역사와 그들의 의식구조를 이해하기 위해 그들이 믿는 '유대인의 역사책'인 구약성서를 많이 인용했음을 양해하시기 바란다.

마지막으로 고백해야 할 것은, 이 책의 자료 가운데 많은 부분을 책과 인터넷 검색으로 수집하였다는 점이다. 이를 통해 여러 선학들의 좋은 글을 많이 인용하거나 참고했음을 밝힌다. 한 조각, 한 조각의 짜깁기가 큰 보자기를 만들 수 있다는 생각에서다. 널리 이해하시리라 믿는다.

특히 이번《유대인 경제사》를 내면서 먼저 출간된 필자의 책들《유대인 이야기》(행성B잎새, 2013)와《유대인 창의성의 비밀》(행성B잎새, 2013), 《세 종교 이야기》(행성B잎새, 2014)에서 많은 내용을 가져왔다.

그리고 이번《유대인 경제사》3권에서는 중세 유대인의 활약상과 그들의 고난의 역사를 함께 다루었다. 특히 이베리아 반도에서의 유대인의 영화榮華와 그 뒤 그들이 어떻게 동방무역과 금융업을 주도하게 되었는지를 추적하였다. 세계사에서 중세라 함은 5세기 서로마 제국 멸망 이후부터 15세기 말 신대륙 발견까지의 잃어버린 1000년을 의미한다.

'잃어버린 1000년'이라 함은 기실 서구 중심의 기독교 세계관에서 유래했다. 그 무렵 유럽의 주도 세력은 이슬람이었다. 그들은 기독교 세력이 미처 갖지 못한 화약과 나침반으로 서양 세력을 압도했다. 지상전에서는 화약과 대포로 기독교 세력을 패퇴시키고 해상에서는 나침반과 함포로 해상권을 장악했다. 게다가 이슬람은 종이와 인쇄술도 갖고 있어 문화적으로도 기독교보다 훨씬 우위를 자랑했다. 그런데 이 모든 것이 사실 동양에서 유래된 것이다. 이슬람은 당시 월등히 앞섰던 동양의 문물을 받아들여 서양 세력을 압도할 수 있었다.

참고문헌은 익명의 자료를 제외하고는 본문의 각 페이지와 책 후미에 밝혀두었다. 그럼에도 이 책에 있는 오류나 잘못은 당연히 필자의 몫이다. 잘못을 지적해주시면 감사한 마음으로 고치겠다. 끝으로 이 책을 사랑하는 코트라KOTRA 식구들에게 바친다.

지은이 홍익희

CONTENTS

III

중세 유대인의 동방무역과 금융업

IV

북부 이탈리아 도시국가들의 부흥

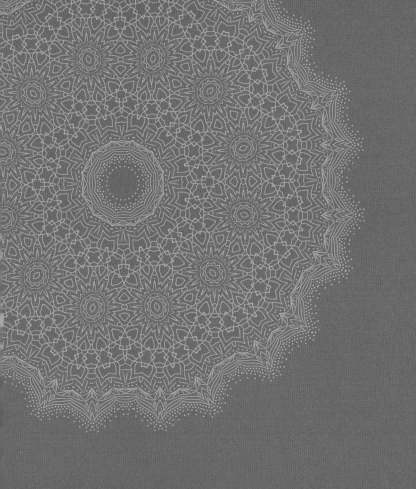

I

이베리아 반도에서
이슬람의 영화와 유대인

JEWISH ECONOMIC HISTORY

이베리아 반도에는 구석기시대의 크로마뇽인 문화를 특징짓는 동굴회화가 많이 남아 있다. 대표적인 알타미라 동굴회화는 기원전 1만 5000년경의 것이다. 이베리아 반도는 기후가 좋아 오래전부터 사람들이 모여들어 살았다. 이미 고대 이베리아 반도의 지중해 연안은 해상교역의 중심지였다. 페니키아인들의 먼 거리 해상교역의 교두보이자 식민지였다.

게다가 이베리아 반도의 최남단부는 아프리카 해안으로부터 단지 14km밖에 떨어져 있지 않아 아프리카 땅이 빤히 내다보인다. 따라서 해상 길목인 지브롤터 해협을 장악하는 나라가 지중해를 지배했다. 교통과 세력의 요충지로서 당시 카디스 항구가 서유럽에서 가장 먼저 발달한 지역이다.

유대 문화가 꽃핀 이베리아 반도

페니키아인이 세운 서유럽 최초의 도시, 카디스

청동기시대에 이미 메소포타미아의 수메르인들은 먼 거리 해상교역을 시작했다. 그들은 인근 지역의 주석이 모자라자 기원전 2000년대에 영국 남단 콘월까지 찾아가 주석을 실어 왔다. 당시 콘월에서 대규모 주석광이 발견되었기 때문이다. 이로써 청동기시대가 만개할 수 있었다. 당시 주석은 청동 무기와 도구를 만드는 데 꼭 필요한 재료였다.

그 뒤 기원전 1500년경에는 가나안의 페니키아인들에 의해 지중해와 북해를 오가는 해상교역이 활발하게 진행되었다. 이렇게 해상교역이 활발해지자 중간 지점에 거점 항구가 필요했다. 그래서 기원전 11세기경 이베리아 반도에 서유럽 최초의 도시가 탄생하였다. 바로 '카디스'라는 도시다. 카디스는 지브롤터 해협의 대서양 쪽 관문에 자리한 항구도시다.

그 뒤 페니키아인들은 지중해 연안에 식민도시들을 연이어 건설하였다. 그리고 개방적인 해상무역 민족답게 이베리아 반도의 현지 원주민에게 화폐 사용, 알파벳, 금속도구 제작기술, 그리고 의복 직조 기술을 알려주었다.

페니키아는 스페인, 북아프리카, 아라비아에서 염료를 비롯한 건어, 금속 및 금속 제품, 섬유 제품 등 일상용품은 물론 상아, 흑단, 술, 향료, 보석 등 사치품에 이르기까지 모든 물건을 교역하였다. 이를 위해 페니키아인들은 교역로 인접 지역의 광산을 개발하고 전략적 요충지인 북아

*카디스 만 풍경

프리카와 이베리아 반도 남부 지역에 공장을 건설하여 방대한 해상 교역망을 구축했다.

지금은 인구 13만 명의 조그만 도시로 지도에도 잘 안 나타나지만, 당시에는 지중해에서 가장 먼저 번성한 도시였다. 중세까지만 해도 콜럼버스의 탐험선이 이곳에서 2번이나 출항했고 신대륙이 발견된 후에는 아메리카 교역의 75%를 이곳에서 담당했다. 번영에는 대가도 뒤따랐다. 영국 해적의 잦은 침공으로 민초들의 고생이 심했다.

유대인과 그리스인의 이베리아 반도 진출

페니키아인의 뒤를 이어 이베리아 반도에 본격적으로 진출한 사람들이 유대인이다. 기원전 10세기 솔로몬 왕 시대에 유대인들은 다시스 상선대를 운용하여 이베리아 반도와 대규모 교역을 시작하였다. 다시스는 카디스 인근 타르테소스로 추정된다. 이때부터 이베리아 반도에 유대인들이 정착하여 공동체를 이루며 살았다.

기원전 8세기에 페니키아인의 뒤를 이어 유대인과 그리스인들이 이베리아 반도와 교역하였고, 그 뒤 기원전 7세기에는 터키 지방의 그리스계 페르시아인들도 반도에 도착했다. 그들은 이베리아 반도 남부에 정착하여 금속 교역로를 확보하기 위해 말라가 근처에 마이나케라는 도시를 건설했다. 마르세유에 거주하던 그리스인들은 해상교역 시장이라는 뜻의 암푸리아시를 건설하여 이베리아 반도 동부 연안의 교역권을 장악했다. 또한 그리스인들은 자기 나라에서 키우던 포도와 올리브 나무를 이베리아 반도에 가져와 재배했다.

카디스에는 로마 제국 초기 때부터 이미 유대인 공동체가 형성되어 있었다. 중세로 접어들면서 해상교역과 상업이 발달하자 카디스 등 사람들이 많이 사는 스페인의 주요 도시들에 유대인들이 더욱 몰려들었다. 유대인들은 기본적으로 사람들이 많이 모여 있는 곳을 찾아 들어간다. 그래야 현지인들이 손 안 대는 대부업 또는 수공업이나 상업을 직업으로 삼을 수 있기 때문이다.

카르타고, 지중해 해상권을 주도하다

카르타고인은 페니키아인의 항해생활과 해상무역의 오랜 전통을 이어받아 해군력 증강에 힘을 쏟았다. 그들은 지중해에 있는 스페인 섬인 이비사에 교역기지를 설치하고 대규모로 염전을 건설하여 그리스인들의 통상활동을 차단했다. 고대의 염전은 전매 또는 독과점 사업으로, 한마디로 돈방석이었다.

카르타고는 기원전 535년에 코르시카 해전의 승리로 그리스인들을 완전히 몰아냈다. 그들은 아프리카 북부와 시칠리아, 사르데냐 및 지중해의 여러 섬을 위시한 옛 페니키아의 식민지를 장악하여 로마 침공의 전진기지로 사용했다. 이때부터 카르타고인은 지중해의 주도권을 잡았다.

이러한 카르타고가 이베리아 반도를 손에 넣은 것은 한니발의 아버지 하밀카르 바르카스Hamilcar Barcas(기원전 270~기원전 228년)에 의해서였다. 당시 카르타고에서 가장 강력했던 바르카 가문의 지도자였던 바르카스는 로마에 대항하여 시칠리아, 코르시카 섬을 공략한 이후 이베리아 반도로 눈을 돌려 이를 정복했다.

그 뒤 카르타고인은 이베리아 반도에 대거 진출하여 페니키아인들의 뒤를 이어 경제적 부를 늘려갔다. 아울러 반도 내에 여러 식민도시를 건설했는데 그 중심 거점이 바로 카르타헤나였다. 카르타헤나는 '새로운 카르타고'라는 뜻이다.

또한 그 무렵 지중해에서 가장 큰 도시인 바르셀로나 역시 카르타고인들이 세운 도시였다. 하밀카르 바르카스가 이곳을 지배하여 도시 이름을 바르시노_Barcino_라고 했다. 이는 '바르카스 가문의 도시'라는 뜻인데 나중에 바르셀로나로 변했다. 당시 바르셀로나 항구가 개척된 가장 큰 이유는 근처 카르도나 암염을 지중해 각 지역으로 실어 나르기 위해서였다.

하지만 카르타고는 기원전 3세기 이후 로마 제국과 치렀던 3차례의 포에니 전쟁에서 패함으로써 로마 제국에 지중해 패권을 넘겨주게 된다. 이처럼 이베리아 반도 사람들은 페니키아인, 그리스인, 유대인, 카르타고인의 교역에 힘입어 반도의 지중해 지역을 교역의 중심지로 만들었다. 이 때문에 이베리아 반도는 농경문화에서 지중해의 나라로, 곧 밖으로 눈을 돌리는 항해의 나라로 변모했다.

로마 제국의 이베리아 반도 진출

로마 제국은 지중해의 여왕이라 불렸던 카르타고를 멸망시킴으로써 이베리아 반도를 차지하게 되었다. 로마 제국은 이베리아 반도로부터 엄청난 부, 특히 스페인 은광을 획득하고 서유럽 팽창의 유리한 고지를 점령하였다. 이베리아 반도는 로마 제국 최대의 자원 공급처로서 로마 제국이 점령한 모든 영토 가운데 가장 풍요로운 지역이었다. 로마 제국에 있어 이베리아 반도의 중요성은 카이사르, 폼페이우스 등 이베리아 반도 총독 출신들이 훗날 로마의 황제가 된 것을 보아도 그 중요성을 미루어 짐작할 수 있다.

이베리아 반도의 로마화는 식민지화라기보다 로마의 완전한 일부가 되었다. 1세기에 이베리아 반도 전체 도시 주민들에게 로마 시민권이 부여되었다. 모든 고유의 권리를 누릴 수 있는 완전한 로마 시민이 된 것이다. 이후에 이베리아 반도 출신의 황제가 4명이나 나왔다. 위대한 스토아학파의 철학자인 세네카도 이베리아 반도 출신이었다.

4세기 무렵부터 유럽 여러 나라에서 추방당한 유대인들은 이베리아 반도로 몰려들었다. 이곳은 기원전 10세기경부터 유대인들이 페니키아의 항해술을 이용해 교역했던 곳이자, 기원전 6세기경 바빌로니아 포로 시기에는 상인으로, 그리고 기원후에는 로마의 군수물자를 공급하는 상인으로 왕래하며 정착했던 곳이기 때문이었다.

로마 제국의 쇠퇴기에 게르만족의 일파인 반달족과 서고트족이 이베리아 반도에 쳐들어왔다. 이후 반달족은 서고트족에 쫓겨 북아프리카로 건너가 반달 왕국을 건설하였고 서고트족이 이베리아 반도에 서고트 왕국을 건설하였다. 이후 서고트족은 711년 이슬람의 침입으로 붕괴하였다.

이슬람 왕국의 영화를 도운 유대인

622년 사라센 제국을 건설한 아랍인들은 유대민족에 대해 매우 관대했다. 유대인들은 오랜 세월에 걸쳐 그들과 평화롭게 지낼 수 있

.·. 현존하는 아랍 문화의 최고봉인 스페인 그라나다의 알람브라 궁전

었다. 가나안 땅에서 추방된 유대인들 가운데 상당수가 로마의 폭정을 피해 당시 이집트의 수도였던 알렉산드리아에 살았다. 그 가운데 많은 유대인은 점차 북아프리카를 거쳐 이베리아 반도로 이주하였다. 지중해 교역이 융성해지자 상업이 발달하고 살기에 기후도 좋았기 때문이다.

이슬람의 출현

아라비아 반도 메카에 570년에 무함마드Muhammad가 탄생했다. 그는 당시 상거래를 위해 외지를 돌아다니면서 유대교와 기독교에 대해 많이 알게 되었다. 그는 자기 민족에게 맞는 새로운 종교의 필요성을 느꼈다.

630년 아라비아의 메카에서 무함마드에 의해 이슬람교가 탄생했다. 그는 메카와 메디나를 중심으로 이슬람교를 선교하였다. 그 뒤 이슬람은 페르시아와 비잔티움 제국을 차례로 정복하고 바빌론에서 스페인에 이르는 광대한 지역에서 제국의 통치를 이어나갔다.

** 무함마드(570~632년)

이슬람, 지중해 해상권 장악과 지중해 교역 주도

이슬람의 출현 이후 4대 칼리프인 알리에 의해 수도를 메카에서

다메섹으로 옮기고 순식간에 페르시아를 멸망시켰다. 당시 이슬람 세계는 유럽 기독교 세계보다 군사력은 물론 여러 면에서 월등했다. 성전聖戰의 의무에 불탄 이슬람 군대는 노도와 같은 기세로 아라비아 반도 밖으로 뻗어나갔다.

634년에 다마스커스를, 641년에 메소포타미아를, 642년에 알렉산드리아를, 697년에 동로마 제국 최후의 거점 카르타고를 함락시키고 700년경에는 북아프리카의 대서양 연안에까지 세력을 뻗쳤다. 이리하여 동로마 제국은 7세기에 동방 세계와 지중해에 대한 통제권을 거의 상실하게 된다. 이슬람 세력이 지중해 해상권을 완전히 장악하고 중동과 유럽, 북아프리카를 아우르는 지중해 교역을 주도하였다. 이슬람 시대 동부 지중해의 번성은 크게 두 축이었다. 하나는 매년 많은 이슬람이 동부 지중해 해로를 통해 메카 순례를 했기 때문이다. 또 다른 주요 기능은 이집트에서 출발한 곡물이 이 길을 따라 이스탄불로 운반된 것이다.

대부분의 디아스포라, 이슬람의 통치권 안에 들어오다

이슬람이 등장한 지 100년도 지나지 않아 이슬람 제국은 서양 문명을 압도했다. 이슬람은 그리스도교를 배척하였으나 다행히 유대인에게는 관용을 베풀었다. 이는 아마도 무함마드 자신이 유대교 경전인 구약에 의해 결정적인 영향을 받았기 때문으로 보인다. 바로 이슬람교의 핵심인 창조주 유일신 사상 때문이다. 이슬람교의 경전인 코란 속에도 구약성서의 아브라함, 이사악, 야곱, 요셉, 모세의 이야기가 있다. 이슬람교가 유대교의 영향으로 탄생했다는 이야기도 같은 맥락에서 이해될 수 있다. 역사적으로도 이슬람은 유대인과 인종적으로 친족이었다. 아랍인은 원래 아브라함의 큰아들인 이스마엘의 후손들이다. 그런 점에서도 이슬람의 경전인 코란은 유대교의 여러 전통과 관습을 보존하고 있다.

이슬람 초기에는 이슬람의 세력이 크지 않아서 기독교도의 도움을 받아 행정을 펼쳤다. 그러나 이슬람 세력이 점점 커지고 개종자가 증가하면서 기독교를 탄압하기 시작하였다. 나중에는 기독교 예배에 참석하는 자를 사형에 처하였다. 712년 이슬람 제국이 동쪽 인도 국경부터 이베리아 반도 전 지역까지를 통치하게 되면서 흩어진 대부분의 디아스포라 유대인들은 이슬람의 통치권 안에 들어오게 된다.

이슬람의 이베리아 반도 통치

이러한 가운데 북아프리카의 이슬람들이 세력이 강성해지자 타리크 빈자드가 이끄는 이슬람군은 711년에 지브롤터 해협을 건넜다. 이 지브롤터란 지명 자체가 '타리크의 산'을 의미하는 '쟈바룩 타리크'에서 나온 말이다. 그들은 당시 풍요의 땅이었던 이베리아 반도를 침입해 서고트족을 물리쳤다. 그 뒤 이슬람교도들은 7년이라는 짧은 기간에 북서쪽 고산지대를 제외하고는 반도의 대부분을 차지하고 서고트 왕국을 멸망시켰다.

이슬람 제국은 그때까지 있었던 가장 큰 나라를 만들게 되는데 지

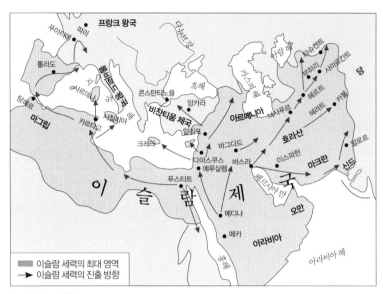

프랑크 왕국
푸아티에
파리
툴루즈
톨레도
탕헤르
마그립
사르데냐
치시
카르타고
롬바르드 왕국
시칠리아
크레타
콘스탄티노플
앙카라
비잔티움 제국
알레포
다마스쿠스
예루살렘
푸스티트
바그다드
바스라
메디나
메카
아라비아
흑해
아르메니아
카스피
해
아랄 해
메샤푸르
호라산
이스파한
발라흐
마크란
오만
타슈켄트
발히리
사마르칸트
헤르트
키룰
니샤푸르
신드
알로르
당
이슬람 제국
베르시아 만
홍해
아라비아 해

■■■ 이슬람 세력의 최대 영역
→ 이슬람 세력의 진출 방향

⁑ 이슬람교의 팽창

금의 스페인 땅인 이베리아 반도에서 인도의 인더스 강에 이르는 광활한 영토를 차지한다. 이후 이슬람은 무려 800년 동안이나 이베리아 반도를 통치했다.

이슬람들이 이베리아 반도로 들어오자 이들을 가장 환영한 사람들이 유대인들이었다. 왜냐하면 종교적인 측면에서 이슬람들은 유대인들을 같은 아브라함의 자손으로 인정해주며 비교적 우호적으로 대해주었기 때문이다.

이슬람교는 예수를 무함마드 이전의 선지자로 간주한다. 따라서 예수를 죽였다고 유대인을 박해하는 가톨릭과는 달리 유대인에 대한 악감정이 없었다. 유목민족인 아랍인들은 예전부터 유대인들을 늘 '책 읽는 민족'으로 알았고 우수한 지식인으로 여겨왔다. 더구나 정복자로서 여러 생소한 지역의 행정을 하다 보니 유대인들의 해박한 지식, 외국어 구사 능력과 외국 문물에 대한 이해력 등 유대인들의 도움이 필요했다.

또 다른 이유는 유대인들이 그간 이베리아 반도에서 많은 박해를 받았기 때문이다. 412년 서고트족이 스페인을 장악하면서부터 약 1세기 반 동안은 비교적 종교의 자유를 누릴 수 있었다. 유대인들은 주요 상인으로서, 또는 대지주로서 존경도 받고 영향력을 행사하기도 하였다. 그러나 서고트족 왕들은 시시때때로 스페인 귀족들의 반발과 반역에 부딪혀야 했다. 마침내 589년 레카레드Reccared가 왕위에 올랐는데, 그는 로마 가톨릭으로 전향하고 교회 감독들과 힘을 합해 타 종교도들을 박해하기 시작하였다. 유대인들은 가톨릭으로 개종하든지, 아니면 나라를 떠나든지 둘 중 하나를 택해야 했다.

그리하여 유대인들 가운데 일부는 북아프리카나 프랑스 남부의 프로방스 지방 등지로 도망하였다. 어떤 이들은 외면상 기독교로 개종하고는 비밀리에 유대교 의식을 준수하는 쪽을 택했는가 하면, 일부는 스페인 내 강력한 귀족에 기대어 보호를 받고자 하였다.

7세기는 스페인 유대인들에게 생존을 위한 투쟁의 시기였다. 700년경에는 유대교 의식을 행하는 것이 발견되면 노예로 팔리고 그 자녀들은 기독교 사제들에게 맡겨 양육하도록 하는 명령이 내려졌다. 그러니 이슬람이 쳐들어오자 반기지 않을 수 없었다.✢

✢ 김호동, 〈김호동 교수의 중앙유라시아 역사 기행〉, 《위클리조선》

칼 마르텔, 프랑크 왕국을 위기에서 구하다

이베리아 반도를 쉽게 점령한 이슬람은 720년경에는 피레네 산맥을 넘어 프랑크 왕국 내로 세력을 뻗쳤다. 마침내 732년에 총력을 기울여 대거 진격하여 보르도 지방을 폐허로 만들고 투르까지 침입해 들어갔다. 이때 프랑크 왕국의 재상인 칼 마르텔이 투르 근처에서 이들을 격퇴하여 프랑크 왕국을 위기에서 구하였다. 카롤루스 대제 때의 일이다. 역사에 '만약'은 없다지만 이때 못 막았다면 유럽의 역사는 이슬람이 주도했을는지도 모른다.

이를 두고 서구의 역사가들은 오랫동안 야만으로부터 서구 문명을 구해냈다고 평가했다. 그런데 미국의 역사학자 데이비드 루이스는 정반대의 평가를 했다. 당시 이슬람이 패배함으로써 오히려 유럽은 긴 세월 암흑의 시대를 맞게 됐다는 것이다. 선진적인 이슬람 문명의 세례를 받지 못했기 때문이라는 게 그 이유였다.

유대인들, 이베리아 반도로 몰려오다

이슬람 왕국의 우마야드 왕조는 이베리아 반도에 '알 안달루스'라는 독립국가를 세우고 주변 도시들과 도로망이 잘 발달한 코르도바를 수도로 삼았다. 이미 기원전 2세기에 로마인들이 이베리아 반도를 로마 제국에 편입하면서 코르도바 주변의 도로와 수로를 잘 닦아놓았다. 코르도바는 로마 시대 때부터 구아달키비르 강을 통해 바다와 연결되어 올리브, 포도주, 밀 등을 로마로 실어 나르던 항구도시였다.

이슬람들의 스페인 정복과 더불어 일부 유대인들도 정복자를 따라 스페인으로 이주해 들어와 기존의 유대인 공동체와 합류했다. 이슬람교도들은 그들이 점령한 지역 내에 사는 유대인들과 기독교도들이 반드시 따라야만 하는 법전을 제정했는데, 그것은 보통 '오마르의 협약'이라고 알려졌다.

이 협약의 목적은 이슬람 외 다른 종교의 신도들은 이슬람보다 열등하다는 점을 확실히 해두는 것이었다. 이는 사실 특별히 기독교도들을 겨냥한 것이었다. 그들은 구성원 중 하나가 이슬람에 가입하는 것을 막을 수 없었고, 무거운 세금에 시달려야 했다. 그리고 교회 수리는 허용하였으나 새 교회 또는 회당(시너고그synagogue)을 지을 수 없었고, 교회나 회당의 탑이 근처 이슬람 사원보다 높아서는 안 됐다.

이슬람 외 다른 종교의 신도들은 말을 타지 못했고, 노새는 허용되었다. 비이슬람교도는 칼을 차고 다닐 수 없었으며, 이슬람교도와 쉽게 구분되는 복장을 착용해야 했다. 비록 이러한 오마르의 협약이 무어인 통치 하의 스페인에서도 유효하긴 했지만, 엄정하게 실행되지는 않았다. 따라서 무어인들의 통치와 더불어 유대인들은 한숨을 돌릴 수 있게 되었다. 위장 개종을 했던 자들이 다시 유대교로 돌아왔으며, 북아프리카나 프로방스 지방 등지로 도망했던 유대인들도 귀환하였다. 무어인들은 피지배 민족에 대해 이슬람으로의 개종은 시도하였으나 박해하지는 않았다. 그들은 개종보다는 인두세 받는 일을 더 크게 여겼다. 따라서 이교도에 대한 규제사항들도 점차 유명무실하게 되었다.

이슬람은 로마 시대의 수로와 관개시설을 복구시켰으며, 농업기술을 보급하여 농업을 발달시켰다. 그리하여 남부 스페인이 유럽에서 가장 발달한 지역이 되었다. 이러한 부를 바탕으로 이슬람 스페인은 이제 서서히 경제, 철학, 과학 등 여러 분야에서 꽃을 피우기 시작하였다. 이러한 매력적인 분위기 때문에 바빌론과 페르시아 내 유대인 공동체의 많은 구성원도 스페인으로 몰려들기 시작하였다.

이베리아 반도, 500년간 세계 유대인 역사의 중심이 되다

한편 10세기를 전후하여 바빌론의 어려웠던 정치·경제 상황도 바빌론 유대인들의 이주를 부채질하였다. 그들 중 많은 유대인이 찾아나선 새로운 삶의 터전이 바로 스페인과 이탈리아 같은 곳이었다. 이제 이베리아 반도는 앞으로 대략 500년 동안 전 세계 유대인 역사의 중심장이 될 기반을 갖추기 시작한 것이다.

무어인이 점령한 스페인에 기독교인들과 서고트족의 인구 비율이 높은 점을 고려해 우마야드 왕조는 관용정책을 취하였다. 더는 바그다드에 의존하지 않고 완전히 독립하게 된 우마야드 왕조의 통치기에 스페인은 바야흐로 문화적 번영기를 맞이하게 되었다. 특별히 유대인들은 아브드 알라흐만 3세(재위 912~961년)의 통치 때 유대인 문화의 부흥기를 맞이하였다.

이슬람이 지배하는 동안 산업 발전은 물론 농업에서는 관개시설이 건설되고 공동체수리법共同體水利法이 제정되어 말 그대로 물을 공동으로 사용하였다. 그리고 목화, 복숭아, 사탕수수 등의 새로운 작물이 재배되었다. 수공업은 톨레도, 그라나다, 알메리아, 코르도바에서 발달하였고 코르도바, 세비야는 상업의 번성과 더불어 수출항으로서도 번창하였다.

이집트의 알렉산드리아에 살던 많은 유대인이 같은 사라센 제국인 스페인으로 이주한 것은 자연스러운 현상이었다. 다른 유럽 곳곳에 흩어져 있던 유대인들도 비교적 종교적인 관용성을 보이는 우마야드 왕조로 몰려들었다. 그 뒤로는 한동안 이베리아 반도가 유대 공동체의 중심이 되었다. 이렇듯 이베리아 반도, 곧 지금의 스페인, 포르투갈에 거주했던 유대인들이 중세에는 세계 유대인의 절반을 점했다.

인구 50만 명의 코르도바, 서유럽 최대 도시로 성장하다

그 무렵 유럽에는 인구 3만 명 이상의 도시가 흔치 않았는데 코르도바는 이미 10세기에 인구 50만 명의 초대형 도시로 성장하였다. 동쪽의 콘스탄티노플과 더불어 유럽 최대 도시가 되었다. 규모가 커졌을 뿐만 아니라 유럽에서 가장 문명화된 도시로 발전하였다.

이슬람의 문화·기술 수준은 당시의 서유럽을 능가했다. 이는 이미 10세기에 코르도바 도서관이 60만 권의 서적을 소장하고 그리스 철학을 연구하고 있었다는 점과 종이가 유럽에 소개되어 11세기에 제지製紙가 시작되었다는 점 등으로도 알 수 있다.

10~11세기에 튀르크인의 유대인 억압에 따라 바빌로니아 유대인 학자들이 이베리아 반도로 대거 이주하여 과학, 종교철학, 유대교 신

∴ 코르도바의 메스키타 이슬람 사원

비주의의 황금시대를 맞이한다. 그 무렵 코르도바는 사라센 제국의 바그다드를 뛰어넘어 이슬람 세계의 중심지였다. 당시 이베리아 반도의 이슬람은 대수학을 발명했으며, 아라비아 숫자는 로마 숫자를 대체했다. 동시에 이슬람 문명은 중세 문명의 암흑기에 사라져버렸던 고대 그리스 철학이나 로마법을 다시 살려내어 배우고 수용했다. 중세의 암흑기 속에 묻혀 있던 옛것을 살려냈다. 코르도바와 바그다드 사이의 교류도 활발했다.

또한 고대 자연철학과 기하학 그리고 수학을 발전시켜 체계화했으며 멀리 비잔티움, 페르시아의 예술을 흡수했다. 그뿐만 아니라 유대교나 기독교 등 이교도의 신학, 교리들을 공부하고 토론하고 논의했다. 그야말로 포용력 있는 열린 사회였다.

코르도바를 통해 아랍 문화는 북유럽으로 전해졌다. 또 이베리아 반도를 통해 유럽 세계는 그리스 고전이나 철학 그리고 아랍의 선진 과학을 새로이 접하게 되었다. 이슬람 문화가 고대와 중세의 다리 역할을 톡톡히 했다. 오늘날의 서구 문명은 이슬람에 감사해야 한다. 그 중심에 유대인들이 있었다. 유대인이 아니었으면 그리스 고전이나 철학은 영영 어둠 속에서 빛을 못 보았을지도 모른다. 유대인들이 그리스어를 아랍어로 번역했고, 또 아랍어 서적을 라틴어로 번역하여 유럽에 소개했다.

이슬람, 종교 관용성을 보이다

당시 코르도바에는 이슬람 사원이 300개 정도 있었다. 그러나 이슬람 정복의 '수평적' 성격을 이베리아 반도에서도 찾아볼 수 있는데, 공납·부역·인두세를 거두었을 뿐 피정복 민족 고유의 사회·정치·종교 체계에 대한 강제적 파괴와 재편은 행해지지 않았다.

이슬람은 종교의 자유도 인정했다. 기독교도는 공조貢租, 곧 공물로 바치는 조세만 부담하면 됐다. 그 조건으로 종전까지의 토지지배권, 교회의 유지, 서고트 관습법으로 운영되는 특별자치구의 형성을 승인받았다. 이슬람교로 개종하는 사람은 기독교도로부터 배교자背敎者라 불렸으나 자유민의 신분을 얻고 조세도 경감되었기 때문에 서고트 시대의 노예들이 많이 개종하였다. 당연히 유대교도 종교의 자유를 누릴 수 있었다.

세 종교가 평화롭게 지낸 유일한 지역

그 무렵 이베리아 반도는 유럽 내에서 이슬람과 기독교, 유대교 신자들이 평화롭게 함께 살면서 공통의 관습과 문화를 오랫동안 누렸던 유일한 지역이었다. 이슬람들은 기독교와 유대인을 핍박하지 않아 3대 종교와 문명이 이곳에서 용광로처럼 융합하면서 암흑시대의 중세 유럽에 한줄기 빛을 비추었다. 아랍 학자와 유대인 학자들이 코르도바에서 함께 연구한 그리스 철학, 천문학, 의술, 수학이 기독교 세계로 퍼져나갔다.

다양한 문화들이 혼합 공존할 수 있었던 것은 이 지역을 정복한 우마야드 왕조가 온건한 형태의 이슬람을 실천했던 결과였다. 그로부터 2세기 동안에 문화와 정치 발전, 번영과 세력이 절정을 이루었다. 당시 수도인 코르도바의 주택 수는 약 20만 채에 달했고 900개의 공중목욕탕, 50개의 병원이 있었다. 그 무렵 서유럽 최대 도시의 포장된 거리에는 밤이면 불이 환하게 밝혀졌다.

이슬람, 상인에게 높은 가치를 부여하다

당시 이베리아 반도는 상업의 발달로 경제적 발전이 눈부셨다. 상업활동에 큰 가치를 두지 않은 기독교 사회와 달리 이슬람 사회는 처음부터 상업의 존재를 인정했다. 그리고 상인에게 높은 도덕적 가치를 부여했다. 그것은 그 창시자인 무함마드가 상인 출신인 것에서도 알 수 있다. 유대인들에게는 고기가 물 만난 격이었다. 그들의 상업적 재능을 맘껏 펼칠 수 있었다.

유대인들의 상업 및 교역 활동은 곧바로 소비산업의 발전으로 이어졌다. 비단·가죽·도자기 산업과 금·은·유리 세공산업의 발전은 외부로부터 유능한 기술자, 과학자들과 더불어 상인들을 불러들였다. 그래서 당시 이베리아 반도는 상업뿐 아니라 문화와 과학도 유럽의 어느 곳보다도 월등했다. 그 뒤 이베리아 반도의 이슬람 왕국은 문화적 번창뿐 아니라 지중해 교역을 장악해 막대한 부를 축적했다. 아프리카의 금, 아시아의 향신료, 유럽의 밀 등 전 세계의 부가 이곳으로 몰렸다.

이곳에서 유대인들은 장인과 무역업자뿐 아니라 칼리프의 재정 담당관으로도 활동했다. 그 가운데 하스다이 이븐 샤프루트가 유명하다. 계산에 빠르고 재무행정이 뛰어나 무어 제국에서 높은 귀족 대접을 받았다. 그의 영향으로 전체 유대인들의 위상이 높아졌을 정도다. 또한 그는 의사와 학자로도 활동했다. 궁중 의사였던 하스다이 이븐 샤프루트를 중심으로 유대인들은 코르도바를 유대인 학자, 철학자, 시인 그리고 과학자들의 도시이자 세계적인 유대 문화의 중심지로 만들었다. 유대인들은 여러 언어를 구사했다. 아랍어로 의사소통했으며, 그리스어로 철학을 논하고, 라틴어나 아랍어로 저술과 번역 활동을 했으며, 히브리어로 기도했다.

중세에 접어들자 거의 모든 유대인이 유럽 주요 도시에 삶의 터전을 마련했다. 이미 로마 제국 초기에 서쪽으로는 이베리아 반도의 카디스와 톨레도, 북쪽으로는 리옹, 본, 쾰른 등에 유대인 공동체가 생겨났다.

유대인들은 현지인들 태반이 문맹인 데 반해 남자들 모두가 글을 읽고 쓸 줄 알았다. 계산에도 능해 상업적 재능은 물론 지성적 월등함까지 갖추고 있었다. 중세 초기에 들어오자 유대인 공동체는 더욱 확대되어 발트 해와 우크라이나 지역까지 자신들의 공동체를 넓혀 나갔다.

유대인의 활발한 학문 연구가 역사를 연결하다

오스만튀르크가 비잔티움 제국을 멸망시킴으로써 결정적인 변화가 왔다. 이제 그리스 지역이 이슬람 문화권에 속하게 된 것이다. 그 결과 그리스와 유럽의 관계는 완전히 끊어졌다. 그전에도 이미 동로마 제국 말기부터 중세 때까지 근 1000년 동안 유럽인들은 그리스 문화와 거의 단절되어 있었다. 유럽인들이 그리스 문화를 다시 접하게 된 것은 12세기에 들어와서다.

그 무렵 유대인에 의해 아랍어로 번역된 수많은 그리스(헬라) 문화 서적들이 없었다면 유럽 문화의 고대와 중세는 완전히 단절되었을 것이다. 실제로 유대인들의 활발한 학문 연구와 저술 활동 덕택으로 코르도바에 있었던 칼리프의 도서관 하나에 소장된 책이 유럽 전역에 있는 도서관의 장서를 합한 것보다도 많았다. 나중에 유럽의 중세 사회가 점차 안정되자 아랍어판의 고대 그리스 서적들이 다시 라틴어로 번역되기 시작했다. 13세기 후반에는 아리스토텔레스의 모든 책이 번역될 정도였다.

만약 유대인의 활약이 없었다면 이성적 학문, 곧 철학과 과학을 숭상했던 그리스의 헬레니즘 문화는 역사에서 영원히 사장되었을지도 모른다. 이베리아 반도로 이주한 유대인들이 유럽 문화의 원류를 회복시키는 중요한 역할을 했다.

이슬람 세력의 중심축, 비잔티움에서 이베리아 반도로

이때부터 이슬람 세력의 중심축은 콘스탄티노플에서 이베리아 반도로 옮겨왔다. 따라서 그 뒤 이베리아 반도는 이슬람뿐 아니라 유대 공동체의 중심이 되었다. '세파르디'는 이산 이후 흩어진 유대인들 가운데 스페인과 포르투갈에 거주했던 사람들과 그 자손들을 지칭하는 말이다. 이베리아 반도에 이주한 세파르디는 중세에 세계 유대인의 약 절반을 점했다.

이베리아 반도의 44개 도시에 부유하고도 안정적인 유대인 공동체가 생겨났다. 그 가운데 많은 공동체가 그들의 고유한 교육기관인 예시바를 소유하고 있었다. 특히 그중에서도 유대인 인구가 많았던 루세나, 타라고나, 그라나다 등이 '유대인의 도시'로 불렸다. 그들은 이슬람 문화를 진흥시키는 데 일조하여 상당히 활동적이었다. 스페인에서 많은 커뮤니티를 형성했던 이들 세파르디가 바로 아브라함의 직계 자손들이었다.

회교도 통치 하의 스페인 남부에는 도서관들과 연구기관들이 번창했던 것에 비해 유럽의 다른 곳들은 대부분 문맹 지역이었다. 그렇다고 당시 이베리아 반도 사회가 종교적·문화적 관용 사회의 이상형은 아니었다. 이슬람으로의 개종이 장려되는 가운데 때로는 강요됐다. 아랍 문화가 생활 깊숙이 파고들었다.

이슬람 사회의 분열과 스페인 왕국의 대두

이베리아 반도의 이슬람 사회는 300년이 지나면서 세비야, 그라나다, 말라가, 코르도바 등 도시를 중심으로 3개의 작은 나라들로 분열된다. 이베리아 반도의 이슬람 왕국은 북쪽의 스페인 왕국에 밀려 1010년부터 240년 동안은 세비야로 수도를 옮겼다. 우마야드 왕조는 스페인에서 약 250년을 통치한 후 11세기 초엽부터 기울기 시작하였다. 이 무렵 오랜 내전이 발발했는데, 1031년 우마야드 왕조의 마지막 칼리프가 궁중의 유혈혁명으로 폐위되고 말았다.

내전을 틈타 베르베르족은 1013년 코르도바를 약탈했다. 이슬람이 다스리는 스페인의 통일은 깨지고, 나라가 지리멸렬되어 군주들이 서로 싸웠는데, 심지어 기독교 제후의 힘을 빌려서라도 서로 파괴하고자 했다. 이런 상황 가운데 모슬렘 세력의 중심은 자연히 북아프리카로 옮겨 가게 되었다.

이베리아 반도 내 여러 작은 모슬렘 국가들의 내분이 끊이지 않자, 이 틈을 이용한 반도 내 기독교도들은 유럽 전역에서 몰려든 기독교 열성분자들의 도움을 얻어 이슬람을 공격했다. 마침내 1085년 서고트족의 오랜 수도인 톨레도에서 모슬렘들을 쫓아낼 수 있었다.

그러나 톨레도에서 기독교인들의 통치는 잠시 잠깐뿐이었다. 궁지에 몰린 모슬렘들은 모로코에서 베르베르족에 속한 알모라비드 사람들을 1086년에 불러들여 톨레도를 탈환했다. 그러나 알모라비드 왕국은 남부 스페인의 맹주가 되어 잠시 버티다가 그 창시자의 죽음과 더불어 곧바로 와해되고 말았다. 그 무렵 카스티야의 기독교도 왕 알폰소 6세(1065~1109년)는 유대인들을 보호하여 유대교가 카스티야에서 번영을 누렸다.

이슬람 근본주의 왕조의 침입

다시 북부 스페인의 기독교 왕국으로부터 압력이 있자, 이번에는 모슬렘 근본주의자 알모하드파 사람들이 1146년 스페인으로 쳐들어왔다. 알모하드파의 지도자 모하멧 이븐 투마르트는 1149년까지 이미 북아프리카를 모두 점령하고 코르도바까지 밀어붙였다. 1150년에는 스페인의 안달루시아 지방도 그들의 손에 넘어가고 말았다. 그리고 1172년까지 알모하드 왕조는 이베리아 반도에서 이슬람 왕국을 통일했다.

이들 정복자는 역사에서 종교적 근본주의(원리주의)가 득세하면 항상 피를 불렀다. 자기들의 신앙에 동의하지 않는 모든 사람을 무참하게 쓸어버렸다. 코르도바, 세비야, 루세나의 유대인 학교들은 폐교되었고, 회당들은 파괴되었다. 유대인들은 개종하지 않으면 추방되는 신세였다. 다행히 이 무렵 북부 스페인의 기독교 국가들의 군주들이 관용적 태도를 보였다. 카스티야 왕은 알모하드 왕조의 박해에서 벗어나 도망한 유대인들을 환영했다.

카스티야 왕국의 알폰소 10세, 유대인을 보호하다

11세기 들어 유럽 대륙에서 유대인과 이교도에 대한 기독교도들의 증오심은 점점 깊어갔다. 교회와 국가 지도자들도 그들의 파괴 행위를 방관하거나, 심지어 도와주는 형편이었다. 그레고리 7세(1073~1085년)가 교황의 자리에 오르자, 거의 유럽 전체가 그의 발아래 무릎을 꿇고 그의 명령을 따르게 되었다. 그는 유대인들에 대한 엄중한 규제 법안들을 제정했다. 1078년 그레고리는 유럽의 모든 기독교 국가에서 유대인을 공직에 고용하는 것을 금하는 법령을 선포했다.✜

그러나 13세기 스페인 카스티야 왕국의 알폰소 10세는 알모하드의 박해를 피해 도망 온 유대인들을 받아들이고 그들에게 호의적인 태도를 보였다. 특히 알폰소 왕은 학문을 남달리 사랑했다. 심지어 그 자신이 중세 이베리아어로 속어 문학을 쓰기도 했다. 그가 남긴 업적은 문화와 학술의 다방면에 걸쳐 있다. 알폰소는 카스티야와 레온의 왕으로서 로망스어 번역원을 설립했다. 그리고 연구원들로 하여금 이베리아 반도의 역사, 법률, 과학, 시학, 음악 등 다방면의 지식을 쉬운 구어체 중세 스페인어를 비롯한 당시 이베리아어로 번역, 정리하도록 했다.

이로써 지식의 대중화가 가속되고 이베리아 속어 문학이 중흥기를 맞았다. 한편 고전어 방면 또한 소홀히 하지 않아 아랍어, 라틴어, 히브리어로 기록된 문헌을 연구할 수 있는 학자의 양성에도 힘을 쏟았다. 이때 많은 유대인 학자들이 알폰소 왕의 연구에 참여했다. 그 무렵 이베리아 반도의 모슬렘들은 북쪽으로부터의 기독교도들 공격으로 서서히 내몰리는 형편이었다.

✜ 김경래 지음,《그리스도 이후 유대인 방랑사》, 전주대학교출판부, 1998

알람브라 궁전의 영묘한 매력

알 안달루시아 왕국은 1085년 기독교도들에게 톨레도를 함락당한 후 세비야에 중심지를 잡은 북아프리카 종족 무어인에게 구원을 요청했다가 도리어 그들의 지배를 당하게 된다. 그리고 1212년에 있었던 기독교 왕국들과의 전쟁으로 이베리아 반도 남부의 그라나다 왕국만 무어인의 통치 지역으로 남게 되었다. 나머지 지역에는 아라곤, 카스티야, 레온, 포르투갈, 나바라와 같은 기독교 왕국들이 들어서서 점차 강성해졌다.

이슬람 왕조는 1248년부터 250년 동안 남부로 밀려 그라나다에 궁전을 지어 유지되고 있었다. 지금도 그라나다에는 이슬람 문화 역사상 최고의 궁전으로 평가되는 알람브라 궁전이 그 옛날 이슬람의

∴ 그라나다 알람브라 궁전의 사자 중정

영화를 말해주고 있다.

　사람들은 그 건축물을 '진주궁전, 낙원의 초상화, 천상의 예루살렘'이라고 불렀다. 그러나 그것의 실제 이름은 붉은 성채를 뜻하는 알람브라 궁전Qal'at al-Hambra으로, 그 벽에 반사되는 석양의 붉은빛 때문에 그런 이름이 붙여졌다. 이베리아 반도의 가장 강력한 요새인 이 건조물은 시에라네바다 산맥에 자리한 뱃머리 모양의 산등성이 위에 서 있다. 육중한 방벽과 거대한 탑들이 그라나다의 언덕 위에 우뚝 솟아 있고, 사랑스러운 정원들과 주택들이 그 그늘에 가려 있다.

　워싱턴 어빙은 알람브라 궁전에 대해 1832년에 이렇게 표현했다. "그러한 기후와 그러한 곳의 달밤을 그 누가 정확하게 표현할 수 있겠는가? 안달루시아의 한여름 밤의 기온은 더할 나위 없이 영묘하다. 그러나 이 모두에 달빛이 더해지면 마법이 일어난다. 유연한 흔들림 아래에서 알람브라 궁전은 예전의 영광을 다시 찾는 듯하다. 시간

은 모두 단절되고 균열되었으며, 바래져 가는 빛깔과 비바람으로 생
긴 때는 사라진다. 대리석은 그 본래의 흰색을 되찾는다. 기나긴 주랑
이 달빛을 받아 빛난다. 홀은 부드러운 광휘에 밝게 비친다. 우리는
아라비아 동화의 황홀한 궁전을 거닐고 있는 것이다."

유대인, 아라비아 수학과 영(0)의 개념을 전하다

12~14세기 알폰소 10세 시대를 전후해 스페인 왕국의 수도 톨레
도에선 유대인들이 문화 창달에 크게 기여했다. 그들이 외국어에 능
하고 학문적 열정이 뛰어났기 때문이다. 톨레도 아카데미에 스페인
학자들과 더불어 당시 최고의 유대인과 아랍인 학자들이 함께 모여

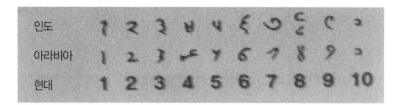

인도	?	2	3	४	५	६	১	८	९	०
아라비아	1	2	3	۴	۷	6	۷	8	9	۰
현대	1	2	3	4	5	6	7	8	9	10

학문을 연구했다. 특히 유대인들은 아랍 세계에서 발전한 수학, 천문학, 기상학 등 과학 분야와 모든 인문학 계통의 책을 여러 나라의 언어로 번역했다.

이때 바빌로니아 탈무드 학자인 사디아 가온의 작품들이 유대 학자들에 의해 라틴어로 소개되었다. 유대 학자들은 유대교 회당, 이슬람 사원, 가톨릭교회에서 이슬람, 가톨릭교도들과 함께 플라톤, 소크라테스, 아랍 수학자와 천문학자, 유대 철학자와 시인들의 작품을 라틴어로 번역했다.

그 무렵 아라비아 수학과 영(0)의 개념이 서구에 처음 도입되었다. 이를 학문적으로 전한 유대인이 12세기 스페인 톨레도의 이븐 다우드였다. 그는 히브리, 그리스, 아랍 문학을 라틴어로 번역하는 한편 아라비아 수학과 0의 개념을 유럽에 전했다. 이때 비로소 유럽은 아라비아 수학과 0의 개념을 처음 접했다.

오늘날 우리가 사용하고 있는 상용 숫자인 아라비아 숫자는 사실 인도에서 유래된 것이다. 즉 1, 2, 3, 4, 5, 6, 7, 8, 9의 아홉 개의 숫자와 0이란 기호는 서기 500년경에 인도에서 발견되었다. 이 숫자는 곧 아라비아로 전해져 이슬람의 수학과 과학 발전에 결정적으로 공헌했다.

특히 '0'이라는 개념의 발견은 인류의 불의 발견에 비견될 만한 위대한 업적이었다. 비어 있다는 개념을 바탕으로 존재하지 않는 것, 즉 '무無'에 '0'이라는 기호를 부여함으로써 수학의 역사에 엄청난 발전을 가져왔다. 무한대(∞)라는 개념을 만들어낸 것도 이 시기의 인도인이었다.

0은 없는 것을 나타내는 숫자이자 동시에 무한한 수를 만드는 존재였다. 고대 이집트 사람들은 10진법을 쓰면서도 10, 100, 1000 등에 각각 다른 부호를 써야 하는 불편한 기수법을 가지고 있었다. 1에서 9까지 아홉 개의 숫자와 0을 써서 10이 될 때마다 한 자리씩 올려가는 것을 생각해낸 일은 정말 대단한 발견이었다. 이 숫자 덕분에 인도 사람들은 덧셈, 뺄셈, 곱셈, 나눗셈은 물론 이자 계산이라든가 제곱근, 세제곱근을 구하는 복잡한 셈까지도 거뜬히 할 수 있었다. 인도 사람들이 이집트나 그리스, 로마 사람들이 수천 년간 미처 할 수 없었던 고도의 산수 계산을 할 수 있었던 것은 0의 발견 때문이었다.

이 숫자가 유럽에 알려질 당시의 에피소드가 있다. 영의 개념을 접한 사람들은 잘 이해할 수 없었다. 그들이 물건이나 날짜를 셀 때는 0이 아무런 의미가 없었다. 게다가 인도에서 창안한 숫자 0은 실체가 없는 데다 곱셈에서는 모든 숫자를 0으로 만들어버린다는 이유로 악마의 숫자라 하여 중세 교회에서는 사용을 금지했다. 후에 "0이 있어야 교회 재산을 계산하고 관리하기 쉽다"는 회계사들의 조언으로 할 수 없이 교회도 사용하게 되었다.

그 무렵 이미 학문이 크게 융성했던 바그다드는 새로운 숫자 체계의 도입으로 수학 연구활동의 중심지가 되었다. 유대인 학자들은 2세기경 알렉산드리아의 수학자였던 프톨레마이오스나 유클리드

같은 수학 선구자들이 쓴 책을 아랍어로 번역했다. 이렇게 해서 수학의 주요 저술이 아랍 제국 전역으로 번져나갔다. 아랍 최초의 산수책은 825년경에 알 코와리즈미가 썼다. '알 코와리즈미'를 빨리 발음해보라. 연산 방식을 의미하는 '알고리즘'이라는 용어가 그의 이름에서 유래되었다. 그는 인도에서 새로이 도입된 숫자를 이용해 최초로 덧셈, 뺄셈, 곱셈, 나눗셈의 4칙 연산법을 만들어낸 수학자다.

그 후 발전된 수학과 과학이 유럽으로 전해졌다. 9세기나 10세기에는 스페인에까지 전파되었다. 그래서 아라비아에서 건너온 숫자라는 뜻으로 유럽 사람들은 아라비아 숫자라고 불렀다. 하지만 정확히 말한다면 인도 숫자라고 해야 한다. 인도 숫자의 아라비아와 유럽 전파에 당시 인도와 실크로드 곳곳에 커뮤니티를 두고 동서교역을 주도했던 유대인들이 한몫 단단히 거들었다.

지중해 교역의 주역, 유대인

서부 지중해 상의 섬들은 모두 이슬람 세력의 수중에 들어가게 되어 이탈리아 반도 서쪽의 세계는 동방 세계로부터 차단되었다. 지중해는 이슬람의 바다가 되었다. 지중해는 8세기 이후 이슬람교도의 지배에 들어가 유럽인은 이 해역으로부터 완전히 거세되었다.

이슬람 세력에 의한 해상봉쇄 체제는 서유럽 세계에 심각한 영향을 주었다. 이집트의 파피루스를 비롯해 향료, 비단 등 동방 산물의 수입로가 막혀버린 것이다. 동방과의 교역에 종사하던 상인들이 자취를 감추었으며, 따라서 도시경제도 쇠퇴해갔다. 서유럽은 지중해와 더 나아가 동방 세계와의 접촉의 길이 막혀 내륙으로 갇혀버린 꼴이었다. 다만 유럽 내륙에서 알프스를 넘어 이탈리아, 동로마로 연결되는 예루살렘 순례길이 있어서 유대 상인들을 중심으로 어느 정도 교역이 이루어지고 있었다.

그 무렵 이베리아 반도의 이슬람 왕국은 지중해 교역을 담당하는 범선만도 200척 이상으로 대외교역이 활발했다. 그 중심에 유대인들이 있었다. 당시 이슬람과 기독교 국가는 전쟁 중이었기 때문에 상인 일지라도 서로 상대방 진영을 오가는 왕래는 위험했다. 유대인은 양 종교 간의 전쟁에는 관계가 없었기 때문에 비교적 안전하게 양쪽을 왕래했다. 자연히 무역업은 그들의 독무대가 되었다. 이렇게 유대인들이 주도하는 지중해 무역이 날로 번성했다.

게다가 이슬람 지역에서 항상 그렇듯이 이교도와 접촉해야 하는 외교 업무도 이슬람이 아닌 유대인이 도맡았다고 한다. 유대인들의 또 다른 이점은 지중해 주변과 서구 내륙 곳곳에 살고 있는 유대인 커뮤니티인 디아스포라를 활용하여 거대한 무역망을 형성할 수 있었다는 점이다. 당시 모슬렘의 기록과 유대인들이 주고받았던 종교상의 답장을 보면 유대 상인들이 최고의 사치품을 만들어내고 있었던 인도와 중국을 상대로 무역하고 있었다는 점을 확인할 수 있다.

먼 거리 무역을 위해 12세기에는 대형 범선이 나타났다. 노 젓는 사람이 없이도 바다를 항해할 수 있는 대형 상선이 출현한 것이다. 동양에서 유래된 나침반과 해도를 이용한 새로운 항해술이 발전하면서 바다와 강을 이용한 수상교역이 증대했다.

유대인, 어음을 결제수단으로 사용하다

이슬람이 지중해 세력을 확보하여 유대인들이 해상교역을 주도하고 있을 때 상업이 발전했다. 아울러 화폐제도와 재무관리 체제가 발달하였다. 먼 거리 교역의 놀라운 발전으로 옛 로마 제국이 건설해놓은 지역에서 많은 도시가 생겨났다. 도시에서는 상인과 수공업자들이 길드와 수공업동업조합, 한자Hansa 동맹 등을 결성했다.

이 시기에 이슬람 문화권 내에 퍼져 있는 유대인들은 벌써 어음을 결제수단으로 쓰고 있었다. 신용거래가 시작된 것이다. 이것은 유대인들이기에 가능한 일이었다. 어음이란 채무자가 정해진 날짜에 어음을 가진 사람에게 일정한 액수를 지불할 의무를 지는 문서를 말한다. 화폐의 역사를 보면 새로운 종류의 화폐나 경제제도는 언제나 두려움의 대상이었다.

최초의 금화와 은화의 출현, 최초의 지폐 등장, 최초의 환어음 소개는 그것이 정착할 때까지 오랫동안 사람들에게서 의혹의 눈총을 받았다. 새로운 화폐제도의 출현은 파탄의 씨가 되지 않을까 염려스러웠다. 이 모든 의혹, 염려, 불안은 불신이다. 이러한 불신을 잠재울 수 있는 민족이 유대인이었다. 그들은 계약을 생명같이 소중히 여겼다. 어음제도는 각국에 흩어져 있는 유대인 간에 같은 민족이라는 동질성이 강했고 계약에 대한 신뢰도가 높았기 때문에 생겨날 수 있었던 제도다. 금융과 회계에 관한 새로운 창안과 진보된 방식은 항상 유대인에게서 나왔다.

당시 유대인들이 해상교역뿐 아니라 환전업, 대부업, 전당업 등 초기 형태의 금융산업을 쥐고 있었다. 어음 체제를 활용하여 경제 번영을 이룬 카이로와 알렉산드리아, 코르도바 등지에서 상업뿐만 아니라 유대 문화가 꽃피었다. 훗날 서구에서는 이탈리아 상인들이 14세기부터 본격적으로 어음을 사용하기 시작했다.

복리는 가문의 비밀

재미있는 사실은 이자의 복리 개념이 아직 바깥세상에는 알려지지 않았지만, 유대인에게는 가문의 비밀로 전승되었다는 점이다. 복리를 설명할 때 잘 인용되는 이야기가 있다. 바로 인디언들한테 24달러어치의 물건을 주고 맨해튼을 사들인 이야기다. 1626년 네덜란드계 이민자들은 아메리카 인디언들로부터 맨해튼을 불과 24달러에 사들였는데, 만약 24달러의 투자수익률을 12%로 1626년에서 2002년까지 376년을 운용했다면 그 결과 원리금은 얼마나 될까? 무려 76,946,304,303,635,700,000달러다. 읽기도 힘들다. 7694경 6304조… 달러가 된다.

그러나 만일 원금에만 이자를 지급하는 단리로 계산하면 9711달러밖에 되지 않는다. 이 사례를 두고 월스트리트의 전설적인 투자자 존 템플턴은 다음과 같이 복리의 관점에서 말했다. "24달러를 받은 인디언이 매년 8% 복리수익률을 올렸다면 지금 맨해튼을 사고 로스앤젤레스를 2번 사고도 돈이 남는다." 바로 이것이 복리의 마술이다.

아인슈타인은 "복리 계산이야말로 인간의 가장 위대한 수학적 발견"이라고 극찬하면서 세계의 여덟 번째 불가사의라며 경이로움을 표시했었다. 그리고 그는 복리수익률로 원금의 2배를 벌 수 있는 기간을 쉽게 계산하는 72법칙도 알고 있었다. 72법칙이란 72를 복리수익률로 나눈 값이 바로 원금의 2배가 되는 기간이다. 예를 들어 복리수익률이 6%라면 원금이 2배가 되는 데 걸리는 기간은 72를 6으로 나눈 12년이 되는 것이다. 1000만 원을 연 8%의 복리 투자수익이 발생하는 펀드 등 상품에 투자했을 때 2배가 되는 기간은 9년(72/8=9)이다.

복리는 처음 몇 년 동안은 가치 증가 속도가 미미하다. 하지만 그 뒤부터는 장기로 갈수록 급격하게 늘어난다. 유대인들은 '시간과 복리'에 대한 명확한 인식을 갖고 있다. 시간과 복리에서 가장 중요한 개념은 '돈이 돈을 버는 것이 아니라 시간이 돈을 번다'는 것이다. 유대인들은 자녀가 성인식을 치를 때 보통 10만 달러 내외의 시드머니를 축하금으로 마련해준다. 이들은 유년 시절부터 탈무드에서 배워왔듯 평생을 '시간과 복리 개념'에 충실한 투자를 한다. 10만 달러를 우리나라 돈으로 환산(달러당 1000원 기준)하면 1억 원이다. 이 1억 원을 20%(다우존스지수 20년간 연평균수익률) 연 복리로 20년간 투자한다고 가정할 때 20년 후에는 38억 원이 된다.

세파르딤 문화의 황금기, 중세 유럽을 깨우다

유대인들은 그들의 방랑 역사를 돌이켜볼 때 800년부터 1100년 사이에 이베리아 반도에서 누렸던 300년간의 번영을 잊지 못한다. 높은 지식인으로 대접받았고 폭넓은 자유가 허용되었다. 여러 지역에 유대 종교 및 민족학교인 '예시바'가 설립되었다. 우수한 랍비도 많이 쏟아져 나왔다. 이슬람 통치 기간에 시인, 문필가, 철학자, 수학자, 과학자, 국제상인, 궁정 재무관 그리고 정치가 등 거의 모든 분야에서 수많은 인재를 배출하였다. 그 기간 이베리아 반도가 유럽 문화의 중심으로 부상하여 각국에서 지식인들이 모여들었다. 유대인 사회의 중심도 바빌론에서 이베리아 반도로 이동했다.

그들은 이 시기에 꽃피웠던 유대인의 세파르딤 문화를 자랑스러운 황금기로 기억하고 있다. 유대인들은 기나긴 디아스포라 2000년 기간 가운데서 가장 자유롭게 그들의 자질을 꽃피운 시기로 이베리아 반도 시절을 꼽고 있다. 그다음이 지금의 미국이라 한다. 당시 이베리아 반도의 이슬람 문화 분야도 중추적 핵심 인재들은 유대인들이었다. 그들의 문화정책은 그리스 철학과 과학을 위주로 헬레니즘 문화의 부흥에 초점을 맞추고 있었다. 그리스어로 기록된 많은 책과 기록들이 주로 유대인에 의해 아랍어로 번역되었다. 잊혔던 헬레니즘이 재생되었다. 아랍어로 번역된 글들은 다시 히브리어로 번역되었다. 그것은 또다시 라틴어로 번역되어 유럽 전역으로 퍼져나갔다.

역사가들은 고대 그리스 철학과 과학 그리고 휴머니즘을 후세 유럽인들에게 전해준 데는 이베리아 반도의 유대인들이 결정적인 역할을 한 것으로 평가하고 있다. 단절될 뻔했던 역사와 문화를 그들이 연결해준 것이다. 이때만 해도 그리스 문화의 전통은 유럽이 아니라 이슬람 문화권에서 이어지고 있었던 것이다.

이 과정에서 유대인들의 사고방식은 물론 글을 쓰는 주제도 크게 달라졌다. 이전에는 거의 모든 글이나 그림이 성서에 관한 내용이었다. 유대인들에 의해 바깥 세계의 풍속과 개인적인 주제가 다루어지기 시작했다. 중세 문화의 큰 변화가 시작된 것이다. 중세 유럽이 그동안 신과 왕 중심의 사상과 틀 속에 갇혀 살다가 유대인들 덕분에 신이 아닌 인간에게로 시선을 돌릴 수 있게 되었다. 이는 유럽의 회화사繪畵史를 보면 극명하게 나타난다. 유대인들의 이러한 변화는 사상의 자유가 보장된 사회 덕분에 신앙과 이성의 분리가 시작된 것이다. 르네상스의 전조가 유대인에 의해 보였다.

유대인의 시련, 그라나다 대학살

비교적 이슬람 세계에서 부와 자유를 누리던 유대인들에게 시련이 닥쳐왔다. 야만적인 베르베르 모슬렘들이 1013년에 코르도바를 점령해 그간 유대인과 관계가 좋았던 우마야드 왕조를 붕괴시켰다. 세상이 바뀌자 이슬람 세계에서 유대인들이 거둔 사회적 신분 상승 및 문화적 우수성에 대한 질시는 이민족 간의 종교적 대립 양상으로 첨예화되었다. 결국 유대인들은 바람 앞의 등불 처지가 된다. 코르도바에서 수많은 유대인 학자들이 형장의 이슬로 사라졌다. 1066년 불거진 유대인 민중봉기는 그라나다 박해로 이어져 유대인 5000명의 대학살로 치달았다.

이로써 그라나다의 황금 시절도 종식되었다. 또한 이베리아 반도에서 적지 않은 기간 이슬람 문명과 같이 공존하면서 유대 문화의 꽃을 피웠던 세파르딤 문화의 전성기도 한풀 꺾였다. 뒤이어 1090년에는 이슬람 지배자들이 유대인에게도 이슬람 정통 신앙을 강요하기 시작했다.

몸에 노란 표시를 해야 했던 유대인

모슬렘들은 유대인들을 구분하기 위해 늘 몸
에 노란색 표시를 하도록 했다. 중세 시대 노랑은
거짓과 비겁, 불충과 치욕의 색이었다. 유대인들
은 터번을 두를 때 흰색 혹은 검은색이 아닌 노란
색을 사용해야 했다. 터번을 두르지 않을 때는 노
란색 허리띠를 반드시 매야 했다. 또 유대인들은
회당을 만들 수 없었고, 돈이 많아도 모슬렘 노예
를 부릴 수 없었다. 심지어 말을 타고 다닐 수도
없었다. 종교생활을 드러내놓고 한다는 것은 자살 행위였다. 이때 많
은 유대인이 이베리아 반도 북부에 있는 가톨릭 스페인 왕국으로 이
주했다.

1121년 모슬렘 제국의 수도, 바그다드의 공문서 기록이다. "유대인
여인들은 작은 종을 옷이나 신발에 착용해야 했다. 잔인한 모슬렘 남
자들과 여자들이 온갖 저주와 모욕을 퍼부으며 유대인 남자들과 여
자들을 각각 다스렸다. … 바그다드 거리에서 군중과 젊은이들에게
구타당하는 유대인들의 모습을 어렵지 않게 발견할 수 있었다."

신비주의 유대교 카발라 출현

이때부터 수난기를 맞이한 스페인의 유대인 디아스포라는 신학적
인 탐구활동보다는 당장 하느님으로부터 초자연적인 도움을 받고

자 하는 마음에서 종교적인 신비 체험을 추구하는 양상으로 탈바꿈했다. 다시 말해 연구와 토론, 사고 등 지적 활동을 중시하는 랍비 유대교보다는 하느님과 직접적인 만남을 강조하는 신비주의 유대교가 인기를 끌었다.

13세기 랍비 모세스 덴 레온은 시메온 벤 요하이가 기록한 토라 주석서를 발견했다고 발표했다. 시메온 벤 요하이는 2세기의 유명한 랍비로서 바르 코크바 반란 후에 로마의 박해를 피해 13년간 홀로 숨어 살았던 사람이다. 전승에 의하면, 그 기간에 천사들은 시메온에게 성서 문구들 가운데 숨겨진 심오한 하느님의 뜻을 계시해주었다. 이에 시메온은 일종의 토라 주석서를 기록했고, 그 안에 비밀 중 얼마를 드러냈다고 한다. 이 책은 모세스 데 레온 손에 들어오기까지 극히 일부만 알려졌었다. 모세스는 1250년에 '조하르'라는 이름으로 이 책을 출간했다. 이 책 내용의 정확한 유래는 알 수 없으나 모세스는 그때까지 전해 내려오던 신비주의적 해석들을 모아서 편집한 듯하다.

카발라Kabbala는 관념적 신학 체계와 신비적 숫자, 상징주의를 사용한다. 이들은 단어와 숫자를 신비롭게 배열함으로써 히브리 경전의 깊은 의미를 파헤치고자 했다. 모세 데 레온이 쓴 《조하르》는 영적 힘에 대한 종교적 체험을 강조했다.

카발라는 형이상학적 문제에도 관심을 기울였다. 완전한 신이 불완전한 세상을 만들고, 무한자가 유한자를 만든 유출설을 바탕으로 출발했다. 무한자로부터 신의 의지는 지혜(남성)와 지식(여성)을 생성시키고, 이것이 다시 은총(남성)과 힘(여성)을 생성시켰으며, 다시 이들에 의해 자연계가 생성되었다는 것이다. 인간은 이 모든 속성과 우주적 힘을 지닌 소우주이며 적절한 방식과 상징, 명칭을 통해 자신을 통제할 수 있다고 확신했다. 한편 메시아도 출현하면 신비로운 명칭과 상징을 통해 표현될 것이라고 주장했다.

셀주크튀르크, 실크로드를 장악하다

1037년 북동쪽에 있던 셀주크튀르크족이 쳐들어와 중동의 이슬람 제국을 멸망시키고 셀주크 제국을 만든다. 1071년의 한 사건은 세계사를 뒤바꾼 의미를 갖고 있다. 셀주크 왕 알프 아르슬란이 비잔티움의 영역이었던 아나톨리아의 말라즈기르트 전투에서 비잔티움 황제를 생포하는 대승을 거두고 동부 지중해로 향하는 교두보를 마련한 것이다.

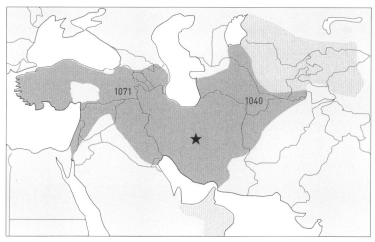

∴ 셀주크 제국 최대 판도, 단다나칸 전투(1040)와 만지케르트 전투(1071)

이로써 셀주크는 중국과 인도의 육로와 동부 지중해를 잇는 실크로드와 향료길 무역을 보호하면서 중개와 교역을 통한 막대한 국가 수입을 올렸다. 셀주크의 강성과 부의 원천이 바로 육해상 실크로드를 잇는 중개무역이었다. 이러한 상황에서 셀주크 통치자들은 육상과 동부 지중해의 교역로를 방어하고 교역망을 확충해나갔다.

그들은 육해상의 교역로를 활성화시키기 위해 카라반의 보호뿐 아니라 여행 편의를 위해 20~30km마다 대상들을 위한 편의시설인 카라반 휴식처를 건설했다. 이곳에서는 3일간의 무료 숙식이 제공되었고, 순찰대의 감시를 받는 견고한 교역품 창고의 이용과 각종 교역 정보와 자료의 교환이 가능했다.

당시 셀주크의 경제 원동력 역시 그 이전 이슬람 제국에서 활약했던 유대인들이었다. 더욱이 해적이나 도적들로부터 그들의 교역품을 강탈당했을 때 국고에서 이를 보조해주는 일종의 보험제도와 신용 대출과 같은 금융 편의도 제공되었다. 셀주크의 수표 사용이나 보험과 같은 금융제도는 곧바로 동부 지중해 교역을 통해 중부 유럽에까지 소개되었다. 셀주크튀르크의 중국-인도-동부 지중해를 연결하는 국제무역의 번성은 동시에 농산물 생산 증대, 제조업과 광산 개발의 활성화와 같은 국내 산업 전반에 긍정적인 파급효과를 주었다.

유대인 박해, 개종 아니면 죽음

셀주크에 대한 반동으로 12세기 초 북아프리카 산악 지대에서 모슬렘 근본주의자들이 발흥했다. 그들의 목표는 이슬람의 진흥이었다. 이로써 1000년 동안 북서 아프리카에 존재했던 기독교 공동체가 전멸하였다. 1146년에는 이러한 모슬렘 근본주의자들인 알모하드 왕조가 이베리아 반도에 상륙하였다. 이렇게 되자 상황은 더 심각해진다. 이 왕조가 유대인에 대한 광적인 탄압에 나선다. 유대인은 개종과 죽음 가운데 하나를 받아들여야 했다. 유대인들은 이제 아주 제한된 경우를 제외하고는 무역활동도 금지당했다.

1198년 예멘에서는 유대인들이 통치자의 알현 장소에 강제 소집되어 일괄 개종을 강요당했다. 개종하지 않은 이들은 모두 참수됐다. 그들은 이베리아 반도에서도 유대교 회당과 예시바를 폐쇄시키고 유대인들에게 개종과 죽음 가운데 하나를 선택하도록 했다. 결국 유대인들은 칼에 의해 강제로 개종을 당했고, '쉬클라'라고 부르는 푸른색의 기이한 옷과 모자를 쓰고 다녀야 했다. 차별의 상징인 쉬클라를 걸치지 않을 때는 노란색 옷만 입어야 했다.

유대인들이 떠나자
이슬람 왕국의 상업적 기반이 무너지다

죽음에 내몰린 유대인들은 더는 견딜 수 없었다. 그래서 이때 유대인 대부분은 이베리아 반도 북부에 있는 가톨릭 국가 스페인 왕국으로 피신했다. 유대인들이 떠나자 이슬람 왕국의 상업적 기반이 무너졌다. 해외무역은 물론 국내상업도 타격이 컸다. 우선 돈이 돌지 않았다. 교환경제의 쇠퇴와 함께 문화적·사회적 기반도 같이 쇠퇴해갔다.

반면 스페인 왕국으로서는 유능한 유대인들이 대거 몰려오면서 경제가 부흥하는 계기가 되었다. 이베리아 반도를 이슬람교도들에게서 재탈환하려는 스페인 왕국은 밀려오는 유대인들을 차별하지 않았다. 상업과 수공업은 물론 모든 직업이 유대인에게 개방되었다. 가옥과 토지 소유도 허용되었다.

이후 유대인들은 그리스도교 사회에 선진 아랍 문명을 전하는 등 긍정적인 역할을 하였다. 이들은 경제는 물론 정치, 사회, 행정, 문화 등 모든 영역에서 중요한 역할을 맡았다. 다시 유대 문화의 황금기를 연 것이다. 이러한 경제력 및 사회동력의 이동은 훗날 스페인 왕국이 이슬람을 이베리아 반도에서 몰아내는 역사의 원동력으로 작용하였다.

무역항, 바르셀로나

바르셀로나에서 유대인은 대부업은 물론 상인과 수공업자로도 활동했다. 특히 섬유와 보석 관련 업종에 강세를 보였다. 왕의 증명이 있으면 수공업자는 조합 가입도 가능했다. 화려한 의상과 보석, 교회 제단의 휘장들은 유대인이 독점적으로 취급했다. 왕에게 세금을 내는 대가로 모든 직업이 개방되었다. 그곳 유대인들은 보석 이외에도 소금과 노예무역으로 부를 축적하였다. 카르도나 암염을 지중해 연안도시들과 제네바에 수출했다.

그 무렵 13세기 중반 알폰소 10세 치하의 스페인에서는 유대인도 토지를 소유할 수 있었다. 당시 바르셀로나 농지의 3분의 1이 유대인 소유였다. 물론 카스티야에서도 지주로 활동했다. 영국과 프랑스에서 박해를 받다가 이주한 유대인까지 합세하여 아라곤 왕국은 전 국민의 6.5%, 카스티야 왕국은 4~5%가 유대인이었다.

노예무역

먼 거리 노예무역 주도한 유대 상인

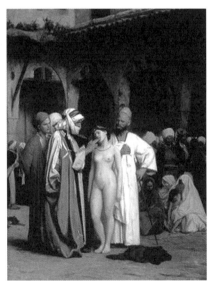

.:. 장 레옹 제롬, 〈로마의 노예시장〉, 1866년. 당시 시장에서 노예들을 알몸으로 팔았는데 노예의 몸 상태에 따라 가격이 형성되었다.

고대의 노예제도는 정복전쟁 때 잡혀 온 포로들이 주를 이루었다. 전쟁이 줄어들자 노예가 수입되기 시작했다. 중세 초기의 노예무역은 주로 유럽의 남쪽과 동쪽 지역에 국한되었다. 비잔티움 제국과 이슬람 세계가 종착지였다. 원래 이슬람권에서는 같은 종교를 가진 신도를 노예로 삼는 것을 금지했다. 그래서 이슬람권 바깥에서 노예를 들여올 수밖에 없었다. 따라서 이교도 지역인 중부 유럽과 동유럽, 캅카스와 타타르 지역이 노예의 중요 공급처였다. 중세 초기의 노예무역에 바이킹, 아랍, 그리스, 유대 상인이 모두 관여했다.

6세기 말부터 동양에서 동방 물품을 수입하고 중앙아시아와 슬라브 지역에서 사 온 노예를 수출하는 노예상들이 남부 프랑스와 이베리아 반도의 항구에 모여들었다. 이 노예무역의 중심에 유대인이 있었다. 지중해 동

✦ 장 레옹 제롬, 〈로마의 노예시장〉, 1884년 중세 당시 경멸의 색인 노란 옷을 입은 유대인 노예상이 경매를 주관하고 있다.

서무역에서 서구가 동방에 수출한 물품은 모피와 검인 반면 동방으로부터 수입품은 비단, 카펫, 의류, 설탕, 향료, 향수와 같은 사치품들이었다. 주로 중국과 인도를 상대로 무역했는데 무역역조가 심해 서양의 은이 동양으로 흘러들어 갔다. 한편 돌아오는 길에 슬라브족 노예들을 사서 이슬람 사회에 팔았다.

노예를 뜻하는 'slave'는 슬라브 사람(Slav)이 어원

당시 이 같은 노예의 공급 지역으로는 아프리카와 중앙아시아 그리고 슬라브 지역이 있었다. 슬라브 노예들은 대부분 도나우, 보헤미아, 몰다비아 등 슬라브 지역에서 기독교인에 의해 잡혀 온 전쟁포로

들이었다. 노예를 뜻하는 'slave'는 슬라브 사람Slav이란 말이 어원이다. 중세에 많은 슬라브 사람들이 노예가 된 데서 비롯되었는데 주로 러시아와 동구계였다. 특히 동부 유럽의 슬라브족들이 모슬렘 스페인과 북아프리카 노예인구의 많은 부분을 차지했다.

중세에 그들은 주로 서유럽 노예상인을 통해 공급되었으나 동유럽에서는 발칸으로 진출한 오스만 제국이 중간상인들을 배제하고 직접 슬라브 노예들을 획득했다. 북아프리카 바르바리 해적선에 의한 서유럽 노예의 공급도 무시할 수 없는 규모였다. 스페인에서 북아프리카 해안을 거쳐 오스만 궁정으로 유입되는 서유럽 노예는 남녀 모두 비싼 값을 받을 수 있었기 때문에 해적선들의 주요한 노획 대상이 되었다. 역사에 기록된 예로는 1627년 바르바리 해적이 아이슬란드에 침략하여 242명의 포로를 알제리의 노예시장에 내다 팔았다. 같은 시기 동유럽의 타타르 지배자들, 곧 몽골인들은 러시아, 폴란드, 우크라이나 등지를 습격해 매년 수천 명의 젊은 노예를 이스탄불로 배로 실어 날라 오스만 제국의 여러 도시에서 팔았다.

유대인 노예무역상들에게 '보호증서'를 만들어 주다

그 무렵 노예는 '사람 말을 알아듣는 가축'으로 향료 구매에 필요한 금에 버금갔다. 기독교 왕국의 경건왕 루트비히도 828년 먼 중국을 오가는 라다니트라 불리는 유대인 무역상들에게 '보호증서'를 만들어 주며 노예무역을 허용했다. 리옹의 주교가 반대했지만, 이교도 노예가 없으면 왕국의 경제가 큰 타격을 입는다며 허가했다. 당시 보호증서는 유대 상인이 기독교 상인과 상거래를 하는 데 어떤 불이익도 받지 않도록 유대인의 목숨을 보호해주었다. 잦은 전쟁에 참가하지 않아도 되고 국가의 운송 목적으로 유대인의 운송수단이 압류되지 않도록 배려했다. 보호 특권을 얻기 위해 이윤의 10분의 1을 황제에게 바쳤다.

그 무렵 동서무역을 위한 해상운송은 장기간이 소요되고 곳곳에 해적선이 출몰했기 때문에 생명의 위험을 무릅쓴 용기가 필요했다. 수백 년 동안 유대인들이 거의 독점적으로 이러한 해상무역을 장악했다. 당시 유대인과 무역상인은 같은 말로 통했다.

중세의 노예 약탈전쟁

중세 시대 스페인과 포르투갈에서는 모슬렘과 기독교 간에 끊임없이 전쟁이 벌어졌다. 스페인 남부 알 안달루스 지역의 모슬렘 왕국은 북쪽 기독교 왕국을 주기적으로 습격해 전리품을 얻고 노예를 끌고 갔다. 1189년에 포르투갈의 리스본을 습격해 여자와 아이들 3000명을 포로로 잡아갔으며, 1191년에 실브스를 공격해 기독교도 3000명을 노예로 삼았다.

북아프리카 이슬람교도인 무어인들은 8세기부터 지중해와 대서양 주변 해안 지방을 습격하여 바르바리 해적으로 알려지게 된다. 11세기에서 19세기에 이르기까지 북아프리카 바르바리 해적선에 의한 서유럽 노예의 공급도 무시할 수 없는 규모였다. 16세기에서 19세기에 이들이 서유럽과 북아메리카에서 사로잡은 백인 노예의 수는

** 무제, 19세기 후반

125만 명으로 추산된다. 해적 선장들은 알제리와 튀니지에서 부유한 후원자들이 제공한 순항함을 지휘했는데, 투자자들은 노획물의 10%를 배당받았다. 1650년에 이르러서는 알제리에만 3만 명 이상의 억류자들이 수용되었다. 유럽의 해안 마을을 습격하여 사로잡은 기독교도들을 알제리나 모로코의 노예시장에 팔았다. 노예시장에서는 약탈해 온 백인 여자노예들을 가축처럼 진열하여 판매했다.

오스만 제국의 술탄들은 노예의 자식들

슬라브 노예는 이슬람 세계에서 인기였다. 여자는 격리된 내실인 하렘에 두었다. 그리고 남자는 노예병사 맘루크로 이용되었다. 슬라

∴ 장 오귀스트 도미니크 앵그르, 〈그랑드 오달리스크〉, 루브르박물관, 1814년. 오달리스크는 술탄의 시중을 드는 하렘의 여인을 뜻한다.

브 미너와 슬리브 전시들은 지금도 유명하다. 오스만튀르크에선 술탄만이 가산제적 공동체의 수장으로서 유일한 지배자였고, 공식적으로 인정되는 왕비란 개념이 없었다. 그래서 하렘에서 태어난 자식들은 부인의 신분에 상관없이 모두 상속권을 가질 자격이 있었다.

오스만 제국의 관습 중 가장 악독한 것으로 유명한 게 새 술탄이 즉위하면 동복, 이복, 노소를 가릴 것 없이 술탄의 형제들을 몰살하는 '형제살해'의 전통을 꼽을 수 있다. 이 전통은 왕위 계승권의 경쟁자를 원천적으로 제거해 왕권의 안정을 취하는 가장 극단적인 형태였다. 그러다 보니 새 술탄은 왕권을 이을 자기 후손을 부지런히 만들어내야 했다. 그리고 정식 부인을 통해서든, 노예를 통해서든 합법적인 후계자를 생산해낼 수 있었다. 그들은 신분에 상관없이 모두 상속권을 가질 자격이 있었다. 그래서 일반 국민도 슬라브 여자가 주인의 아들을 낳아 그 아들이 주인의 유산을 물려받는 경우가 많았다.

그래서인지 2~3세쯤 되면 아라비아 상인이면서 백인종에 가까웠다. 이는 왕가의 경우에도 비슷해 오스만튀르크의 술탄들은 튀르크의 피보다 슬라브인의 피가 더 진했다. 또한 술탄의 대신 중에는 술탄의 노예 출신이 많았는데 어느 시대에나 북유럽 출신의 노예가 끼어 있었다. 그래서 오스만 제국의 지배층은 백인 혼혈아가 많았고, 비교적 혈통이 순수한 지방 세력은 그것을 빌미로 반란을 일으키기도 했다.

노예군단의 출현

중앙아시아 초원 지역의 튀르크 유목민 출신 노예는 기마와 궁술에 뛰어나 탁월한 전투 능력을 보여줄 뿐 아니라, 질서와 규범이 몸에 배어 있었기 때문에 주군에 대한 충성을 널리 인정받았다.

이탈리아 도시국가들은 이집트에 이러한 노예군사들을 꾸준히 공급하였다. 그것의 대가가 바로 이집트에서 계속 교역을 할 수 있는 권리였다. 또 13세기 초 아유비드 술탄국은 메소포타미아와 소아시아를 지나는 전통적인 노선을 통해 제공되는 '중앙아시아와 코카서스에서 꾸준히 흘러들어 오는 노예들'로 새로운 군단을 만들었다.

노예 수요가 많았던 이슬람

이슬람 국가의 귀족과 고관의 수요를 충족시켜 주기 위해 중앙아시아의 부하라 같은 도시에는 상설 노예시장이 열렸다. 또한 붙잡혀 온 튀르크인을 그냥 판매하는 것이 아니라, 그들에게 아랍어를 가르치고 예의범절도 익히게 하여 상품 가치를 높인 뒤 시장에 내놓았다고 한다. 이들은 대부분 이슬람으로 개종했지만 그렇다고 노예 신분에서 즉각 해방되지는 못했다.

아무튼 시간이 흐르면서 이슬람권으로 유입된 튀르크인의 수는 점점 늘어났다. 그리고 바그다드의 칼리프 궁정에서는 그들이 중요한 역할을 담당하기에 이르렀다. 1072년 최초의 튀르크어 사전이 바그다드에서 편찬된 데도 바로 이러한 배경이 있다. 이 같은 사전을 편찬한 것은 바그다드의 칼리프 궁정에 점점 더 많은 튀르크인이 모여들어 그들의 언어를 알아야 할 필요에서다.

반면 유럽에서는 이국적인 흑인 노예가 인기였다. 그러나 당시 중세 유럽은 오리엔트로 대변되는 아시아에 비해 훨씬 가난한 동네였다. 그래서 흑인 노예는 위세를 뽐내는 일부 귀족들의 장식품이었다. 기독교 문명은 아내를 여럿 두는 것을 금지하고 금욕적인 생활을 중요시했다. 또한 기사들의 시대로서 로마 시대부터 노예에게는 병역 의무를 지게 하지 않았다. 즉 성노예나 병사로 삼는 일이 없어 유럽에서 흑인 노예의 수요는 그다지 많지 않았다. 7세기 이후 흑인 노예는 유럽보다 북아프리카와 서남아시아에 꾸준히 공급되었다.

II

그 무렵 동양은

JEWISH ECONOMIC HISTORY

이쯤에서 동양 경제사를 한번 살펴보자. 기원전 5300년경에 시작된 수메르 문명은 글자가 있어 일찌감치 '역사시대'를 열었다. 이미 기원전 5000년경에 그들은 도시국가를 이루며 살았다. 이는 그 무렵 이미 상업과 교역이 발전해 있었다는 이야기다. 그리고 기원전 2600년경에는 전쟁에 전차가 사용되어 아카드 왕국이 수메르 일대를 통일하였고 기원전 2300년경에는 복합궁(각궁)이 개발되었다.

전차와 복합궁은 초원길을 따라 전파되어 우리 고조선도 수레와 복합궁(맥궁)이 발달했을 것으로 추정된다. 실제 당시에 고조선과 왕래가 가장 많았던 산둥 반도의 제나라 수도 임치에는 수많은 수레가 있었다는 기록이 있다. 그 무렵 활을 잘 쏘는 민족이 동이족이었으며 철광석을 수레에 실어 유목민들에게 수출한 사실도 있다. 하지만 동시대의 동양에는 글자가 없어 기록이 남겨져 있지 않다 보니 '선사시대'에 묻혀 신화와 전설로 떠돌고 있다. 이를 역사시대로 끄집어내는 것이 우리 후손들의 몫이다. 이제는 문자로 된 기록이 없더라도 유전자학, 인류학, 지질학, 비교언어학, 천문학, 경제사 등 다른 유형의 기록들이 있을 수 있다. 나중에 역사에 관심이 있으신 분들과 뜻을 모아 우리 역사를 양지로 끌어내고 싶다.

우선 기록이 있는 동양 역사를 살펴보면, 고조선 '8조 금법'에 화폐가 등장한다. "남의 물건을 도둑질하면 그 주인의 노예가 되는 것이 원칙이나 매 인당 50만 전으로 속죄할 수 있다"고 《한서漢書》〈지리지地理志〉 '연조燕條'에 기록되어 있다. 이는 이미 물물교환 단계를 넘어 화폐 교환경제가 시작되었음을 보여준다. 이미 상업과 교역시장이 있었다는 이야기다. 더 나아가 그 바탕 위에 도시가 형성되어 있었을 것이다. 고조선 자체의 기록이 남아 있지 않아 중국 사료에 의지해야 하지만 당시 고조선과 가장 왕래가 많았던 이웃 연나라와 제나라 기록을 통해 그 무렵 고조선을 부분적으로나마 엿볼 수 있다.

최초의 동양 경제를 알 수 있는 문헌은 기원전 7세기 '관포지교'로 유명한 제나라 관중이 지은 《관자》가 처음이 아닐까 한다. 그는 경세제민과 부국강병 계책에 대해 썼다. 관중은 아담 스미스가 말한 '보이지 않는 손'에 의한 시장의 자율과 정부에 의한 시장질서 확립을 동시에 논했다. 그의 사상을 관통하는 핵심어가 바로 '부민강국'이다. 관중은 이를 치국평천하의 요체로 삼았다. 그가 40여 년 동안 제 환공을 보필하면서 제나라를 부강한 나라로 만들어낸 비결이다.

《관자》 제1편 〈목민牧民〉 국송(나라를 다스리는 법)에 "나라에 재물이 많으면 멀리 있는 사람도 오고, 토지가 모두 개간되면 백성이 머물러 산다. 창고가 가득 차면 예절을 알고, 입을 옷과 먹을 양식이 풍족하면 영광과 치욕을 안다"고 했다.

또한 《관자》에서 관중은 교역을 중시했다. 중농을 중시하던 고대에 중상을 중시한 것은 그야말로 파격이었다. 그는 당시 귀중한 교역품이었던 7가지 옥폐玉幣를 소개했다. 옥폐는 '옥과 비단'이라는 뜻으로 중요한 예물을 의미한다. "음산陰山의 옥玉돌인 연민礝瑉, 연燕나라 자산紫山에서 나는 백금白金, 발조선發朝鮮의 무늬 있는 가죽인 문피文皮, 여수汝水와 한수漢水, 우구右衢에서 나는 황금黃金, 강양江陽의 진주, 진秦나라 명산明山에서 나는 불로장생의 선약仙藥인 증청曾靑, 우씨禺氏 변산邊山의 옥玉이 그것들이다." 이 가운데 발조선의 문피가 있다. 발조선은 고조선古朝鮮을 뜻한다. 고조선의 문피, 곧 호랑이나 표범 가죽은 제나라에까지 알려질 정도로 중요한 교역품의 하나였다.

관중은 통화정책에도 정통했다. 제5편 〈승마乘馬〉(승마는 계획이란 뜻으로 국가의 기본정책을 계획하고 수립한다는 의미다)에서 "황금은 재정을 계산하는 척도다. 황금의 이러한 기능을 잘 이해하면 (나라 재정의) 사치와 검소를 이해하고 사치와 검소를 알면 모든 쓰임이 적절하다. 그러므로 검소함에 치우치면 생산에 손상을 주고, 사치에 치우치면 물자를 낭비한다. 검소함에 치우치면 황금의 가치가 낮아지고, 황금의 가치가 낮아지면 생산이 잘 이루어지지 않기 때문에 생산활동에 손상이 간다. 사치함에 치우치면 황금의 가치가 높아지고, 황금의 가치가 높아지면 물가가 낮아지기 때문에 물자를 낭비한다"고 했다.

하지만 필자가 주목하는 고대 동양 경제사의 하이라이트는 진시황의 경제관과 그의 과감한 경제정책이다.

경제사에서 새롭게 조망해야 할 진시황

　고대 유럽이 정복전쟁에 한창 열을 올릴 때 동양은 더 치열한 전쟁에 휩싸여 있었다. 곧 마케도니아의 기마군단이 대장정에 나서고, 이어 로마 대군이 대륙과 지중해에서 위세를 떨칠 무렵 중국은 전국시대였다. 황하와 양자강 일대에서는 제齊, 초楚, 연燕, 한韓, 조趙, 위衛, 진秦의 일곱 제후국이 천하의 패권을 잡기 위해 싸움을 벌이고 있었다.

　그 어느 곳에서나 대군이 운집해 천하를 다투었다. 전쟁의 횟수나 병사의 숫자 등 당시 서방의 전쟁이 따라올 수 없는 규모였다. 군대의 숫자는 전쟁이 계속됨에 따라 기하급수적으로 늘어나 매번 전쟁터에 투입되는 인원이 10만 명을 넘었다. 유명한 진나라와 조나라의 장평長平 전투의 경우, 전쟁이 기원전 262년부터 2년여 계속되었는데, 그 결과는 조나라의 40만 대군이 투항한 뒤 결국 갱에 생매장되었고, 진나라 군대 또한 과반수가 죽었다. 이는 진나라가 중국을 통일하는 전초전이었다.

철제 병기, 쇠뇌가 중국을 통일하다

철기 문화의 시작은 중국에서 기원전 11세기경으로 추정되나 본격적으로 주철이 사용되어 주조기술이 발달하기 시작한 것은 전국시대인 기원전 5세기쯤이었다. 원래 진나라는 지금의 간쑤성 톈수이 일대에 살던 이민족의 조그만 부용국에 불과했다. 부용국附庸國이란 큰 나라에 딸려서 그 지배를 받는 작은 나라를 뜻한다.

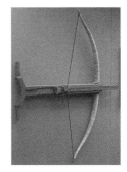
** 쇠뇌

전국시대 말기 화하족은 철제 병기를 만드는 기술을 중국 최초로 개발했다. 비록 고조선보다는 한참 뒤의 일이지만. 철제 병기는 청동 병기보다 훨씬 강력해 화하족은 손쉽게 진나라를 평정했다. 이후 진나라의 힘은 철제 병기로부터 나왔다. 특히 기계식 활인 쇠뇌가 당시의 첨단무기였다. 그 무렵 검과 창이 주 무기였던 중원을 통일하는 데 이 쇠뇌가 일등공신이었다.

진시황의 등장

기원전 247년 진秦에서 재위 3년 만에 급사한 장양왕의 뒤를 이어 정政이 뒤를 이었다. 후에 진시황이라 칭해지는 정은 당시 열세 살이었다. 그때 국정의 실권은 본래 한韓의 대상 출신이었던 여불위呂不韋가 장악하고 있었다. 진나라는 이미 당대 최고의 개혁가였던 재상 상앙商鞅이 140년 전에 주도했던 상앙변법의 개혁으로 강대국의 길로 들어서고 있었다. 이미 씨족제를 타파하고 군현제를 실행하여 강력한 중앙집권 체제를 확립하고 있었다. 세습귀족을 폐지하고 중앙정부에서 관리를 파견하는 제도로 중국 최초의 개혁이었다.

동시에 경제를 중시 여겨 토지 매매를 자유롭게 시장에 맡겼다. 고대에 생각하기 어려운 발상이었다. 법 앞에 만민이 평등한 법치주의를 시행하여 평민 사회로 가고 있었다. 사회 각 부문에 표준화를 도입하여 효율 높은 사회로 가고 있었다. 이러한 부국강병책을 실시한 결과 진의 영토는 전 중국 대륙의 3분의 1에 달했고, 그 부는 절반이 넘었다. 철제 무기와 기마전술로 무장한 군단은 갈수록 무적을 과시했다. 21세가 된 정은 여불위를 제거하고, 유능한 인재를 국적과 관계없이 발탁해 통일정책을 추진하였다. 국가 인사 시스템을 고쳐 인재들이 진나라로 몰려오게 만들었다.

정은 일찍 한의 간첩 정국흥鄭國興을 중용해 대규모 관개용 수로 정국거鄭國渠를 건설하여 진의 2만여 정보의 소금밭을 가뭄이나 홍수의 영향을 받지 않는 옥토로 만들었다. 대형 공사였다. 여기서 연간 4000만 섬의 곡식이 생산되었다.

진나라에는 소금밭이 있을 정도로 소금이 풍부하게 생산되었다. 당시 소금은 금값이었다. 진나라 군대는 소금과 긴 창을 들고 중국 각지를 누볐다. 정은 소금과 철의 전매제도로 군비 확충과 국고 증대에 힘썼다. 그리고 철제 마차 제작과 무기 표준화에 박차를 가해 대량생산 체제를 갖추었다. 군마가 끄는 마차 위에서 기병들이 쏘아대는 기계식 활 쇠뇌는 당시 천하무적이었다.

당시로는 획기적인 발상, 표준화

진시황이 전국을 통일할 수 있었던 가장 중요한 이유는 쇠뇌의 대량생산이었다. 그의 주도로 제작한 정밀무기 수준이 뛰어났을 뿐 아니라 표준화로 대량생산이 가능했다. 진시황은 쇠뇌와 석궁이라는 표준화된 활을 개발하여 활용했다. 쇠뇌는 기계식 활이며 석궁은 화살 대신 돌을 넣고 쏘는 기계다. 쇠뇌와 석궁으로 훈련과 사용의 효율을 극대화할 수 있어 적을 가볍게 격퇴할 수 있었다. 진나라는 표준화로 중국 통일에 성공한 것이다. 당시로는 획기적인 발상이었다.

진시황릉을 비롯한 진대의 유물과 무기에 새겨진 문장을 살펴보면 국가가 직접 관리하는 무기제작소가 존재했고, 여기서 무기들이 균질한 품질을 유지하면서 엄청난 양으로 생산되었다. 이는 훗날 19세기 중엽 이후 미국 남북전쟁 때 새뮤얼 콜트가 총을 대량으로 만들기 시작하면서 비로소 쓰던 방법이었으니 그 옛날에 얼마나 진보된 방법이었는지 미루어 짐작할 수 있다.

이들 진나라 국영 무기제작소에서 생산되는 모든 무기에는 생산자가 누구인지 표시토록 했다. 여기에 더해 기원전 239년에는 승상인 이사 스스로가 생산된 무기에 대한 최고위 감시자를 자임하며 무기산업의 혁신에 중점을 뒀다. 실제 진시황릉 출토 도검에는 "진시황 17년 국가 무기제작소. 감독관 유와 대장공 조 제작"이라는 문구가 칼날에 적혀 있고 칼자루에는 '지$_{zi}$열.59번'이라는 시리얼 넘버가 적혀 있다. 모두 품질 통제를 목표로 만들어진 시스템이었다. 특히 대량생산된 제품에 하자가 있을 경우, 공장 책임자는 불량 무기에 대한 벌금을 물어야 했고 제작 담당자와 조수들은 실수 하나당 20대씩의 태형이 가해졌다.[✤]

10년 만에 중국을 통일하다

전국시대 중국 서쪽 변방의 진나라가 철제 병기로 급속하게 부국 강병책에 성공해 한韓, 위魏, 초楚, 연燕, 조趙, 제齊 여섯 나라를 잇달아 멸망시켜 중국을 최초로 통일했다. 놀랍게도 진의 통일사업은 10년 이라는 아주 짧은 시기에 이루어졌다. 그는 준비된 황제였다. 기원전 221년에 '진나라의 최초의 황제'란 뜻인 진시황秦始皇이 중국 대륙을 통일한 것이다. 당시 서양에서는 한니발이 로마와 싸우던 시기였다.

흔히 역사상 폭군을 이야기할 때면 어김없이 거론되는 왕이 진시황이다. 그러나 진시황은 중국을 최초로 통일하고, 계량형을 표준화하고, 문자를 통일하고, 만리장성을 건설하는 등 그 짧은 시간에 이루었다고 믿기 어려울 정도로 많은 일을 했다. 진시황은 하루

✤ 김동욱, 〈김동욱 기자의 역사책 읽기〉, 《한국경제》

에 30kg의 서류를 처리하지 않고서는 결코 휴식을 취하지 않았다고 한다. 하지만 무엇보다 대단한 것은 시대를 초월하는 탁월한 그의 경제정책이었다. 세계 경제사에서 그에 관한 새로운 조망과 평가가 다시 이루어져야 할 것이다.

중국

진왕조

중국
진왕조
221–206 B.C.

중앙집권적 군현제 실시

통일의 대업을 달성한 진시황은 효율적인 중앙집권적 정치체제를 갖추기 위해 모든 노력을 기울였다. 주나라 때부터 시행돼왔던 봉건제도를 없애고 직접 중앙정부가 관리를 파견하여 다스리는 군현제를 실시하였다. 이로써 중국 최초로 강력한 중앙집권제 국가를 만들었다. 곧 그간 왕의 친척이나 공신들에게 땅을 나누어 주고 제후로 삼아왔던 씨족제도를 해체하고 세습귀족을 없앤 것이다. 그리고 전국을 36개 군으로 나누고 그 밑에 현을 두어 씨족장을 통하지 않고 직접 백성을 다스리기 시작했다. 제후들이 세습하지 못하도록 해 평민 사회가 시작된 것이다. 이후 중국은 2000년 이상 군현제를 운용하였다. 오늘날 중국의 많은 현의 이름이 바로 2000여 년 전의 진 왕조 때 정한 것이다.

진시황은 새로운 봉건왕조를 건립한 후 전국적으로 통일을 공고히 하고 중앙집권을 유지하기 위해 정치, 경제 및 문화, 사상 방면에서 일련의 강경조치를 취했다. 당시의 역사 조건으로 보면 이들 조치는 필수적인 것이었고 결과도 성공적이었지만, 일부 조치는 지나치게 잔혹했던 것도 사실이다. 우선 중앙관제의 정비와 함께 전국시대에 자웅을 겨루던 지방정치 세력을 토호 세력들과 분산시키고자 하였다. 전국의 지배층과 부호 12만 호를 수도인 셴양咸陽으로 강제 이주시켰다. 또 다른 지방의 호족들은 강제로 난양南陽 혹은 파촉(쓰촨 지방의 옛 이름)으로 이주시켜 그들의 본거지와 절연시킴으로써 활동 능력을 약화시켰다.

한편 전쟁의 후유증을 없애기 위해 민간이 소유하고 있던 무기를 모두 몰수하였다. 이를 모두 녹여서 청동의 거대한 12금인金人을 만들었는데, 각각의 무게가 1000석, 24만 근으로 셴양 궁내에 두었다. 나머지들도 동상이나 악기를 만들도록 했다.

황제의 존칭과 '중국민족'이라는 개념 출현

그러고는 자신이 이전 왕들과는 다르다 하여 스스로 '황제'라 일컬었다. 이는 진왕 스스로 자기의 공功이 고대 중국의 오제보다 크고 영역은 삼황보다 넓다고 생각하여 삼황오제三皇五帝의 존호에 맞추어 황제皇帝라고 이름을 바꾼 것이다. 또한 황제라는 칭호를 사용한 것은 자신만이 세계를 지배하는 유일무이의 절대자라는 강한 자부심의 표명이었다. 후일 역사가들은 이 호칭을 처음으로 사용했다 하여 그를 '시황제'라 불렀다. 그래서 진시황이 된 것이다.

진나라의 출현은 주변 여러 민족을 모조리 복속시켜 진정한 의미에서 '중국민족'이라는 개념이 출현하였다. 만약 시황제가 천하를 통일하지 않았다면 중국은 현재의 유럽처럼 여러 나라로 나뉘어 있을지 모른다. 그리고 그것을 자연스럽게 생각했을 것이다.

그가 대륙을 통일하기 이전에는 중국中國이라는 것이 존재하지 않았다. 그 이전의 역사서에 나타나는 중국이라는 단어는 단지 '나라의 중앙' 또는 '수도'라는 뜻에 지나지 않았다. 그의 대륙 통일 이후에야 비로소 '우리는 같은 나라의 사람'이라는 인식이 대륙의 사람들에게 생겨났다.

진시황, 소금과 철의 전매제로 국부를 마련하다

고대 이래로 동서양을 막론하고 우뚝 선 나라는 모두 경제력이 먼저 뒷받침되었다. 진나라도 예외가 아니었다. 진시황은 정치제도 확립뿐 아니라 경제운용 면에서도 탁월했다. 먼저 이윤이 많이 남는 소금과 철은 정부만이 팔 수 있는 '전매제'를 실시하였다. 이로써 이전 시대보다 20배의 이윤을 남겼다. 이로써 막대한 재정수입 기반이 구축되었다. 그렇지 않아도 이윤이 많이 남기로 유명한 소금과 철의 이윤이 20배로 폭증하여 재정이 넘쳐나자 나라가 원하는 무슨 일이든 할 수 있게 되었다.

그 수입으로 군대를 양성하고 대규모 건설 및 건축 비용에 썼다. 만리장성과 아방궁을 이 돈으로 지었다. 역사상 가장 장대한 건축물인 만리장성과 가장 호화로운 아방궁의 건설 비용이 소금에서 나왔던 것이다. 그 무렵 소금은 금값에 버금가는 비싼 물품이었다. 로마 제국이 소금의 전매제를 기반으로 일어났는데 진나라는 여기에 철의 전매제를 더해 더 융성할 수 있었다. 동서양의 양 제국이 소금 전매제도를 통해 초기 국부를 형성한 것은 똑같았다.

진시황, 표준화에 목숨 걸다

진시황은 통일 경험에 비추어 모든 '표준화', '통일화'가 국력을 좌우한다고 굳게 믿었다. 천하를 통일한 후에도 그는 수많은 표준화 업적을 이루었다. 그가 성군이냐, 폭군이냐는 논외로 치더라도 표준화에 미친 그의 업적은 아무리 강조해도 지나침이 없다.

진시황은 통일 후 맨 먼저 도량형을 통일시켰다. 한 홉合, 한 되升, 한 말斗이라든가, 길이의 단위인 보步, 장丈 등이 각국에서 약간씩 달랐다. 되나 말에 차이가 있어 한 말이 어느 나라에서는 한 말에 미치지 못하는 경우가 생겼다. 그래서 전국의 도량형을 엄격히 통일시켰던 것이다. 이것은 천하를 통일했던 바로 그해에 실시되었다. 한 홉짜리 표준 용기를 제작하여 전국에 그것을 따르도록 명령했다. 이제까지는 각지에서 다시 하나하나 환산해야만 했던 것이 그러한 수고를 면하게 되었다. 이렇게 함으로써 산업과 경제가 발달했다.

화폐도 마찬가지였다. 진의 화폐가 전국에서 통용되었다. 이에 따라 새로운 화폐 체계가 확립되어 원형방공의 반량(약 8g)전으로 통일되었다. 그 뒤 반량전은 2000여 년 동안 이어 내려온 중국 화폐제도의 기본 골격이 되어 중국 문화권인 동남아에까지 그 영향이 미치게 되었다. 도량형 표준의 통일은 이미 상앙의 시기에서도 순차적으로  실시된 바가 있었지만, 통일이 되자 이를 전국적으로 실시했다.

진시황의 통일정책으로 또 하나 유명한 것은 바퀴 폭의 통일이다. 수레의 폭을 6척(약 135cm)으로 통일하였다. 당시 각국은 제각기 다른 나라의 수레가 들어오지 못하도록 바퀴의 폭을 달리하고 있었다. 수레는 대부분 전차戰車였다. 말이 끄는 전차는 도로에 깊은 바큇자국을 만들고 그것이 레일같이 되어 있었다. 그 레일에 차륜을 넣어서 수레를 달리게 했던 것이다. 전차는 싸움을 위한 것이므로 타국의 전차가 들어오지 못하도록 바큇자국의 폭을 다르게 해두면 적의 침입을 막는 데 효과가 컸다. 그런데 이제는 천하가 통일된 것이다. 바큇자국의 차이는 전국적인 교통의 흐름을 저해시킨다고 여긴 시황제는 전국에 '치도馳道'라는 도로를 만들고 차륜의 폭을 통일시켰다. 이러한 도량형의 통일로 재정과 경제활동에 큰 효과를 보았다.

갑문식 영거 운하

진시황은 영남 지방을 개발하기 위해 양자강과 주장강을 연결하는 영거靈渠 운하를 착공한 지 5년 만인 기원전 214년에 완성하였다. 이 운하의 총길이는 33km에 달했다. 진시황은 이 운하를 통해 50만

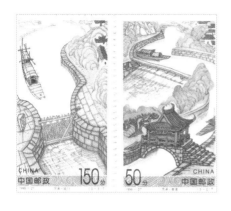

병력과 군수물자를 강남으로 운송해 당시 백월 지역을 점령하여 중국 영토로 편입시켰다.

놀라운 사실은 양 강의 수위가 서로 달라 선박의 왕래가 불가능한 것을 갑문식(계단식) 운하를 만들어 배가 다니도록 만들었다는 점이다. 갑문식 운하로 유명한 것이 파나마 운하다. 파나마 운하의 전장은 85km라 하나 주로 평지를 굴착하여 만든 것에 비해 2200여 년 전에 만들어진 영거 운하는 해발 1000m 이상의 산악 지역에 만들어진 것이다. 이걸 보면 당시 중국의 기술이 얼마나 뛰어난 것인지 알 수 있다.

대대적인 인프라를 구축하다

원래 중국은 자급자족이 가능한 나라였기 때문에 교역의 필요성이 크지 않았다. 그뿐만 아니라 외적의 침입을 두려워하여 도로를 잘 정비하지 않았다. 진시황은 대륙을 통일하자 도로부터 깔기 시작했다. 수도 셴양으로부터 지방 각지로 뻗어나가는 방사선의 도로망이 정비되었다. 모든 길은 셴양으로 통했다. 또한 도로 건설의 과정에서 반란군의 근거가 될 수 있는 성벽이나 진지 등이 제거되었다. 특히 각국의 변경 지역에 쌓았던 성곽과 요새, 망루 등이 철거되고 방어벽을 무너뜨려 길이 통하게 했다. 험준한 지형도 없애 교통의 발전과 지역경제에도 큰 도움을 주었다. 이로써 황제의 명령이 신속히 전파되었고, 반란군이 발생해도 신속한 진압이 가능해졌다.

진시황이 살아생전에 깐 도로만 6800km였다. 당시 그가 만들었던 길은 정말 훌륭한 도로였다. 도로 넓이는 50보였고 도로 곁 3장丈 간격마다 푸른 소나무를 심었는데, 도로의 지반이 높고 견고하여 매우 장관이었다. 로마 군단이 지나가는 길에도 군인들이 그늘에서 쉬어 갈 수 있도록 일정한 간격으로 우산 소나무를 심었는데, 그 옛날에도 동서양의 생각이 같았던 모양이다.

북방의 방어 업무를 강화하기 위해 기원전 212년 직도直道를 건설토록 했다. 셴양에서 윈양雲陽을 거쳐 북쪽 변경의 구원九原군(현재의 주위안 구)에 이르기까지 산을 깎고 골짜기를 메워 총길이가 1800여 리나 되었다. 오늘날 고속도로의 시조인 셈이다.

진시황이 닦은 도로는 크게 3가지다. 고속도로에 해당하는 직도

를 비롯해 군사 전용도로 및 황제 전용도로가 그것이었다. 황제 전용도로는 형태상 용도甬道라 불렸는데, 도로 양옆으로 담장을 세운 모습이다. 즉, 땅을 파서 지붕이 없는 터널식으로 만든 도로였다. 진시황은 백성이 자신의 모습을 볼 수 없도록 이런 도로를 만들었다. 재임 중 5번이나 천하 순시를 다녔던 진시황은 백성과 소통 대신 봉쇄를 택해 자신이 다니는 길조차 벽으로 막아 백성이 접근하지 못하게 했다. 황제 전용도로는 폭이 67m로 북쪽으로는 구원의 만리장성 근처에서부터 동쪽으로는 황해 연안까지, 남쪽은 양자강에 이르기까지 길이 뚫려 있었다.

당시 길은 어느 곳이든지 하나의 수레로 갈 수 있게 길이 연결되어 있었다. 진시황 이전에는 나라마다 마차 폭과 도로 폭이 달라 장쑤성이나 저장성까지 가려면, 한韓나라에서 수레를 바꾸어 타고 위魏나라에서도 바꾸어 타야만 했다. 그 외에도 곳곳에서 바꾸어 타야 했지만 진시황에 이르러 그러한 번거로움이 없어져 한 대의 수레로 전국 방방곡곡을 갈 수 있게 되었다. 따라서 이 도로들로 각지의 교역이 번창하고 산업경제가 활성화되는 데 큰 힘이 되었다. 비록 진나라는 3대 만에 망했지만 그 뒤 한, 당, 송, 원, 명, 청 등 통일왕조들은 이를 이용해 전국을 장악하고 시장을 유지할 수 있었다.

진시황의 한자 통일, 중국을 만들다

특히 통일과 함께 이룩한 한자의 통일은 역사적으로도 큰 의미가 있었다. 전국시대의 7웅은 각 나라마다 글자의 형태가 달랐다. 그 근본은 은殷나라의 갑골문자에서 나온 것이었지만, 지역의 차이와 각각의 발전에 따라 소위 '언어가 달라지고 문자도 다른 모양이 되는' 현상이 생기게 되었다. 결국 지역에 따라 약간씩 자체가 달랐고 제각기 다른 문자가 있었던 것이다. 그러자 문화와 경제의 교류에 커다란 장애가 되었다. 무엇보다 글자가 서로 다르다 보니 한 나라라는 통일감의 결여가 큰 문제였다.

시황제는 진나라의 소전小篆이란 글자의 형태를 천하의 문자로 정하고, 나머지 문자들을 폐지시켰다. 총 9300여 자로 한자를 통일했다. 오늘날 한자의 원형이다. 문자의 통일은 중앙집권적인 관료정치를 확립하는 데 큰 역할을 했다. 진시황은 중국 통일 후 여러 가지 제도를 새롭게 제정했지만 그중 가장 대표적인 것이 바로 이 문자의 통일이다. 같은 문자가 전국에서 사용된다는 것은 전국적으로 의사소통할 수 있다는 뜻이다. 그 전통은 오늘날까지 이어져 내려오는데 중국에서 베이징어(만다린)가 표준어로 쓰이게 되는 기원이 바로 진시황의 정책에 있었다. 비로소 중국이라는 개념의 한 나라를 이룬 것이다.

** 소전체

진시황은 단순히 국토만 통일한 것이 아니라, 실질적인 중국의 통일을 이루었던 것이다. 오늘날 중국이 있게 한 큰 밑거름이었다. 진시황이 실시한 문자 표준화와 표준서체의 확립, 규범의 문서화, 측량단위의 통일과 공통화폐의 발행, 법규의 통일, 도로의 표준화 등은 기원전 3세기 시점에선 혁신의 차원을 넘어 상상력의 도약이었다.

이 같은 제도들은 제국의 통합과 유지에 큰 기여를 했다. 화폐를 예로 들면, 통일화폐가 물자의 유통을 촉진해 경제를 발전시키면서 지역사회의 폐쇄성을 깨고 지역 간 차이를 해소하는 역할을 했다. 실제로 진나라가 이룬 이런 발전상은 유럽에선 약 2000년 뒤인 프랑스 혁명기까지 일어나지 않았다. 그리고 진시황은 무엇보다 경제 제일주의를 주도하였다. 몸소 부자들을 대우하고 국부에 도움이 되는 농업 종사자 등에게는 면세정책을 써 경제주체들의 사기를 최대한 올려주었다.

법가의 통일과 분서갱유

춘추전국시대에 도가, 유가 등 제자백가가 난무했으나 이 시기 현실적인 정치에서 가장 커다란 힘을 발휘했던 사상은 역시 법가였다. 당시의 군주들은 제가의 사상에 모두 귀를 기울이고 때로는 고개를 끄덕이기도 했으나, 실제로 구현한 것은 법가의 사상이었다. 진의 통일도 이사 등의 법가적 실천으로 이루어졌다. 법가의 사상을 완성한 사람은 전국시대 말기의 한비자다.

진시황은 제반 사항을 통일하고, 더 나아가 사상까지도 통일했다. 법치주의인 법가를 국가의 기본 통치이념으로 정하였다. 당시로는 지위 고하를 가리지 않고 법을 엄격히 적용하고 법에 따라 통치한다는 것은 혁신적인 사상이었다. 그러나 이 과정에서 제자백가의 사상 가운데서 법가만 받아들이고 나머지 사상은 모두 금지시켰다.

이 과정에서 문자와 문서의 통일 그리고 더 나아가 사상의 통일에 대한 유가의 집단적 반발과 반대 행동이 있었다. 진시황은 단호했다. 그는 기원전 213년에 제자백가의 책들은 물론 역사책, 고문서, 서간문들을 모두 불살라 버렸다. 무엇보다 그는 자신의 통치철학에 해를 끼칠 수 있다는 이유로 다른 6개 나라의 역사서를 모조리 불태우도록 했다. 시조집도 없애고 공자와 노자의 저서들도 불사르고 금했다. 이를 '분서焚書'라 한다. 이 사건은 음풍농월하는 쓸모없는 사상을 단호히 배격한다는 강한 의지의 표현이었지만 만개할 학문과 사상의 싹을 잘라버린 만행이었다. 그 뒤 시황제는 자기를 비방한 460명의 유생을 모두 산 채로 각각 구덩이에 파묻어 죽였는데, 이 일을 가리켜 '갱유坑儒'라 한다. 이를 말렸던 그의 장남 부소도 멀리 변방으로 쫓겨났다. 이 사건은 독재권력에 의해 사상과 학문의 자유가 억압되었던 최초의 선례였다. 분서갱유는 법가를 대표하는 진나라 문화가 유가를 대표하는 관동 문화를 파괴한 사건이자 진시황의 독단이 빚은 역사의 오점이었다.

만리장성과 아방궁

흉노족의 침입을 막기 위해 그전부터 건설해왔던 만리장성을 백성 100여만 명을 10년간 동원해 완성하였다. 만주에서 시작하여 간쑤 지방까지 장장 2400km에 달하는 대역사였다.

** 만리장성

　기원 전후하여 중국은 빈번히 흉노라 불리는 북방 유목민족의 침입을 받아 그 방비에 골머리를 앓고 있었다. 흉노는 활 솜씨와 기마전술 실력이 놀라워 언제나 바람처럼 기습하여 활 세례를 퍼붓고 물건을 약탈한 후 바람처럼 사라졌다. 유목민족인 그들은 겨울이 오면 땅이 꽁꽁 얼어 초원에 먹을 것들이 없어지기 때문에 겨울 식량을 구하기 위해 따듯한 중국 본토로 밀려오곤 했다. 그래서 중국은 가을이 되면 흉노의 침입을 두려워했다. 이를 막기 위해 자그마치 만 리가 넘는 거대한 장성을 쌓기 시작했다. 만리장성은 중국인들이 흉노를 비롯한 북방민족을 얼마나 두려워했는지를 잘 말해준다.

　그리고 호화로움의 대명사인 아방궁이 지어졌다. 진시황은 중국 통일 후 9년(서기 212년)에 아방궁을 건설하기 시작했다. 그러나 미처 그 공사가 다 끝나기도 전에 진시황이 죽고 2대 황제 호해胡亥가 연이어 공사를 계속하였다. 전설에 의하면, 크고 작은 전각이 700여 개가 있었다고 하며, 동시에 약 1만 명을 수용할 수 있었다고 한다. 현재의 아방궁은 옛 아방궁 터에 재건해놓은 것이다. 1990년 영화 촬영지로 복원한 것으로, 원래 아방궁의 5분의 1 크기로 복원한 것이라고 한다. 이러한 모든 것이 통일국가를 이룬 지

** 아방궁

15년 만에 이루어낸 일들이다. 오늘날 중국을 CHINA라 부르는 것은 바로 진CHIN시황에서 유래된 것이다.

　우주선을 타고 지구를 이륙할 때, 가상 마지막까지 육안으로 확인 되는 건축물이 만리장성이라고 한다. 만리장성은 중국을 북방의 유목민족과 구별하는 북방 한계선으로 만리장성 이남으로 표현되는 중국의 영역은 오늘날까지도 큰 변화가 없다. 아방궁은 동서 700m 의 거대한 궁전으로 전상에 1만 명이 앉을 수 있도록 설계되었다. 아방궁의 건설에만 70여만 명의 죄수들이 동원되었다고 한다. 아방궁도 항우군에 의해 소실되었는데, 그때 궁실을 태운 불은 3개월간 꺼질 줄 몰랐다고 한다.

불로장생초를 구하러
동정남녀 수천 명을 동방에 보내다

　당시에는 누구나 신선을 믿고 있었다. 시황제도 믿고 있었다. 진시

황은 신선이 동방에 살고 있을 것으로 생각했다. 그는 말년에 불로장생초를 구하려고 동정남과 동정녀 3000명을 동쪽으로 보내 한국과 일본 일원에서 신비의 약초를 찾게 했다. 중국에는 예부터 전해지는 전설 속 삼신산이 있었다. 봉래산, 방장산, 영주산이 그 산들이었을 개연성이 크다. 동쪽 바다 건너 어딘가에 있는 신선들이 노닌다는 산이다. 그래서인지 우리 선조는 금강산을 봉래산이라고 부르는데 이는 원래 삼신산을 본떠 지은 이름이다. 마찬가지로 지리산을 방장산, 한라산을 영주산이라 부르기도 했다.

이 장생불로초 관련 설화는《사기》에 그 내용이 기록되어 있다. "진시황이 장생불로를 추구하여, 진시황 28년(기원전 219년) 서복이 동해로 떠났다. 동방에 있는 봉래, 방장, 영주의 세 산에 사는 신선을 만나 불로장생약을 구해 오기 위해 동정남, 동정녀 수천 명과 3년치 식량, 의복, 약품과 농구를 지니고 바다로 갔다." 서복은 10여 년에 걸쳐 돌아다녔는데, 그가 방문한 자취는 우리나라는 금강산, 제주도와 남해, 거제, 부산 등지에서 나타나고, 일본은 화가산현, 구주 등지가 그의 방문지로 알려졌다.

진시황의 능묘

리산릉은 진시황이 진왕으로 즉위했을 당시부터 시안西安 리산驪山 지역에 축조하기 시작했던 자기 자신의 능묘다. 능묘의 구조는 천문 지리의 지식을 동원하여 현실 세계와 똑같은 모양을 지하 세계에 만들어놓으려고 했다고 전해진다. 묘실 바닥에는 황하와 양자강 등의

*∗∗ 진시황릉, 실물 크기의 7000여 병사와 청동 군마 상들이 가득 들어차 있다.

주요 하천이 만들어지고 우주의 천체도 만들어졌다.

오늘날 리산릉의 일부가 발굴되어 병마용이 위태를 자랑하고 있다. 진시황릉에서 1.5km 떨어진 곳에 자리한 이곳에는 진시황이 죽은 후 군대의 일부를 순장시키는 대신에 흙을 구워 만든 병사들을 묻어두었는데, 1974년 5월 한 농부가 리산 북쪽의 옥수수밭에서 우물을 파다가 우연히 발견했다.

당시의 군단을 상징하는 3개의 땅굴에는 흙으로 구운 등신대의 7000여 병마용들이 마치 사열 직전의 군대처럼 엄숙한 대열을 이룬채 서쪽을 향하고 있었다. 이들 병마용이 향하고 있는 서쪽 1500m 지점에는 진시황릉, 즉 리산릉이 있다. 바로 이들은 진시황을 호위하고 있는 것이다. 리산릉은 지금도 끝없는 보리밭 사이로 우뚝 솟아 있다. 마치 자연적 구릉같이. 현재 능의 높이는 45m, 둘레는 약 2000m다. 본래의 높이는 이보다 반 정도 더 높았다고 한다.

　평균 1.8m의 도용들은 흙으로 빚은 뒤 한 번 가마에 굽고, 표면에 투명한 아교를 칠한 후 광물성 자연 연료로 채색되었는데, 그 사실적 표현기법은 우리를 놀라게 한다. 지하 군단은 7000명이 넘는 군사들과 말 500필, 전차 130량이 11줄로 늘어서서 명령만 떨어지면 당장 달려나갈 듯이 대기하고 있는 전투대형으로 이루어져 있다. 이 지하 군단은 지극히 사실적으로 묘사되어 있어 생동감으로 가득 차 있다. 신체의 비례와 감정표현, 자세의 다양함 등을 살펴볼 때 오히려 살아 있다는 표현이 어울릴 것 같다.

　도용들은 갑옷의 복장, 전차의 장식만으로도 그 병사의 계급을 알 수 있을 만큼 세밀하게 묘사되어 있었으며, 당시 진나라 군대를 구성했던 지역민의 신체적 특색이며 개개 병사의 표정에 이르기까지 생생하게 표현되어 있었다. 그들은 마치 살아 있는 듯이 보였으며, 그들이 지니고 있는 무기는 모두 실물이었다.

　그 후 본격적인 발굴이 시작되어 현재 3개의 병마용 갱이 일반에 공개되고 있는데, 그 모두를 합친 면적이 21km²로 마카오의 면적보다 크다. 가히 진시황제가 영생을 꿈꾸었던 흔적을 찾아볼 수 있는 역사적 유적이다.

신비에 묻혀 있는 진시황릉

시안에서 병마용 갱으로 향하는 1.5km쯤 못 미쳐서 석류나무가 무성한 숲을 이룬 작은 산이 보인다. 이것이 바로 진시황릉이다. 진시황은 불로초를 구하러 2차 순찰에 나섰다가 천하를 통일한 지 11년 만인 49세 나이에 죽었다. 실로 통일 11년 사이에 엄청난 일을 하고 있다. 진CHIN을 차이나CHINA라 부를 만하다.

그가 진나라 왕위에 오른 해부터 37년간 만들어져 오던 진시황릉은 아들 호해에 의해 완성되었다. 진시황릉은 연인원 70만 명을 동

** 아직도 내부가 발굴되지 않은 진시황릉. 지금은 하나의 야산으로 보일 뿐이다.

원하여 현존 최대라는 이집트의 피라미드에 동원된 인부 20만 명의 3배가 넘는 공사다. 그야말로 세계 최대의 무덤이었다. 그리고 황릉 조성에 참여했던 사람들은 그 안에 생매장되었다. '지하 세계'를 영원히 비밀에 부치기 위해서다. 수많은 사람을 죽이면서까지 사람들로부터 지키고자 했던 지하궁전이 이제는 매년 수백만 명이 찾는 관광지가 되었다. 그래서 시안은 '죽은 자가 산 자를 먹여 살리는 땅'이라고 불린다.

시안의 땅을 지하 5m만 파면 당나라의 문화재가 나오고, 10m를 파면 진·한 시대와 마주치고, 15m 밑으로 파고 들어가면 하·은·주 시대와 조우한다는 이야기가 있다. 실제로 시안의 대표적인 유적인 진시황릉과 병마용 갱, 화청지 모두 우연하게 땅을 파다 발견한 것들이다. 명나라 초까지 장안長安이라 불리었던 시안은 1100년간 중국 13개 왕조의 도읍지였다. 또한 동서양을 가로지르는 실크로드의 출발지였다. 중국 대륙 한가운데 위치해 중원이라고도 불린다. 이곳을 차지하는 자가 천하를 호령하였다.

진시황릉은 50km2에 달하는 부지에 각종 부장품을 마련하고, 당시에는 입구에서 병마용에 이르는 넓은 구간이 화려한 궁전으로 둘

러싸여 있었다지만 지금은 모두 사라지고 석류나무로 덮인 야산이다. 2200년 전 황릉을 처음 쌓았을 당시의 높이는 지상 200m였다 하나 지금은 76m밖에 남아 있지 않다. 동서로 485m, 남북으로 515m의 크기다.

사마천의 《사기》에 의하면 "진시황은 즉위하자마자 리산에 치산 공사를 벌였다. 지하수를 3번 지날 만큼 땅을 깊이 파고 녹인 구리를 부어 동판을 깔고 그 위에 안치되었다. 능 안에는 궁전과 누각을 세웠고, 천장에는 하늘의 별과 달의 천문도를 보석으로 장식했으며, 아래에는 중국의 산하를 재현하였다. 장인들로 하여금 자동으로 발사되는 기계장치가 된 쇠뇌를 만들게 하여 접근하는 자가 있으면 즉시 발사되도록 했다. 진시황의 지하궁은 기계를 이용해 수은이 흐르게 하여 온갖 하천과 강, 바다를 만들고, 인어기름(도룡뇽 기름으로 추정)으로 초를 만들어 영원히 꺼지지 않도록 했다"고 전한다.

또 다른 전설에 의하면, 진시황릉의 지하궁전에는 구리를 녹여 바닥에 낄고 숲과 산의 모습을 꾸며놓았으며, 수은이 흐르는 깅을 민들어 그 위로 진시황의 석관이 흘러다니게 했다고 한다. 또한 거대한 중국 지도 석각과 다량의 진귀한 보물들이 매장되어 있다고 하는데, 이는 모두 추측일 뿐 지하궁전이 아직 개발되지 않아서 정확하게 무엇이 있는지 아는 사람은 아무도 없다.

학자들은 실제 무덤 주변의 수은 함량치가 다른 곳보다 월등히 높게 탐지되고 가스 분출 가능성이 있는 것으로 보아 책과 전설 내용 대부분이 사실일 것이라 믿고 있다.

이렇게 하여 닫혀졌던 진시황릉의 입구는 영원할 것만 같았다. 그러나 초나라의 명장 항우가 이곳을 점령한 후, 무덤 안의 각종 부장품을 거의 남김 없이 약탈하고 말았다. 《사기》의 기록에 의하면, 연인원 30만 명을 동원하여 30일 동안 능안의 보물들을 날랐음에도 다 나르지 못하였다는 기록이 있을 정도다. 이 기록은 다소 과장된 것으로 여겨지긴 하지만, 값나가는 부장품들은 거의 약탈당했을 것으로 보고 있다. 현재 중국 당국은 리산릉의 내부를 여러 가지 이유를 들어 발굴하지 않고 있다. 대규모의 약탈이 있었기 때문에 얼마만큼의 부장품이 남아 있을지도 회의적이려니와 무덤의 봉분 규모도 원래의 절반 정도여서 내부 구조 자체가 함몰되었을 가능성도 있어 보인다.

그러나 아직까지 개발 계획이 수립되어 있지 않은 이유는 일단 주변의 수위가 높아 17m만 파면 물이 나올 정도이며, 능을 개발하려면 전체를 씌울 수 있을 만한 돔 제작기술이 있어야 하는데, 능의 면적이 너무 커서 현재 기술로는 무리이기 때문이다. 그리고 사실 추측만 무성하지 정확한 내부 구조를 잘 알지 못하기 때문에 자칫 훼손시킬 우려가 크다는 점도 개발을 주저하게 만드는 요인이다.

한 번 손대기 시작하면 너무나 엄청난 작업이고, 그 작업을 무엇보다 안전하게 할 수 있는 고도의 발굴기술을 자체적으로 개발하기 전까지는 발굴하지 않겠다는 것이 중국 정부의 방침이다. 병마용 갱은 인류의 8대 불가사의의 하나다. 정작 진시황릉 안의 모습이 드러난다면 인류는 또 다른 불가사의한 유산을 갖게 될 것이다.[*]

단명했던 통일천하

이러한 기반 위에 천하를 통일했던 진나라도 단명하게 끝났다. 진시황의 무리한 토목공사도 진의 단명을 재촉하였다. 지금도 인

---

[*] 조수영, 〈아직도 밝히지 못한 진시황릉의 비밀〉,《오마이뉴스》

공위성에서 육안으로 관찰할 수 있는 유일한 인공 구조물이라는 1만 2700리의 만리장성, 사치의 상징으로 거명되는 길이 690m, 폭 114m의 아방궁, 무수한 호화 유적을 남긴 진시황제 무덤(높이 약 70여 m, 동서 약 600m, 남북 200여 m), 그 외에도 무수한 건축물이 조성되었다. 당연히 이를 위해 과다한 세금을 징수하게 되어 세 부담이 무려 20배로 늘어나 백성의 불평이 하늘에 닿았다.

중국의 인구통계는 기원전 221년 진시황이 중국을 통일한 후 시작되었다. 진시황이 중국을 통일하기 이전의 2000여 년간의 중국 인구는 적을 때 390만에서, 많을 때 1370만 명 정도라고 한다. 진나라가 중국을 통치할 때 인구는 약 1000만 명이었다. 그 가운데 200만 명을 노역에 징발했으니, 청장년 남자인구의 반이 넘는 수치다.

인류 최초의 경제서 〈화식열전〉

사마천司馬遷의《사기史記》는 중국 정사 25권 가운데 가장 먼저 쓰인 역사책이자 유일한 통사이다. 동양 첫 역사책에서 경제 문제를 심도 있게 다루었다는 것은 나름 큰 의미를 갖고 있다. 그만큼 고대 동양 역사에서 경제를 중히 여겼다는 증표이기 때문이다.

자본주의가 서양에서 탄생해서 그런지 경제학을 서양의 전유물로 생각하기 쉽다. 하지만 이러한 상식을 깨는 책이 바로《사기》다. 《사기》의 〈화식열전貨殖列傳〉편은 다양한 사업으로 재산을 모은 52명의 행보를 소개한 인류 최초의 경제서이다.《사기》에 70명의 열전을 소개했는데 그 가운데 52명을 경제적으로 성공한 사람들의 이야기에 할애한 것이다.

〈화식열전〉의 핵심은 부자가 되고 싶어 하는 걸 인간의 본성으로 보고 부 자체를 긍정적으로 평가한 데 있다. 화식貨食이란《서경書經》에서 따온 것으로 천하를 다스리는 8가지 원칙 가운데 먹는 것, 곧 식食이 인간 생활에서 가장 중요하다는 뜻이다.

그럼에도 사마천은 중농보다는 중상을 주장했다. 곧 《관자》의 상가商家를 중시했다. 제자백가 가운데 상가는 '부민강국', 곧 백성과 나라를 부유하고 강하게 하는 '상도'를 가장 우선적인 가치로 여겼다. 《관자》에 "백성을 얻는 방안으로 백성에게 이익을 주는 것보다 더 나은 방안은 없다"는 구절이 있다. 사마천 역시 필선부민必先富民이 통치의 요체라고 보았다. 정치에 앞서는 것이 경제란 이야기다.

아담 스미스의 《국부론》보다 1800년 먼저 쓰인 〈화식열전〉

중국처럼 자본주의 사상이 뿌리 깊이 박힌 나라도 드물다. 이미 기원전에 자본주의 사상이 널리 자리 잡고 있었다. 자본주의 정신을 3가지 단어로 요약하자면 '사유', '영리', '자유'라 할 수 있다. 서양에서는 오랜 투쟁 끝에 조금씩 자본주의를 키워왔지만 중국에서는 이미 기원전부터 이러한 요소들을 인정하고 있었다. 〈화식열전〉은 아담 스미스의 《국부론》보다 1800년이나 먼저 쓰인 인류 최초의 경제서다.

〈화식열전〉은 기원전 사마천에 의해 《사기》의 한 부분으로 쓰였다. 《사기》는 전설상의 삼황오제 시대부터 시작해서 한나

∴ 사마천(기원전 145〜기원전 86년)

라 무제 시대에 이르는 당시 중국의 모든 역사뿐 아니라 역사를 주름잡았던 영웅, 정치가, 학자, 군인과 자객의 이야기를 아우르는 광범위한 저작이다. 이 중에서도 특히 70편에 달하는 인물 열전은《사기》중에서도 백미로 꼽힌다.

기전체, 사마천이 처음 시도한 기념비적인 역사 서술 방법

《사기》는 획기적인 작품이다. 공자가 엮은《춘추》같은 역사서는 왕과 연대기를 중심으로 한 편년체다. 하지만 사기는 천자에 대한 기록인 본기本紀의 기紀와 보통사람 이야기인 열전列傳의 전傳을 합한 기전체紀傳體다. 곧 '위로부터의 역사'인 본기뿐 아니라 '아래부터의 역사'인 열전까지 아우른 작품이다. 그는 당시의 역사서로는 유례를 찾아볼 수 없는 보통사람 이야기인 열전을 설정하여 역사 속에서 개인의 주체성을 강조했다. 기전체는 사마천이 처음 시도한 기념비적인 역사 서술 방법으로 그 후 역사 서술의 본보기가 되었다.

책의 구성도 방대하여 135권의 대작이다. 서書 8권과 표表 10권을 제외한 나머지가 인물들에 관한 이야기다.《사기》는 기본적으로 역사의 주인공들인 인간들에 그 초점이 맞추어져 있다. 총 130편 중에서 112편이 인물들의 이야기다. 이 방대한 역사서 안에는 정치적인 변화들뿐 아니라 경제, 사회, 학술 등 인류가 다룰 수 있는 거의 모든 주제가 망라되어 있다.

특히 〈화식열전〉을 통해서는 오늘날에도 적용될 수 있는 경제의 본질적 문제들을 다루고 있다.《사기》의 절반 이상을 차지하는 70편의 열전은 후세들에게 알리고 싶은 개인들의 일대기로 선과 악, 거짓과 진실이 얽혀 엮어진 인간 드라마이며 사마천의 세계관이자 역사관이기도 하다. 그는 기원전 27세기의 신화시대에서부터 기원전 1세기까지 2600년이라는 장구한 세월을 다루고 있는 통사를 52만 자 넘게 써냈다. 또한 그는 놀랍게도 역사서에 연표, 월표 등 표를 만들어놓았는데 이것은 기원전에 살았던 사람으로서는 대단한 발상이었다.

준비된 사가, 사마천

사마천은 지금으로부터 2100년 전 주나라 사람이다. 아버지 사마담은 한나라 때 태사령으로 원래는 왕의 사관을 쓰는 사가였다. 그는 한사군을 설치했다는 한 무제를 수행하면서 중국 전역을 아들을 데리고 많이 다녔다. 그런 사마담은 아들 사마천에게 어린 시절부터 고전 문헌을 읽도록 가르쳤다. 사마천은 어릴 적부터 역사에 흥미를 갖기 시작했으며, 그의 아버지에 의해 의도적으로 역사가로서의 소양을 키워갔다. 그는 이미 10대에 고문서에 통달했으며, 20대에는 전국 각지의 주요 사적지를 직접 답사하여 각지의 전승과 풍속, 중요 인물들의 체험담 등을 채록하는 등 귀중한 체험을 했다.

사마천이 약 20세가 되던 해 낭중郞中(황제의 시종)이 되어 무제를 수행하여 산둥山東과 허난河南 등의 지방을 여행하였다. 무제를 수행하는 사자로서 출장을 거듭하게 되니, 전국 각지에 그의 발길이 미치지 않은 곳이 없었다. 이로써 사마천은 아버지의 뜻을 받들어 중국의 고금古今에 걸친 통사通史를 저술해야 할 숙명을 갖게 된다.

그런데 당시에는 태사령이 사관이라기보다는 천체를 관측하여 역을 만들고 문헌이나 기록류를 관리하는 직으로 변하는 걸 가슴 아파했다. 사마담은 사관의 지위가 점차 기술직으로 변하여 옛 기록이 사라져가는 것에 비애를 느끼고 사서 편찬을 계획하고 있었다. 기원전 110년 사마천의 아버지 사마담이 세상을 떠날 때 아들 사마천에게 예전부터 정리해오던 역사서를 마무리 지어달라는 유언을 한다.

그리고 난 뒤 2년이 지나 사마천은 한 무제의 태사령이 되었고 태산 봉선封禪 의식에 수행하여 장성 일대와 허베이河北와 요서 지방을 여행하였다. 그래서《사기열전》에는 〈조선열전〉이 들어 있어 고조선, 낙랑, 진번, 부여, 고구려와 같은 우리나라 역사에 대한 기록이 많이 적혀 있다.《사기열전》중 〈조선열전〉에는 우리나라 역사가 30페이지에 걸쳐 나온다. 중국 전역에 걸친 물자를 설명하는 과정에서 틈틈이 한반도에 관한 얘기가 상당히 많이 나온다.

사마천은 왕을 모시는 여행에서 크게 견문을 넓혔고, 그의 아버지 사마담의 유지를 받들어 태사령이 되면서 황실에서 본격적으로 자료 수집을 시작하였다. 당시까지 남아 있던《시》,《서》,《춘추》,《전국책》등과 궁중에 비장되어 있는 각종 서적, 상소문, 국가의 포고문 등을 섭렵하며《사기》의 집필을 시작했다.

또한 사마천은 태사령이 되어 선문, 지리, 역법, 물자를 기록하는 일도 맡게 된다. 사마천의 나이 42세 때 태초력이란 달력을 만들어 농사를 짓거나, 전쟁을 하거나, 무슨 일을 할 때 기틀을 만들게 된다. 그의 아버지 사마담은 역법 관찰을 경시했으나 사마천은 그렇지 않았다. 당시 달력을 만드는 일은 황제만의 권한이었다. 사마천은 당시 실무자로 황제를 대신하여 달력 만드는 일을 했다. 1858년 조선조 말기 어떤 군인이 달력을 만들어 팔다 잡혀 곤장을 맞고 귀향 가는 것이 우리나라 역사 기록에도 있다. 지금은 천지에 널린 달력이지만 당시에는 달력 자체가 하늘의 뜻을 읽는 것으로 아무나 할 수 있는 일이 아니었다.

사마천, 궁형을 이겨낸 의지의 벼랑 끝 사학자

사마천은 생식기를 자르는 형벌인 궁형을 당한 불운한 처지를 불굴의 의지로 이겨낸 사학자였다. 기원전 99년 한 무제 때 흉노족과의 전쟁에서 패배해 흉노에게 어쩔 수 없이 투항한 한나라 장군 이릉이 그의 절친한 벗이었다. 당시 이릉은 탁월한 명장이었다. 불과 5000명의 군사를 이끌고 흉노군 3만 명의 기병과 싸워 그중 1만 명이 넘는 흉노의 군사를 무찔렀으나 역부족으로 흉노의 포로가 되었다. 당시에 이릉 장군이 얼마나 눈부신 전과를 올렸는가는 누구나 다 알고 있는데도 한 무제는 몹시 화가 나서 이릉을 처벌하기 위해 조정의 회의를 열었다. 그러자 신하들은 무제의 속셈을 알아차리고 모두 이릉의 잘못을 늘어놓았다. 그러나 사마천은 "역사를 기록하는 사관의 눈으로 볼 때 그의 전과戰果는 어느 다른 장군들보다 훌륭하다"고 변

호하면서 무제에게 아첨을 일삼
는 신하들을 꾸짖었다.

사마천이 궁형을 당한 것은
흉노에 투항한 장군 이릉을 변
호하다가 황제를 분노하게 만든
죄를 범했기 때문이었다. 왕의
노여움을 산 사마천은 궁형에
처해졌다. 당시 한나라는 속전제를 채택하고 있었다. 그가 50만 전으
로 정해진 속전을 낼 경우 형벌을 피할 수 있었다. 사마천 일가는 한
달의 기한 동안 이 돈을 마련하기 위해 갖은 노력을 했으나 구하지
못했고, 결국 그는 궁형에 처해졌다. 당시 사대부들은 궁형을 굴욕이
라 생각하고 대개 죽음을 선택했다. 하지만 사마천은《사기》를 완성
하겠다는 일념으로 그 치욕을 모두 견딘다.

인류 역사의 아이러니는 고난에 처한 인간이 고난을 극복할 때
반전反轉을 통해 위대한 업적을 이룬다는 것이다. 기원전 400년대에
30년간 벌어진 펠로폰네소스 전쟁을 냉철한 눈으로 인류사에 기록
한 투키디데스도 원래는 아테네 장군 출신이었으나 암피폴리스 방
어전에 패배해서 추방당하는 치욕을 당했던 사람이다.

치욕을 극복하는 과정에서 인간 심리에 대한 깊은 통찰력을 얻었
고, 객관적인 필치로 역사를 움직이는 원동력이 무엇인가를 그릴 수
있었다. 서양 현실주의 정치사상의 원조로 평가받는 니콜로 마키아
벨리도 16세기 초 이탈리아의 실패한 외교관이자, 들통 난 반反정부
음모가였다. 그러나 이들이 다른 실패자들과 달랐던 점은 치욕에서
죽음으로 떨어지지 않고, 치욕을 당한 자들이 도달할 수 있는 냉철

한 인간 이성에 다가갔다는 점이다.

사마천은 자신이 궁형을 당한 이후 죽음을 택하지 않고 다시 일어설 수 있었던 데 대해 이렇게 기록해놓았다. "주나라 문왕은 유리에 갇혀 있었기 때문에《주역》을 풀이할 수 있었고, 공자는 고난을 겪었기 때문에《춘추》를 지었으며, 굴원은 쫓겨나는 신세가 되어《이소》를 지었고, 좌구명은 눈이 멀어《국어》를 남겼다. 손자는 다리를 잘림으로써 병법을 논하게 됐고, 여불위는 좌천되는 바람에《여씨춘추》를 전했으며, 시 300편은 대체로 현인과 성인들이 고난 속에서 발분하여 지은 것이다."

사마천 본인은《사기》의 열전 한구석에 써넣은 자신의 전기 〈태사공자서太史公自序〉에서 자신이 겪은 치욕과 그 치욕을 어떻게 극복했는가에 대해 이렇게 기록했다. "태사공은 한숨을 쉬며 탄식했다. 이것이 내 죄인가? 몸이 망가져 쓸모없게 되었구나. … 죽음을 각오하면 반드시 용기가 생긴다. 죽는 것 자체가 어려운 것이 아니라 죽음에 처하여 어떻게 임하는가 하는 것이 진정 어렵다. … 마음속에 울분이 맺혀 있는데 그것을 발산시킬 수 없기 때문에 지나간 일을 서술하여 앞으로 다가올 일을 생각한 것이다."

사마천이 2년여의 옥중생활을 마치고 다시 세상에 나왔을 때, 그는 이미 예전의 그가 아니었다. 그런 그에게 또다시 예기치 않은 일이 일어났다. 그가 무제의 측근에 봉직하는 중서령의 벼슬에 오르게 된 것이다. 운명의 장난이었는지, 그것은 그가 환관이 되어 있었기에 가능한 일이었다. 그는 인간의 운명에 대해 깊은 의문을 품게 되었으며, 이를 역사에 대한 깊은 성찰로 연결시켜 나갔다. 무려 10여 년간의 산고 끝에《사기》가 완성되었으니, 그때가 기원전 97년이다.

사마천의 경제철학, 〈화식열전〉

앞서 언급했듯《사기》가운데서도 백미는 개인의 일대기를 기록한 열전이다. 열전은 사마천의 삶의 경험으로부터 기인한 자유로운 의식이 가장 잘 투영되었을 뿐만 아니라 그 시대와 인간상을 여과 없이 보여주고 있다. 열전의 마지막 편인 〈화식열전〉은 이 가운데 하나로 전국의 간략한 경제 현황과 더불어 주로 춘추시대 이후 대상인들의 활약과 대부호들의 일대기다.

여기서 사마천은 각 지역의 특성에 맞는 경제생활과 그 자체의 원리로 움직이는 경제 원리를 논하고 경제 불간섭주의의 장점을 크게 강조하고 있다. 이것은 결국 당시 무제와 그의 관료들이 추진하던 획일적인 통제 경제정책에 대한 신랄한 비판이었다.

〈화식열전貨殖列傳〉은 '재화 화貨', '번성할 식殖', 말 그대로 재화를 불린 사람들의 이야기다. 어떻게 하면 재산을 늘리느냐는 것이 주요 테마다. 이 열전의 서론 부분에서는 먹고사는 문제, 곧 경제 능력이 사회생활에서 얼마만큼 중요한지를 강조하고 있다. 특히 그는 부자들의 상업적 재능과 치부에 대해 주로 기술했는데 동시에 부의 사상과 상업의 긍정적 측면에 관해 이야기하고 있다. 이는 국민의 먹을 것과 재화를 다룬 책이라 하여 일명 〈식화지食貨志〉라 불린다. 세계 최초의 경제서다.

특히 사마천의 뛰어난 점은 그 시대 상황에 굴하지 않고 자신의 뜻을 펴 보였다는 점이다.

당시 사마천이 살았던 한나라는 공자의 뜻을 받들어 공부하는 선비들이 세상을 주도했다. 농사는 하늘의 뜻에 따르는 경건한 노동으로 여긴 반면, 장사꾼은 한 수 아래로 내려다보는 세태였다. 상업은 천한 일로 여겨졌으며, 학문하는 사람이 돈을 밝히는 것도 추하게 비쳤다. 그러나 사마천은 이러한 사고방식에서 벗어나 있었다. 역사를 기록하는 사마천은 부자들의 이야기를 하면서 중농억상重農抑商의 가치관에서 벗어나 현대적이고 경제적인 논리를 폈다. 부자의 미덕에 대해, 그리고 돈의 위력에 대해 이야기했다.

"무위무관의 평민으로서 정치를 어지럽히지도 않고, 남의 생활을 방해하지도 않고, 때를 맞추어 거래해서 재산을 늘려 부자가 되었다. 시혜로운 자는 여기서는 얻는 바가 있을 것이다. 그래서 제69에 〈화식열전〉을 서술한다." 이 글은 태사공 사마천이 〈화식열전〉 첫머리에 쓴 자서다. 막대한 부를 축적한 사람들에 대한 기록인 〈화식열전〉을 보면 당시의 자본주의 사상이 극명하게 드러난다. 아담 스미스의 '보이지 않는 손'이나 수요와 공급, 사유재산 보호와 같은 초기 자본주의 논리를 그보다 먼저 이야기하고 있다.

"인간 사회에서 경제가 가장 중요하다. 천하 사람들이 어지럽게 오고 가는 것도 모두 이익 때문이다." 사마천은 또 이렇게 말한다. "농민은 식량을 공급하고, 나무꾼은 자재를 공급하며, 공인은 이것을 제품화하고, 상인은 이것을 유통시킨다. 이러한 일은 위로부터의 정교政敎에 의한 지도나 징발, 기회基會(기일을 정해 모두 작업하는 것)에 의해 행해지는 것은 아니다. 사람들은 각기 저마다의 능력에 따라 그 힘을 다하여 원하는 것을 손에 넣는 것뿐이다. 그런 까닭에 물건값이 싼 것은 장차 비싸질 징조이며, 비싼 것은 싸질 징조라 하여 적당히 팔고 사며, 각자가 그 생업에 힘쓰고 일을 즐기는 상태는, 물이 낮은 곳으로 흐르는 것과 같아 밤낮을 쉬지 않는다. 물건은 부르지 않아도 절로 모여들고, 강제로 구하지 않아도 백성이 그것을 만들어내는 것이 아니겠는가. 참으로 도道와 부합되는 것이며 자연의 이치대로 되는 것이 아니겠는가." 이 말은 오늘날 수요와 공급의 시장 원리를 설명한 말과 똑같다.

사마천은 부를 축적하는 가장 좋은 방법을 상업이라 했다. 장사는 싸게 사서 비싸게 팔고, 여기에서 사서 저기에서 파는, 아주 간단한 '차이'를 잘 알아차리고 이용하는 것으로, 이것이 바로 부자가 되는 법이라고 가르치고 있다. "무릇 천하에는 물자가 아주 적은 곳도 있고 풍부한 곳도 있게 마련이다. 또한 물자가 풍부한 때도 있고 부족한 때도 있게 마련이다. 그러므로 물자가 풍부한 지역이나 때의 물자를 부족한 곳이나 때로 옮겨주어 골고루 취하게 하는 것이 상업이다. 그래서 상민은 없어서는 아니 될 사민(사·농·상·공) 가운데의 하나가 된 것이다."

사마천은 〈화식열전〉에서 정부와 국민의 관계에 대해 논한다. "우나라와 하나라 이후로 귀와 눈은 아름다운 소리와 예쁜 빛깔을 좋아하여 모두 듣고 보려 하고, 입은 소와 양 따위의 좋은 맛을 보려 하며, 몸은 편하고 즐거운 것을 좋아하고, 마음은 위세와 영화를 자랑하고 있다. 그리고 그와 같은 습속이 백성의 마음에 스며든 지 오래다. 아무리 노자의 현묘한 이론을 들고 나와 들려주어도 도저히 감화시킬 수 없다. 그러므로 최선의 위정자는 백성의 마음에 따라 다스리고, 차선의 위정자는 이득으로써 백성을 이끌고, 그다음의 위정자는 백성을 가르쳐 깨우치고, 또 그다음의 위정자는 힘으로써 백성을 바로잡고, 최하위의 위정자는 백성과 다투는 것이다." 요즘 정치가들이 새겨들어야 할 구절이다.

제나라의 군주가 된 강태공

　강상姜尙은 기원전 11세기 무렵 위수 곁에서 살았다. 그의 선조가 여呂씨 집안 출신이라 여상呂尙이라고도 부른다. 태공망太公望이라는 그의 이름은 주나라 문왕이 위수에서 낚시하고 있던 그를 만나고서는 자신의 아버지 태공太公이 오랫동안 바라고 있었던 인물이라고 한 데서 유래한다. 그래서 강태공姜太公이라고도 불린다. 강태공은 은나라 말기 문왕과 무왕을 도와 주나라가 패권을 세우는 데 크게 공헌하였다. 그는 중국 최초의 병법서인 《육도六韜》를 썼으며 네 마리 말이 끄는 사두병거를 전쟁에 사용한 중국 최초의 장군이다.

　주나라의 패권을 세우는 데 절대적인 기여를 한 후 중국 동부 지방을 분봉分封 받아 제齊나라의 군주가 되었다. '제齊'라는 글자가 의미하듯 그 나라는 태공망에 의해 평등과 정의의 실현을 목표로 한 국가가 되었다. 그는 상공업을 일으키고 어업을 장려함으로써 부강한 국가의 기초를 닦은 것은 물론, 특히 자기 민족 이외에도 이민족들을 흡수함으로써 다민족 국가를 건설했다. 그의 이런 열린 세계관은 후대에 관중 등

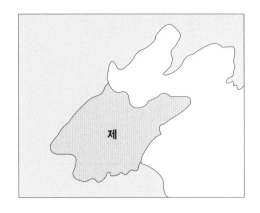

이민족 출신이 중용됨으로써 제나라가 춘추시대(기원전 770~기원전 403년)의 패자가 될 수 있는 기틀을 만들었다. 제나라는 지금 산둥성의 대부분을 차지하는 대국이 된다.

〈화식열전〉에는 여상의 경제정책이 소상히 쓰여 있다. 그는 부녀자들의 일인 직조와 재봉 그리고 자수를 장려하는 한편 공예의 기술을 다하게 하며, 또 각지에 물고기와 소금을 유통케 하여 사람들과 물건이 제나라로 모여들게 했음을 적고 있다. 태공망이 영구라는 직책에 봉해져 제나라를 건국했을 때의 일이다.

당시 산둥성을 근거지로 하는 제나라는 토질이 나빠 농업이 적합하지 않았고, 따라서 인구도 적었다. 그래서 태공망은 국민에게 베짜는 일을 권장하여 기술을 높이고 또 생선과 소금을 수출하여 교역을 진흥하는 데 힘썼다. 그 결과 여러 곳에서 사람과 물자가 잇달아 제나라로 몰려들기 시작하였다. 당시에 벌써 농업 이외의 가내수공업을 장려하고 유통산업을 일으켜 다른 나라와의 교역을 통해 경제를 부흥시킨 것이다.

관중, 제나라를 춘추의 패자로 만들다

주나라 초기에는 종법宗法이 살아 있는 질서의 시대였다. 아무리 힘이 센 제후라도 법질서를 어기지 못하였다. 이러한 시대에는 주나라 왕실의 권위를 인정하고 그 질서 아래서 분봉 받은 지역의 제후로 만족해야 했다. 그러나 서융西戎의 침입으로 주나라가 무너지고, 일부가 수도인 하우징鎬京을 버리고 동쪽의 뤄양洛陽으로 피신하여 동주東周(기원전 770~기원전 256년)를 세우자 법질서는 현저하게 약화되고, 궁극으로는 공격의 대상으로 전락하였다. 이른바 춘추시대의 시작이었다.

하지만 일국의 제후가 천자의 권위를 대신할 수는 없었다. 다만 천자의 권위를 빌려 주나라의 분봉을 받는 제후들을 통솔하는 패자覇者의 지위를 인정받을 뿐이었다. 아직은 천자를 갈아치울 이념이나 시대의 변화는 미흡하였다. 춘추오패春秋五覇는 이런 시대적인 배경을 바탕으로 등장하였다. 춘추오패는 춘추시대에 제후국을 통솔하는 패자의 지위를 얻게 되는 다섯 나라의 군주를 일컫는 말이다.

역사상 처음으로 패자가 된 사람은 관중管仲과 포숙아鮑叔牙를 재상으로 거느렸던 제나라 환공(재위 기원전 685~기원전 643년)이다. 제나라의 14대 왕 환공(소백)은 자기를 활로 쏘아 죽이려 한 적장 관중을 자기 손으로 죽이려 했다. 이때 관포지교管鮑之交의 주인공 포숙아가 간청하였다. "주군께서 제나라 하나만을 다스리시려 하신다면 능히 소신이 재상을 맡을 수 있습니다. 그러나 천하를 얻고자 하신다면 반드

시 저 관중을 재상으로 기용하십시오." 제 환공은 포숙아의 간언을 받아들였다. 그 뒤 관중은 개혁을 단행하여 부국강병의 실적을 올렸다. 또한 내분을 억제하고 주변의 제후들을 굴복시켰다. 그리하여 춘추전국시대에 첫 번째로 패왕이 된 인물이 제나라 환공이다.

관중은 국정을 맡자 보잘것없는 제나라가 바닷가에 있는 이점을 살려 먼저 다른 나라들과의 해상교역 증진에 힘썼다. 그리고 다음으로는 황하 하류에 자리하고 있는 제나라의 이점을 살려 염전을 만들어 소금 생산을 늘리고 소금에 세금을 부과하였다. 제나라는 주변 내륙 나라들에 소금을 팔아 이 돈으로 쌀을 사서 이를 다시 쌀이 귀한 나라에 팔아 부를 축적하였다. 또한 태산의 철을 생산하여 제철업을 일으켜 무기와 농기구를 생산했다. 또 철로 주화를 제조하였다. 한편 병역을 개혁하여 상비군 이외에 3개 민병군을 두었다. 민병군은 평시에는 농사를 짓다가 전시에만 상비군의 지휘를 받아 전쟁에 참가하였다. 이로써 평시에는 군사비 지출을 줄이고, 전시에는 강력한 군대를 가질 수 있었다.

관중은 정치·외교에도 능했지만 특히 경제에 힘을 쏟았다. 그는 물가를 조절하는 경중과 재화 및 화폐를 맡아보는 9개의 관서인 구부九府를 설치해 천하를 바로잡았다. 이렇듯 중국은 이미 기원전에 정부 직제에 경제 담당 부처들이 중요한 위치를 차지하고 있었다. 관중은 "창고가 차야 예절을 알고, 의식이 족해야 영예와 치욕을 안다"고 말했다. 그는 나라를 부강하게 했음은 물론 스스로도 "지위는 신하였으나 열국의 군주보다 부유했다"고 할 정도로 큰 부를 이루었다. 그는 부국강병책으로 경제를 부흥시키고 적극적인 인재등용책을 펼쳐 환공의 패권 장악에 크게 이바지하였다.

제나라는 지금의 산둥성에 있었던 조그만 나라였고 환공이 그렇게 탁월한 인물을 아니었다. 그러한 그가 춘추오패의 패자가 될 수 있었던 것은 관중의 공로라 해도 과언이 아니다. 공자는 이러한 관중의 공적에 대해 다음과 같이 찬사를 아끼지 않았다. "환공이 비참한 수단에 호소하지 않고 제후들을 복종시킬 수 있었던 것은 관중의 활약이 없었다면 불가능했다. 관중은 환공을 보좌하여 제후의 맹주가 되게 하고 천하의 질서를 회복했다. 그 영향이 오늘날까지 미치고 있다. 만약 관중이 없었더라면 우리는 오랑캐의 풍속을 강요당하고 있었을지도 모른다."

사마천도 "관중 없이 환공의 패업이 없고 중원의 평화도 유지되지 않았을 것이다"라고 평가했다. 제갈량과 함께 중국의 2대 재상으로 불리며, 흔히 관제管諸라고 일컬어진다.

관중은 친구 포숙아와 죽마지우였다. 두 사람의 우정에 대해서는 '관포지교'라는 고사를 통해 이미 세상에 널리 알려졌다. 일찍이 관중은 집이 가난하여 포숙아와 함께 장사한 적이 있었다. 이때 관중은 자주 포숙아를 속이기도 했지만, 포숙아는 관중의 인간성과 뛰어난 재능을 간파하고 있었기 때문에 불평 한 번 하지 않고 최후까지 우정을 버리지 않았다.

관중은 이러한 포숙아의 우정에 대해 다음과 같이 술회하였다. "내가 옛날 가난했을 때, 포숙아와 함께 장사를 한 일이 있었다. 이익을 나눌 때 내가 더 많이 가져도 그는 나를 욕심쟁이라 하지 않았다. 내가 가난한 것을 알고 있었기 때문이다. 또 그에게 이름을 얻게 해주려고 계획했던 일이 도리어 그를 궁지에 떨어뜨리는 결과가 되었지만 나를 바보라고 욕하지도 않았다. 그는 일에는 잘될 경우와 그렇지 못한 경우가 있다는 것을 알고 있었기 때문이다. … 나를 낳아준 분은 부모님이지만, 나를 알아준 사람은 포숙아였다."

상(商)나라 사람, 곧 상인(商人)

자공은 공자의 제자로서 위(衛)나라 출신이다. 위는 본래 은(殷)(상商)나라의 중심지였다. 이곳은 고대로부터 생산이 많고 상업활동도 활발하였다. 상업이 발달하다 보니 위나라는 상업과 유통에 필요한 계약과 거래의 법률과 규칙이 체질화된 곳이었다. 은나라가 망하고 주나라가 들어선 이후, 은나라 사람들은 자신들의 고향인 동이족이 사는 북쪽으로 돌아갔다. 그리고 주나라에 잔류한 나머지 사람들은 떠돌이 장사꾼이 되었다. 떠돌이 장사꾼이 된 위나라 사람들은 주로 물건을 팔고 다녔다.

이들 상인이 팔려고 가지고 다니는 물품을 상품(商品)이라 불렀다. 여기서부터 '상(商)나라 후예=장사꾼'이라는 등식이 생겨났다. 상(商)나라 사람, 곧 상인(商人)이라는 말이 생겨났다. 여기서 상업(商業)이라는 말도 나왔다. 그러고 보면 상인으로서 뛰어난 수완을 보인 자공이 위나라 사람인 것은 결코 우연한 일이 아니다.

공자와 제자 자공: 경영의 핵심은 신뢰

공자의 제자 중 최고 부자였던 자공은 조나라와 노나라 사이에서

무역업을 했다. 자공은 사두마차를 타고 비단과 같은 물건을 들고 제후들을 찾아갔으므로 왕들이 예로써 극진히 대접했다. 사마천은, 공자의 이름이 천하에 널리 알려지게 된 것도 자공이 공자를 모시고 다니며 도왔기 때문이라고 했다. 공자는 자공의 국가경영에 대한 질문에 대해 경영(정치)의 3대 요소를 지적하였다.

자공: 국가경영(정치)의 요체는 무엇입니까?

공자: 경제食를 풍족히 하고, 군사력兵을 튼튼히 하며, 백성들이 신뢰하는信 것이다.

자공: 부득이 버려야 한다면, 이 셋 가운데 무엇을 앞세우리까?

공사: 군사력을 버려야지.

자공: 만부득이 또 버려야 한다면, 나머지 둘 가운데 무엇을 앞세우리까?

공자: 경제를 버려야지. 예로부터 다 죽음은 있게 마련이지만, 백성들이 신뢰하지 않는다면 공동체는 성립되지 않기 때문이다.

여기서 우리는 공자의 가치 순서는 '신뢰信〉경제食〉군사력兵'임을 알 수 있다. 경영이나 정치나 핵심은 신뢰라는 것이다. 이는 현대 자본주의 경영학에서도 마찬가지다.

사마천은 《사기》를 쓰면서 각각의 스토리 말미에 '태사공(사마천의 관직명)은 말한다'고 품평을 하는 특권을 누렸다. 공자도 위대한 스승이긴 하지만 출신이 보통사람이므로 열전의 하나로 기록한 뒤 "높은 산처럼 사람들로 하여금 우러러보게 하고, 큰길처럼 사람을 따라가게 한다"고 적었다.

사마천은 그러한 성인들 밑에서 피죽도 못 끓여 먹으면서 대의만

논하는 백수 선비들을 경멸했던 것이다. "오랫동안 가난하고 천하게 살면서 인의를 말하는 것만을 즐기는 것 또한 아주 부끄러운 일이다." 더불어 사마천은 이렇게 말했다. "대체로 일반 백성들은 상대방의 재산이 자기보다 10배 많으면 몸을 낮추고, 100배 많으면 두려워하며, 1000배 많으면 그의 일을 하고, 만 배 많으면 그의 하인이 된다. 이것이 사물의 이치다."

경기순환 리듬을 발견한 계연

월왕 구천은 범려와 그의 스승 계연을 중용했다. 계연은 이름부터가 예사롭지 않다. 그의 이름 계연計然은 '계산하면 틀림없다'는 뜻으로 해석할 수 있기 때문이다. 기원전 6세기에 활동한 계연은 춘추시대 진晉나라에서 활동하던 상인이었다. 그는 장사를 해 큰돈을 벌었고 그가 만든 상업 이론 적저지리積著之理(재산을 모으는 이치)는 천하에 이름을 날렸다. 경제 이론가의 원조로서 수준 높은 상업론과 경제 이론을 제시했다.

나아가 그는 경제 논리로 나라를 다스리는 경제치국의 원리까지 설파했다. "6년마다 풍년이 들고, 6년마다 한해가 발생하며, 12년마다 대기근이 일어난다. 무릇 쌀값이 한 말에 20전밖에 안 되면 농민이 고통을 겪고, 90전으로 비싼 값이 되면 상인이 고통을 받는다. 상인이 고통을 받으면 상품이 나오지 않고, 농민이 고통을 받으면 농경지가 황폐해진다. 비싸더라도 80전을 넘지 않고, 싸더라도 30전 아래로 떨어지지 않게 하면 농민과 상인이 모두 이롭게 된다."

이것은 자연환경과 계절적 변화를 예측해 경기순환 리듬을 발견하고 쌀값의 상한가와 하한가를 책정하여 국민 모두가 골고루 소득을 얻도록 한 탁월한 경제정책이라 할 수 있다. 쌀값이 안정된 가격을 유지하고 물자가 공평하게 유통되어야 나라가 풍요로워지는 것은 오늘날에도 통하는 진리다.

계연은 일찍이 이렇게 농상겸용農商兼用의 이익이 가져다주는 국리민복을 재상이 된 그의 제자 범려에게 설명하였다. "농업은 많은 생산물을 얻게 하지만 시기를 잘못 만나면 가격이 떨어져서 농민들이 고생하고, 어떤 때는 가격이 치솟아 백성들이 사 먹는 데 고통이 따른다네. 농업과 상업이 잘 만나 운용되면 가격이 안정되고 국가는 부유하게 되지. 그대는 농사의 병폐와 상업의 병폐를 잘 판단하여 위로는 80을 넘지 않고 아래로는 30을 내려가지 않도록 지혜를 다하도록 하게나." 그는 농산물의 균등한 배분을 의미하는 균수均輸와 물류와 상업이 가져오는 물가정책을 꿰뚫고 있었으며, 재물이 집 안에 숨어 있으면 산업이 일어나지 않는다는 사실도 이미 터득하였던 셈이다.

또한 계연은 "싸워야 한다는 것을 알면 준비해야 하고, 물자가 언제 필요한지를 알면 물자의 가치를 알게 된다"며 일찍이 경제가 나라를 다스리는 기초가 된다는 것을 강조했다. 전란이 잦았던 당시에 그의 사상은 진보적으로 평가받고 있다. 그는 국가가 풍족하고 국력이 강해져야 다른 나라와 맞서 패하지 않는다고 주장했다.

계연의 후손은 중국의 10대 상방商幫의 하나인 진상晉商이자, 당시 진나라 지역인 중국 산시성山西省의 상인이 된다. 춘추시대부터 지금까지 2500년 넘게 상업 전통을 이어오고 있다. 진상은 중국 최고의 상인이자, 최초의 상인인 것이다. 그들의 경영 범위가 대단히 넓다. 소금, 곡물, 비단, 철기에서 일상잡화, 차, 반찬 등 팔 수 있는 모든 물품을 취급했다. 게다가 러시아 모스크바에서 일본 오사카까지 세계를 누비며 무역을 했다. 오늘날 세계 방방곡곡에서 활약하는 화상華商의 뿌리를 진상에서 발견할 수 있다.

1823년에 오늘날 은행의 3대 업무라고 할 수 있는 예금·대출·환 업무를 모두 취급한 표호를 만든 사람들이 바로 진상이다. 표호는 고객의 돈을 받은 다음 법적으로 보호받을 수 없는 환어음만 한 장 써주었다. 그 어음은 오로지 표호의 신용에 달려 있었는데, 진상은 '의義로서 이利를 제약한다'는 원칙으로 수백 년 동안 신용을 지켜와 표호업에 뛰어들 수 있었다.

범려, 세상을 시험하다

범려范蠡는 월나라 왕 구천의 명참모였다. 월나라가 오나라와 반세기에 걸쳐 싸울 때 최종 승리를 거둘 수 있었던 데는 범려의 공이 거의 결정적이었다. 월왕 구천이 오왕 부차에게 패한 뒤 살아남기 위해 항복 교섭을 담당한 것을 비롯해 월나라의 생존책, 부국강병책, 오나라의 교란책 등이 모두 그의 지모에서 나왔다고 해도 지나치지 않다. 계연은 구천에게 "물건과 돈은 흐르는 물처럼 원활하게 유통시켜야 한다"면서 재물이 움직이는 실정을 분명하게 알려주었다. 전쟁이 있을 것을 알면 방비를 해야 하듯, 때와 쓰임을 알아두어 언제 어떤 물건이 필요한지 알아야 한다는 것이다.

계연의 제자 범려가 제일 중요하게 여긴 것은 인재의 중용이었다. 두 번째로 신경을 쓴 일은 산업의 진흥이었다. 그는 논밭을 개간하는 백성에게 세금을 면제하고 부역을 감해주었으며, 길쌈을 장려하고 야철 광을 찾아내 쇠를 만드는 일에도 신경을 썼다.

월나라 왕 구천은 오나라 왕 부차에게 설욕하기 위해 와신상담한 것으로 유명하다. 그가 진정으로 승리할 수 있었던 이유는 쓸개를 핥으면서 정신력을 키웠을 뿐만 아니라, 물자와 돈의 흐름을 유연하게 했기 때문이다. 구천 왕은 계연과 범려의 해박한 지식으로 자연의 움직임을 살폈다. 어느 시기에 풍년이 들고 수해가 발생하는지 자연의 움직임을 예측하고 미리 준비하게 하였다. 그렇게 해서 재물을 비축해 물가가 폭등하는 것을 막고, 물자를 잘 유통시키면 백성이 왕을 따르게 마련이다. 이렇게 10년 정치를 하니 월나라가 부강해졌다. 그 힘으로 20여 년을 기다려 불구대천의 원수인 오나라를 점령하였다.

범려는 22년이란 오랜 세월을 인내하며 부국강병의 길을 닦았다. 월나라가 마침내 오나라를 멸망시키자, 범려는 "월왕(구천)과는 어려움을 함께할 수는 있지만, 평화를 함께 즐기기는 불가능한 법이다." "나는 새가 다 잡히면 좋은 활은 숨겨두고, 교활한 토끼가 잡히고 나면 사냥개는 삶아진다蜚鳥盡良弓藏, 狡兔死走狗烹"란 말을 남겼다.

그러고는 "스승 계연의 7가지 계책 가운데 월나라에서는 5가지를 써서 뜻을 이루었다. 나라에는 이미 써보았으니, 나는 이것을 집에서 써보겠다"는 말을 남기고 표표히 사라진다. 그가 가족과 함께 월왕의 감시를 벗어나 이름마저 '치이자피'로 바꾼 뒤 처음으로 정착한 곳은 제나라 해안 지방이다. 범려 일족은 이곳에서 농사를 지어 열심히 일한 결과 수십만 금의 재산가가 됐다. 제나라 사람들이 그의 현명함을 알고 재상이 되어달라고 부탁해오자, 범려는 애써 모은 재산을 모조리 친구나 향당에 나누어 주고 값나가는 보물만 가지고 그곳을 떠난다.

그가 두 번째 정착한 곳은 도陶라는 교통 요충지다. 오늘날 산둥성과 허난성의 경계에 가까운 정도현 근방으로 춘추시대 당시 노魯나라·송宋나라·위衛나라·조曹나라·정鄭나라 등 여러 나라가 서로 복잡하게 국경을 접하고 있고, 제齊나라·진晉나라·초楚나라 같은 대국의 전진 거점에서도 그리 멀지 않은 곳이다. "도는 천하의 중심으로 사방의 여러 나라와 통해 물자의 교역이 이뤄지는 곳이다." 이렇게 판단한 그는 이 교통 요충지에서 상업을 벌였다. 농업에서 상업으로 비즈니스의 중심을 옮겨 간 것이다. 이때부터 이름도 주공朱公으로 바꿨다. 이 '도 땅의 주공'이 줄어서 '도주陶朱'가 되고, 이것이 나중에 중국 문화권에서 부호를 일컫는 대명사로 발전하게 된다.

이렇게 스승 계연의 뜻을 배운 범려는 홀연히 벼슬을 버리고 제나라로 가서 이름을 바꾸고 농사를 짓다가 다시 도나라로 가서 19년 동안 세 번이나 천금을 모았다. 그 가운데 두 번째까지는 가난한 친구와 먼 친척들에게 나누어 주었다. 그래도 말년에 자손에게 물려준 재산이 거만鉅萬에 달했다. 사람들은 부자 하면 바로 범려를 떠올리고 그를 '도주공'이라 부르며 존경했다.

범려가 부를 일군 방법은 기록을 통해 전해지고 있다. 첫째는 노나라의 '돈'이라는 가난한 사람이 그에게 찾아와 부자가 되는 법을 묻자 가르쳐준 일이다. 그 가르침대로 돈은 소와 양을 사육한 지 10년 만에 재산이 왕과 공자에 버금가게 됐다고 한다. 두 번째는 장사를 하며 물자를 쌓아두었다가 시세의 흐름을 보아 내다 팔아서 이익을 거두었는데, 사람의 노력에 기대지 않았다는 것이다. 결국 범려는 부국강병책, 농업으로 거부를 이룩하기, 목축업으로 왕공의 부를 만들기, 그리고 상업(유통업)으로 거부되기 등 네 부문에서 모두 성공한 정치인이자 경제인이다.

주나라의 현인 백규

전국시대 초, 위魏나라 문후文侯는 '이리'를 재상으로 임명하고 경제와 정치 개혁을 추진하였다. 이리는 토지 생산력을 충분히 이용하는 농경정책을 실시하여 생산 증대를 도모하는 한편, 정치적으로는 귀족들의 권력과 부가 세습되는 제도를 없앴다. 이리는 또한 풍년과 흉년에 따른 양곡의 수요와 공급을 조절하여 곡식의 값을 유지하는 정책을 폈다.

당시 백규白圭라는 유명한 상인이 있었다. 백규는 시세 변동을 살피는 데 귀재였다. 그는 풍년과 흉년이 순환하는 자연의 이치를 살펴 물건을 사고팔았다. 막대한 부를 이뤘지만, 옷을 검소하게 입고 일꾼들과 함께 즐거움과 고통을 나누었다. 인간적으로 성숙한 그였지만 장사꾼으로서는 시기를 판단하고 움직이는 모습이 마치 사나운 짐승이나 새처럼 빨랐다.

백규는 장사하는 것도 전쟁을 하는 것처럼 지략을 써야만 성공할 수 있다고 생각하였다. 그는 시세를 정확하게 판단했다.

사마천에 의하면 "백규는 때의 변화에 따른 물가의 변동을 관찰하는 것을 즐겼다. 그러므로 세상 사람들이 버리고 돌아보지 않을 때는 사들이고, 세상 사람들이 사들일 때는 팔아넘겼다. 풍작일 때는 곡물을 사들이고, 대신 실과 옷을 팔아넘겼다. 흉작이 되어 고치가 나돌면 비단과 솜을 사들이고 대신 곡물을 내다 팔았다", "이처럼 풍년과 흉년의 순환하는 변화를 살펴보며 사고팔고 했으므로 대체로 해마다 재산이 배로 늘어났다. 돈을 늘리려고 생각하면 싼 곡물을 사들이고, 수확을 늘리려고 생각하면 좋은 종자를 썼다. 거친 음식을 달게 먹고, 욕심을 억제하며, 의복을 검소하게 절약하고, 일을 시키는 노복과 고락을 함께하며, 시기를 보아 행동하는 데는 맹수나 맹금이 먹이를 보고 달려드는 것처럼 빨랐다"고 적고 있다.

투자는 크게 가치 투자와 기술적 투자의 2가지로 나눌 수 있는데, 백규는 오늘날의 말로 표현하면 기술적 투자의 대가라 할 만하다. 워런 버핏이 가치 투자의 대가로서 '오마하의 현인'이라고 한다면, 백규는 '주나라의 현인'이라 할 수 있다.

백규는 수급 및 경기의 변화를 정확히 예측하고 민첩하게 거래해 시세차익을 남겼다. 그러나 그는 검소하면서 사욕을 채우지 않고 이웃이나 노복과 함께 나누었기 때문에 존경받았다. 백규는 그의 지혜를 배우고자 하는 사람에게 이렇게 말했다. "내가 생업을 운영하는 것은 마치 큰 정치가인 이윤伊尹(은나라 탕왕의 재상)과 여상呂尙(태공망)이 정책을 도모하여 펴듯, 병법가인 손자孫子가 군사를 쓰듯, 법술가인 상군商君이 법을 행하듯이 했다. 그러므로 임기응변으로 처리하는 지혜도 없고, 일을 결단하는 용기도 없고, 얻었다가 도로 주는 어짊도 없고, 지킬 것을 끝까지 지키는 강단도 없는 사람은 내 방법을 배우고 싶어 하더라도 가르쳐주지 않겠다."

이렇듯 중국 기업가의 시조로 추앙받는 백규는 "기업활동에 제자백가의 유가儒家, 병가兵家, 법가法家 사상을 한데 모아 능수능란하게 활용한 것이다. 그는 이에 덧붙여 임기응변의 지혜智, 결단하는 용기勇, 베풀 줄 아는 어짊仁, 지킬 것은 반드시 지키는 지조强를 비즈니스의 4대 요소로 강조했다.

이렇듯 '사업가의 표상'으로 존경받는 백규의 경제철학은 한마디로 지智·용勇·인仁·인忍의 정신이다. 사마천이 열거하는 부자들의 공통적 철학은 '나눔 정신'인데, 그는 이렇게 말하고 있다. "1년을 살려거든 곡식을 심어라. 10년을 살려거든 나무를 심어라. 100을 살려거든 덕을 베풀어라."

부자를 소봉이라 부르며 제후와 동등하게 대우하다

사마천은 부자들을 일컬어 소봉素封이라 했다. 소봉은 무관의 제왕이라는 뜻이다. 비록 왕의 자리에 앉아 있지는 않지만, 그들과 어깨를 나란히 하며 마치 왕과 같은 대우를 받는다고 했다. 봉封이란 영지로부터 조세를 거두는 것을 말한다. 부자는 관직에 의해 받는 봉록도 없고 작위에 봉해져 영지에 따른 수입도 없지만 이런 것을 가진 사람들처럼 사는 사람들이다. 이자나 소작료를 조세처럼 거둔다고 하여 소봉이라 불렸던 것이다.

사마천 시대의 소봉은 이런 부를 가진 사람을 말했다. 말 50마리를 키울 수 있는 목장 또는 소 167마리나 양 250마리를 키울 수 있는 목장, 돼지 250마리를 키울 수 있는 습지대, 1000마리의 물고기를 양식할 수 있는 연못, 안읍의 대추나무 1000그루, 강릉의 귤나무 1000그루, 하나라의 옻나무밭 1000묘, 생강과 부추밭 1000묘… 이런 사람들은 관직에 나가지 않아도, 작위를 받지 않아도 계속 안정적으로 풍부한 수입이 들어왔다. 왕이나 제후, 장군이나 재상을 크게 부러워하지 않았다.

사마천에 따르면, 당시 교통이 발달한 대도시에서의 상업은 대략 연 20%의 이익을 적당한 이윤으로 보았다. "한 해에 술 1000독, 식초나 간장 1000병, 소나 양·돼지의 가죽 1000장, 쌀 1000가마, 땔감 1000수레, 목재 1000장, 구리 그릇 1000개. 말 200마리, 소 500마리, 단사(수은) 1000근, 무늬 있는 비단 1000필, 누룩 1000홉, 말린 생선 1000섬, 절인 생선 1000섬, 밤 3000섬, 여우·담비 가죽으로 만든 갓옷 1000장 등을 팔면 20만 전의 이익을 얻는다. 모두 100만 전의 본전이 드는 장사였다. 아니면 현금 1000관(100만 전)을 중개인에게 빌려주고 2할의 이식을 받아도 좋다. … 다른 잡일에 종사하면서 2할의 이익을 올리지 못하는 사람은 재물을 활용한다고 말할 수 없다."

앞서 언급했듯 사마천은 50만 전으로 정해진 속전을 낼 경우 궁형의 형벌을 피할 수 있었다. 그래서 사마천 일가는 한 달의 기한 동안 이 돈을 마련하기 위해 이리 뛰고 저리 뛰었다. 50만 전은 사마천으로서는 도저히 마련할 수 없는 거금이었다.

사마천 자신이 쓴 〈화식열전〉의 내용에 비춰보면, 50만 전이라는 돈은 소봉의 부를 누리는 부자가 2년 반을 한 푼도 쓰지 않고 모아야 하는 금액이다. 일설에 따르면 당시 사마천 집안은 채 20만 전도 모으지 못했다. 부인이 집에 있는 솥단지까지 팔아 간신히 5만 전을 구하고, 다시 친정 부모님께 사정하고 빌어서 10만 전을 추가로 모을 수 있었다. 그 밖에 동료 공경대부들에게도 사정을 호소했으나 '천자의 뜻을 거스린 죄수의 가족'이라고 문도 열어주지 않기 일쑤였고, 일부 마음씨 좋은 공경대부도 몇천 전 정도 빌려주며 등을 떠밀었다고 한다.

이런 처절한 경험이 있었기에 사마천은 돈의 가치를 제대로 이해할 수 있었고, 돈과 관련된 세상의 인심도 포착할 수 있었다. 그가 〈화식열전〉에 쓴 "천하 사람들은 모두 이익을 위해 기꺼이 모여들고, 모두 이익을 위해 분명히 떠난다"는 글은 그냥 나온 게 아니다.

〈화식열전〉 마지막에 〈태사공자서〉를 배치한 것도 주목할 만하다. 이 글을 매우 의미심장하게 배치한 느낌을 준다. 〈태사공자서〉는 열전 마지막에 들어 있지만, 일반적으로 《사기》 전체의 서문으로 평가되곤 하기 때문이다. 나아가 〈화식열전〉의 기조가 한나라 조정의 중농억상책을 비판한다는 점도 유의할 필요가 있다. 특히 한 해 20만 전 수입 정도를 기준으로 하는 소봉의 사례를 대단히 구체적으로, 대단히 풍부하게 열거한 것은 그가 이 정도 돈의 의미와 힘을 얼마나 연구하고 천착했는지 이해하게 해준다.

나아가 사마천은 당시 소봉을 이룩한 사람들을 구체적으로 예시하며 직업의 귀천을 뛰어넘는 진보성을 보여준다. "밭에서 농사짓는 것은 재물을 모으는 데는 졸렬한 업종이지만, 진나라의 양씨는 밭농사로 주州에서 제일가는 부호가 됐다. 무덤을 파서 보물을 훔치는 것

은 나쁜 일이지만, 전숙은 그것을 발판으로 일어섰다. 도박은 나쁜 놀이지만 환발은 그것으로써 부자가 됐고, 행상은 남자에게는 천한 일이지만 옹낙성은 그것으로 천금을 얻었다. 술장사는 하찮은 일이지만 장씨는 그것으로 천만금을 얻었으며, 칼을 가는 것은 보잘것없는 기술이지만 질씨는 그것으로 제후처럼 반찬솥을 늘어놓고 호화로운 식사를 즐겼다. 양의 위통을 삶아 파는 것은 단순하고 하찮은 일이지만 탁씨는 그것으로 기마행렬을 거느리고 다녔다. 말의 병을 치료하는 것은 대단찮은 의술이지만, 장리는 그것으로써 종을 쳐서 하인을 부리게 됐다. 이것은 한 가지 일에 전념한 결과이다."

특히 진나라 때는 돈이 많은 부자들을 우대했다. 오지烏氏란 나라의 '나'라는 사람은 목축업을 하여 가축이 늘어나자 이를 팔아 진기한 비단을 사서 융戎나라 왕에게 바치고 그 10배를 가축으로 보상받았다. 일종의 조공무역이었다. 골짜기마다 가축으로 가득 차 골짜기 수로 마소를 셀 정도였다. 진시황은 그를 제후와 동등하게 대우하여 봄, 가을에는 여러 대신과 함께 조정에 참조參朝시켰다고 한다.

∴ 아직 발굴하지 않은 황릉 속에는 단사(수은)로 이뤄진 '대해'가 설치되어 있다고 전한다.

또 파巴나라의 청淸이란 사람은 여성으로 눈길을 끈다. 그녀는 과부로 한약재로도 쓰이고 태우면 수은이 되는 단사丹沙가 나오는 굴을 갖고 큰 부자가 되었다. 그녀의 특징은 거부를 약속하는 세습광산을 훌륭히 지키고 발전시켰다는 점이다. 그녀의 부는 단사라는 당시 각광받던 특수물질 때문에 가능했다.

단사는 바로 진시황의 지하 황릉에 대량으로 집어넣었다는 그 물질이다. 당시 진시황은 지하 황릉에 단사로 된 '대해'를 설치하는 콘셉트를 잡아놓고 있었다. 그가 통일 뒤 바다에 심취한 것이라든가, 장묘 문화와 관련된 단사의 특수성 등이 결합해 단사의 대해를 지하에 자리 잡게 한 것이다. 단사는 고대 중국뿐만 아니라 이집트에서도 분묘용으로 각광받았다. 단사는 넓은 폭의 온도대에서 물질 본래의 상태를 유지하는 특성이 있었다. 진시황은 그녀를 정녀貞女로 대우해 여회청대를 지어주었다.

이렇듯 '나'는 시골의 목장 주인에 지나지 않았고 '청'은 시골 과부에 불과하였지만 제후와 동등하게 예우받으며 그 이름을 천하에 떨쳤다. 이것은 모두 '부의 힘'에 의한 것이었다. 진시황이 천하를 통일할 수 있었던 이면에는 경제력이 큰 몫을 차지하였음을 엿볼 수 있는 대목이다.✧

〈화식열전〉에는 다음과 같은 말이 있다. "화로 인하여 복이 이루어진다. 성패가 돌아가는 것은 비유컨대 꼬아놓은 새끼줄과 같다."

그 외에도 〈화식열전〉에는 여러 가지 부의 축적에 관한 이야기가 있다. "조나라 출신인 탁씨는 원래 철을 캐고 제련해 부자가 된 사람이다. 그런데 진나라에 조나라가 망해 포로가 되는 바람에 재물을 빼앗기고 강제 이주까지 당하게 됐다. 비슷한 처지에 빠진 다른 대부분의 사람은 진나라 관리들에게 남은 재산을 털어 뇌물로 바치면서 가까운 곳으로 가게 해달라고 청탁했다. 그러나 탁씨는 먼 곳이라도 옮겨 가겠다고 해서 촉 땅의 임공으로까지 갔다. 그는 철이 생산되는 산을 찾아 들어갔다. 임공산에 철이 풍부한데 아무도 캐지 않는 것을 보고 기뻐하면서 쓰촨과 윈난의 백성을 끌어모아 대량으로 광물을 캐도록 하였다. 그리고 쇠를 녹여 그릇을 만들었다. 탁씨는 채광을 하면서 정부에 약간의 은량을 바쳤을 뿐이므로 이익을 많이 남기는 장사를 하였다. 그는 그곳에 사는 사람들을 기술자로 이용하면서 주변 지역과 교역해 부자가 됐다." 여러 해가 지나자 탁씨는 천하제일의 부자가 되었다. 집안의 노비만 1000명에 이르렀다.

"제나라 사람들은 노예를 업신여겼는데 조간이라는 사람만은 이들을 사랑하고 귀하게 대했다. 사납고 교활해 사람들이 싫어하는 노예들을 발탁해 그는 생선과 소금 장사를 시켰다. 그는 노예들의 그런

✧ 전진문, 〈오귀환의 디지털 사기열전 | 현대적 관점에서 본 화식열전 2〉, 《한겨레21》

능력을 빌려 결국 수천만 금의 부를 쌓았다." 조간은 2500여 년 전에 노예들을 이용해 유통을 장악하였다.

"선곡에 사는 임씨의 조상은 창고 관리였다. 진나라가 싸움에 졌을 때 호걸들은 모두 앞다투어 금·은·옥을 차지했으나, 임씨만은 창고의 곡식을 굴속에 감춰두었다. 그 뒤 항우의 초나라와 유방의 한나라가 형양에서 대치하자, 쌀 한 섬 값이 1만 전까지 뛰었다. … 호걸들이 차지했던 금·은·옥은 모두 임씨의 것이 됐다."

"오초 7국의 난이 일어났을 때 장안에 있는 크고 작은 제후들은 토벌군에 가담하기 위해 이자 돈을 얻으려 했다. 돈놀이하는 사람들은 모두 '제후들이 이길지 어떨지 아직 모르겠다'며 기꺼이 빌려주려는 사람이 없었다. 오직 무염씨만은 천금을 풀어 빌려주었다. 그러면서 이자를 원금의 10배로 했다. 석 달 만에 난이 평정되고 제후들은 승리했다. 무염씨는 겨우 한 해 만에 원금의 10배를 이자로 받아 재산이 관중 전체의 부와 맞먹게 됐다."

사마천의《사기》〈화식열전〉에 나타난 주인공들의 재산 증식 방법은 흥미롭다. 2500여 년 전이라고 생각하기 어려울 정도다. 사마천은 이렇게 글을 맺는다. "빈부라는 것은 밖에서 빼앗거나 주는 것이 아니고, 결국은 그 사람의 재능 여하에 달린 것이다. 기교 있는 사람은 부유하고, 기교 없는 사람은 가난한 것이다. 부유해지는 데는 정해진 직업이 없고, 재물에는 정해진 주인이 없다. 재능이 있는 사람에게는 재물이 모이고, 못난 사람에게는 재물이 기왓장 부서지듯 흩어진다. 천금을 모은 집은 한 도읍의 군주에 필적하고, 큰 부를 가진 자는 왕과 같은 즐거움을 가진다. 그들이야말로 소위 소봉을 지닌 사람들이 아니겠는가." 지금으로부터 2100년 전, 중국인의 부자 사상과 이를

기록한 사마천에 탄복할 수밖에 없다.✢

유대인의 경제의식과 똑 닮은 《주서》

〈화식열전〉에는 또 이 같은 내용이 나온다. "《주서周書》에는 다음과 같은 말이 있다. '농민이 생산하지 않으면 식량이 모자라게 되며, 공업이 부진하면 상품이 부족하고, 상인이 물건을 유통시키지 않으면 3보三寶(식량, 자재, 상품)의 공급이 끊기게 된다. 또한 나무꾼이 나무를 베지 않으면 자재가 모자라게 되고, 자재가 모자라게 되면 산과 택지는 개발되지 못한다. 이 4가지야말로 생활의 근원이 된다.'"《주서》란 주대周代(기원전 1111~255년)의 역사를 기록한 책이다.

"대체로 가난에서 벗어나 부자가 되는 길에는 농업이 공업만 못하고, 공업이 상업만 못하다. 비단에 수를 놓는 것이 저잣거리에서 장사하는 것만 못하다. 말단의 생업인 상업이 가난한 사람들이 부를 얻는 길인 것이다." 이 말은 부가가치가 농업보다는 제조업이 낫고 그보다는 서비스산업인 유통업이 낫다는 표현으로, 곧 유대인의 경제의식과 똑 닮았다.

✢ 전진문, 〈오귀환의 디지털 사기열전 | 현대적 관점에서 본 화식열전 2〉, 《한겨레21》

중세의 동양

    중세의 동양 경제는 서양을 압노했다. 성제뿐 아니라 기술과 분화도 마찬가지였다. 당시 동양의 4대 발명품 '화약, 나침판, 종이, 인쇄술'이 이슬람에 전파되어 그들이 이를 이용해 서양을 압도한 것이 그 증표이다.

    서양이 동양을 처음으로 추월하기 시작한 것은 15세기 말 콜럼버스가 신대륙을 발견한 근대 이후부터이다. 곧 해상교역을 서양 세력이 독점하기 시작하면서 동양을 처음으로 앞섰다. 그나마 중국과 조선이 스스로 해금령을 내려 바다에서 철수하고 쇄국정책을 썼기 때문에 가능했던 일이다.

돌궐 제국의 중계무역:
중국에 말을 팔고 비단으로 받다

6세기 중반 중국 북쪽의 초원 지대를 장악한 돌궐 제국은 제2대 칸 때 서쪽으로 사산조페르시아와 연합해 양국 사이에 있었던 에프탈리테를 멸망시키고 동쪽으로는 거란족을 복속시켰다. 북으로는 바이칼 호까지, 남으로는 고비 사막을 넘어 당시 중국을 군사적으로 압박했다. 이리하여 중앙아시아 실크로드를 장악한 돌궐 제국은 페르시아와 무역협정을 체결하려 했으나 실패하고 567년에 비잔티움 제국(동로마 제국)에 소그드인 비단업자 마니악을 단장으로 하는 외교사절단을 보낸다. 이것이 돌궐과 비잔티움 제국의 첫 외교적 관계였다.

이후 돌궐은 비잔티움과 긴밀한 외교 관계를 유지하며 아시아와

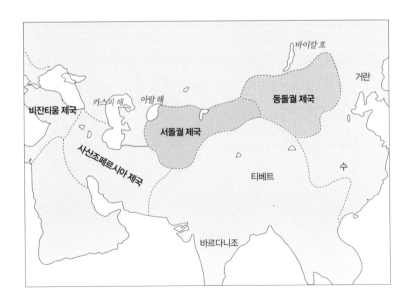

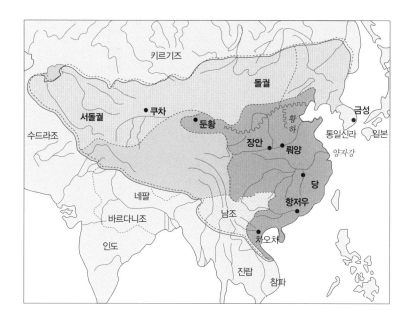

유럽을 잇는 무역로를 장악하며 강력한 세력을 형성한다. 오랫동안 페르시아가 이 교역을 장악해왔었는데 돌궐이 등장하여 소그드 상인들을 지배하게 되자 돌궐과 페르시아는 적대 관계가 되었다. 그 뒤돌궐은 중국에 말을 가져다주고 대신 비단을 가져와 유럽에 파는 중계무역을 했다. 중국은 이 무역에서 큰 이득을 보지 못했고, 결국 돌궐과 대립 관계를 형성하게 된다.

7세기 초에 중국 대륙을 통일한 당나라는 율령을 정비하고 중앙집권적 통치체제를 확립하였다. 당나라는 이러한 정비된 통치체제를 바탕으로 당 태종이 대북방 강경책으로 선회하면서 상황은 바뀌기 시작하였다. 그리고 당나라는 중국 대륙뿐만 아니라 주변 나라들을 제압하고 명실상부한 동아시아 세계를 주도해나갔다. 동돌궐은 수나라 말기에서 당나라 초기에 걸친 중국 내부의 혼란을 틈타 중앙집권화를 도모하여 그 세력이 강대해졌다. 그러나 당나라의 공격과 자연재해가 겹치면서 돌궐은 급속하게 쇠약해졌다. 특히 지배층 내부의 갈등이 격화되어 여러 부족의 독립 등으로 세력이 약해진 틈을 타 당나라는 630년 북방의 또 다른 유목 세력과 연합작전을 펼쳐 초원의 대제국이었던 동돌궐을 일거에 무너뜨렸다. 그리고 당나라는 동돌궐에 이어 657년 서돌궐마저 멸망시키고 2명의 칸을 두어 통제하였다.

돌궐 제2제국의 부활

그러나 이도 잠깐이었다. 665년 당에 복속되어 있던 서돌궐이 고종이 임명한 칸을 죽이고 독립에 성공한다. 그리고 681년에는 옛 동돌궐의 왕족인 쿠틀룩이 소규모 집단을 이끌고 당에 대한 독립투쟁에 나서 그 세력이 대단히 빠른 속도로 성장했다. 이는 그의 일생의 동반자이자 조력자였던 톤유쿡이 합류했기 때문이다. 톤유쿡은 어린 시절 대부분의 돌궐 귀족들과 마찬가지로 중국으로 압송되어 중국식 교육을 받고 자랐다. 이러한 배경을 바탕으로 그는 중국의 내부 사정을 상세히 알아 당 조정의 감시망을 피해 쿠틀룩의 세력을 결집시킬 수 있었다.

쿠틀룩은 자신의 세력을 이끌고 당의 변방을 습격하여 막대한 전리품을 획득했고, 이를 이용하여 당의 지배에 불만을 품은 수많은 돌궐(튀르크) 부족을 가담케 하였다. 이에 고무된 쿠틀룩은 옛 돌궐의 중심부를 확보하는 데 성공한다. 630년 태종에 의해 몰락했던 동돌궐 제국이 50여 년 만에 부활하는 순간이었다. 이 시기를 돌궐 제2제국기라 부른다.

제국의 성립 이후 대외적으로 활발한 원정사업을 벌였다. 특히 당 제국에 대한 공세가 빈번했는데,《신당서》에 의하면 돌궐의 군대는 682년부터 687년까지 허베이와 산시山西 지방에만 46차례의 대규모 침공을 감행하여 현지를 초토화시켜 버린다. 683년 당나라는 고종의 사후 권력을 장악한 측천무후則天武后가 토번吐蕃에 상실한 안서 사진을 회복하는 등 694년까지 당의 타림 분지에서의 패권을 회복하는 데 성공하지만 돌궐 제국에 대해서는 성공하지 못한다. 돌궐은 698년에만 30회 이상의 기습을 단행했고, 10만 명의 기병으로 당의 토벌군을 패퇴시켜 수많은 말과 물자, 포로를 획득했다. 톤유쿡과 빌게가 직접 지휘한 중국 정벌로 황하에서 산둥 반도에 이르는 지역이 폐허가 될 정도였다.

돌궐, 훗날 셀주크튀르크와 오스만터키로 부활

돌궐의 당에 대한 강경책은 신생 국가인 발해에는 축복이었다. 당은 돌궐 문제에 골몰하여 발해에 대해 화친정책을 폈으며 발해는 아무런 방해를 받지 않고 국력을 쌓을 수 있었다. 그러나 돌궐 제국도 내분으로 744년 결국 위그르에 망한다. 돌궐 제2제국의 붕괴와 위구르 제국의 성립은 세계사에 큰 영향을 미쳤다. 돌궐 제국이라는 체제 속에서 느슨하게 연결되어 있던 튀르크족 연합은 와해되고 다시 이합집산이 시작되었다.

이후 돌궐은 세계사에 다시 나온다. 돌궐 중에 서쪽으로 이주한 사람들에 의해 이슬람 세계를 통일한 셀주르튀르크가 등장하고, 거기서 더 서쪽으로 간 사람들이 북아프리카·라비아·이집트·터키·발칸 반도·러시아 남부를 통치했던 오스만터키 제국을 건설한다.

세계 제1의 경제력, 당나라

7세기 초엽에 등극하여 돌궐 제국을 멸망시켰던 당 태종은 북방 유목민 출신답게 중국식 군주 칭호인 천자라고 불리는 것보다 유목민의 군주인 칸을 덧붙인 천가한天可汗이라고 불리길 좋아했다. 그는 이민족들에게 개방적이고 국제적인 세계 제국으로서 역사를 전개시켜 나갔다. 이는 유목민의 개방성에 기인한 것이었다. 당시 당의 수도 장안은 서역과 동아시아의 각국에서 모여든 사람들이 각기 제 나라의 풍속과 습관을 지닌 채 살고 있어 마치 세계의 인종 전시장 같았다.

당나라는 제조업도 발달했다. 7세기 당나라 기록에 의하면 하명원이라는 상인은 능직 비단을 짜는 직기를 500대나 갖고 있었다. 당시 능직 비단은 세계 최고의 부가가치 상품으로, 특히 유럽 귀족들에게 인기 상품이었다. 8세기 중엽에 농업 분야에서도 혁명적인 변화가 시작되었다. 마트 엘빈이란 학자는 이때부터 12세기까지를 중국 중세의 경제혁명기라고 명명하면서 당시 중국의 경제력은 세계 제일이라고 평가하였다.

그 무렵 개간과 수리 개선으로 경작지가 크게 확대되었으며 품종 다양화와 신품종 도입으로 농업생산성이 크게 향상되었다. 특히 베트남으로부터 신품종 도입으로 쌀 생산이 급증하였다. 또 신품종 도입과 더불어 쟁기와 농기구가 개선되어 이모작과 삼모작이 가능하게 되었다. 그 뒤 상업이 크게 발전하였다. 9~10세기에 인구가 증가하며 남부 해안 지역에 급격한 도시화가 이루어졌다. 이는 산업 발전과 무역의 증가 때문이었다.

황소의 난이 중국 전역을 휘몰아치다

기원전부터 중국에 들어와 있던 유대인들은 그 수가 급격히 늘어나면서 6세기에는 이미 산시성山西省에 수 개소의 시너고그가 생겼다. 무역의 증가로 9세기 초부터 특히 많이 불어났다. 그 무렵 당나라는 세계에서 가장 국제화된 나라였다. 수도 장안에는 가까이는 신라·몽고·일본·베트남에서, 멀리는 유럽·아랍·인도·이란에서 온 사람들이 우글거렸다. 그들 가운데는 상인, 유학생, 승려, 정치인 등 각양 각층의 사람들이 있었다. 장안은 문화와 교역의 중심지로 급성장하여 인구 100만이 넘는 국제도시가 되었다.

당시 당나라는 안사의 난 이후 소금 전매에 의존하여 극심한 재정난을 타개하고자 했다. 실로 소금 전매수입은 총재정수입의 절반 이상을 차지했다. 전매 이전에는 한 말에 10전 하던 소금값이 110전으로 오르더니, 급기야 300전에 달했다. 소금이 인간 생존의 필수품인 이상 이의 가장 커다란 피해자는 물론 농민들이었다. 안사의 난 이후 기울어질 대로 기울어진 당의 궁중에서는 다시 독버섯처럼 환관들의 세력이 자라나 허약한 황실을 쥐고 흔들어대니, 황제는 이들에 의해 세워지고 폐해졌다. 그 속에서 농민들의 시름은 더욱 깊어져 당 말에 이르면 거의 목불인견의 참상을 보였다.

언제나 그렇듯 소금값이 급등하게 되면 자연히 암거래가 생겨나고, 점차 그들의 비밀결사가 결성된다. 정부는 이들을 추적하고, 추적망에 걸린 자들은 사형 등 중형으로 가혹하게 처리한다. 이렇게 되면 소금 밀매조직들은 더욱 적극적인 자위책을 찾아 무장봉기의 길에 나서게 된다.

당시 전국에 기근이 내습하여 사회적 불안은 절정에 달하였다. 이와 같은 배경 아래 푸저우福州 지방 허난성의 소금 밀매업자 두령이었던 왕선지王仙之가 874년에 난을 일으켰다. 얼마 뒤 산둥성의 소금 밀매업자 두령인 황소黃巢가 난을 일으켜 왕선지와 합류했다. 875년 당나라 말기에 10년 동안 중국 전역을 휘몰아친 황소의 난이 일어났다.

외국인 사망자만 12만 명

왕선지와 황소는 허난성과 산둥성 일대를 점령했고 점점 그 기세가 높아갔다. 왕선지가 죽은 후 황소는 반란군의 대장군이 되었다. 광둥廣東을 중심으로 한 양자강 이남의 농민들이 부당한 외국인 세력, 특히 환관의 횡포와 이를 비호한 관료들을 대상으로 대규모 반란을 일으키며 반란군에 합세하였다. 대륙을 점령해가면서 880년 60만 대군으로 불어난 황소의 군대는 세력을 넓혀 뤄양에 이어 수도인 장안까지 점령했다. 황제 희종은 쓰촨四川으로 달아났다. 이때 회교도, 페르시아인, 유대인을 합하여 외국인 사망자가 12만 명 이상에 달했다고 역사는 적고 있다. 이 가운데 유대인 4만 명이 학살되었다. 당시 광둥 지역의 유대인 정착촌은 거의 전멸하다시피 했다.

황소는 장안에 스스로 정권을 세우고 국호를 대제大齊라 부르고 항복한 관리도 기용하여 통치를 굳히려 했다. 그러나 이 정권은 경제적 기반이 없어서 당나라 왕조를 돕는 튀르크계 이극용 등 토벌군에게 격파되어 황소는 자결하고 만다. 이 난의 후유증이 너무 커 이후에 당나라는 23년간 존속했으나 명맥만 유지했을 뿐이며 근본적으로 당나라가 붕괴하는 계기가 되었다.

당나라에서 신라인들의 활약

그 무렵 국제도시 장안에서 가장 두각을 나타냈던 사람들이 바로 신라인들이었다. 일본 승려 엔닌의 당나라 여행일기에 의하면 신라인들은 수적으로도 다른 나라 사람들보다 많았을 뿐만 아니라 그 활약상도 발군이었다. 특히 해상무역을 장악하고 있었는데 신라 상회들은 산둥 반도 일대와 회하淮河 하류에 집중되어 있었다. 당시 신라의 무역권이 산둥 반도 일대뿐만 아니라 당시 국제무역의 요충지인 양저우揚州까지 진출했고 더욱이 양자강 남쪽의 항구에도 나타났다. 특히 엔닌은 신라인들의 뛰어난 항해술에 감탄하였다.

9세기에 들어와서는 장보고가 신라-일본-중국을 잇는 황해 무역권을 완전히 장악하여 산둥성 등 신라방이 있는 곳에서는 행정권까지 행사할 정도였다. 그런가 하면 9세기 후반 황소의 난이 일어났을 때 최치원의 〈토황소격문〉은 문장의 세련됨과 기개에 중국 조야가 다 찬탄을 금치 못했다. 인도 여행기 《왕오천축국전》을 쓴 혜초 역시 당에서 활약한 신라인이었다.

고선지 장군, 중앙아시아를 평정하다

이전 8세기에도 고구려 유민 고선지가 당나라의 장군이 되어 파미르 고원을 정복하여 당나라의 중앙아시아 진출에 막대한 공을 세운 적이 있었다. 당시 당나라는 서역과의 무역로를 장악하기 위해서는 탈 많고 골치 아픈 중앙아시아를 확고히 지배할 필요가 있었다. 그 임무를 명장 고선지 장군에게 맡겼다. 747년 마침내 고선지는 파미르 원정을 개시했다.

오늘날 타지키스탄, 아프가니스탄, 파키스탄이 접경하는 파미르 고원의 해발 4000~5000m 고지를 넘나들면서 혁혁한 전과를 올린 그는 마침내 공로를 인정받아 서부방위 최고사령관인 안서절도사에 임명되기에 이르렀다. 당 제국이 고선지가 이끄는 원정대를 이처럼 고산 지대로 보낸 까닭은 티베트 지방에서 흥기하여 당의 서부 변경을 압박하면서 중앙아시아 각지로 세력을 뻗침으로써 안서도호부의 목을 죄고 있던 토번이라는 강국을 견제하기 위해서였다. 당시 파미르 산중에는 20여 개의 군소국가가 산재해 있었는데, 이들이 토번의 압력을 받아 당과 관계를 단절하자 당의 서역경영은 심각한 차질을 빚게 되었다. 이에 조정에서는 고선지를 행영절도사로 임명하고 1만여 명의 기병을 주어 토벌을 명령하였다.

고선지는 747년 토번을 격파하고 해발 4600m에 이르는 파미르 고원의 탄구령을 넘어 파키스탄 북부의 소발률국을 점령했다. 한니발과 나폴레옹이 넘은 알프스 산맥보다 탄구령이 2000m나 더 높았다. "고선지가 한니발이나 나폴레옹보다 위대하다"는 말이 여기서 나왔다. 750년의 2차 원정에서 고선지는 현재 우즈베키스탄의 수도 타슈켄트에 있던 석국石國을 정복했다. 한국에선 별로 얘기하지 않지만 서구 학자들은 이때 잔혹한 약탈이 자행됐다고 본다. 그는 4년에 걸쳐 중앙아시아 대부분을 평정하였다. 당나라가 소발률국과 석국을 침략했던 이유는 모두 서쪽에서 흥기한 거대 세력과의 연대를 차단하려는 이유에서였다. 그 세력이 사라센 제국이었다.

실크로드, 아랍인의 수중으로

그 뒤 그는 수만 리의 원정 끝에 텐산 산맥 서북쪽 탈라스에서 당시 무함마드의 출현으로 급격한 상승세를 타고 있던 이슬람군과 일전을 치렀다. 이때 당나라와 사라센이 한판 붙는 전쟁이 바로 751년의 탈라스 전투였다. 10만 대군이 맞붙은 큰 싸움이었다. 싸움의 결과는 당 군의 패배였다. 이 전투는 중앙아시아의 패권을 누가 차지하느냐를 두고 중국과 이슬람이라는 2개의 문명권이 충돌한 것이다. 오늘날 이 지역 주민 대다수가 이슬람을 신봉하고 있는 것도 이 전투의 결과와 무관치 않다.

탈라스 전투는 세계사에서 이처럼 중요한 사건이었지만 당시 사람들은 그 의미를 충분히 알지 못했던 것 같다. 왜냐하면 승리를 거둔 아랍 측은 이 전투에 대해 거의 아무런 언급이 없고, 수만 명이 몰살당한 중국 측에서도 아주 단편적인 기록만 남기고 있기 때문이다. 이처럼 어떤 사건은 당시 사람들의 눈에는 별로 하찮은 일 같아도 오랜 시간이 지난 뒤에야 비로소 그 중요성이 인식되는 경우가 있다.

하지만 이 전투는 세계사적으로 큰 의미가 있다. 전투의 패배로 실크로드가 아랍인의 수중으로 들어갔다. 이후 중국은 두 번 다시 중앙아시아로 진출하지 못하고 서역에 대한 진출을 포기했다. 또 아랍으로 끌려간 많은 중국인 포로들에 의해 종이, 직물, 양잠 등 우수한 중국 문화가 아랍 지역으로 전해져 이슬람 문화가 꽃을 피우는 중대한 전기를 마련해주었다. 이렇게 탈라스 전투 때 제지술이 서방에 전파되어 고선지를 '유럽 문명의 아버지'라고 부르기도 하지만 이는 고선지의 의도와는 무관한 일이었다.*

유목민족이 문명권을 연결하다

돌궐 제국이 망하고 50년 후 새로운 세력이 돌궐을 재건하였다. 그 뒤 제2의 돌궐 제국도 752년 그 지배 아래 있던 세 부족의 반란으로 무너졌다. 이들 가운데 하나였던 위구르가 몽골의 모든 유목민을 제압하고 돌궐의 뒤를 이은 대제국을 건설하였다. 위구르는 때마침 중국에서 터진 안사의 난(755년)에 개입하여 당 왕조를 대신해서 반란

❖ 박윤명 지음,《상식 밖의 동양사》, 새길, 1995; 김호동,〈김호동 교수의 중앙유라시아 역사 기행〉, 《위클리조선》

군을 토벌하고 수도 장안과 뤄양을 수복해주었다. 그러나 당나라는 비싼 대가를 치러야 했다. 양귀비에 빠져 반란을 자초한 현종 대신 즉위한 숙종은 위구르의 요구를 거절하지 못하고 758년 자신의 어린 딸을 '영국공주寧國公主(나라에 안녕을 가져다주는 공주)'라 이름 하여 나이 많은 칸에게 보내야 했다. 중국 역사상 황제가 이민족의 강요로 친딸을 시집보낸 것은 매우 드문 일이었다. 물론 후일 몽골의 쿠빌라이가 친딸을 고려 왕실의 태자에게 시집보냈지만 그것은 경우가 달랐다.

위구르의 위세에 눌린 당나라는 그들에게 비단을 헐값에 매도할 수밖에 없었다. 위구르인은 자신들과 연맹했던 국제상인 소그드인에게 밀떼를 넘겨주고 그것을 비단과 교환해 오도록 했다. 원래 말 1필에 비단 1필 하던 것이 나중에는 비단 40필을 요구할 정도가 되었으니, 당나라가 이런 불공정한 교역 조건에 대해 항의를 하지 않은 것은 아니었지만 그렇다고 이를 시정할 힘은 없었다. 처지가 말이 아니었다. 이렇게 해서 엄청난 규모의 중국산 비단이 위구르·소그드인의 손으로 들어갔고, 이들은 서아시아나 유럽과 원거리 비단무역을 통해 막대한 경제적 이익을 거둘 수 있었던 것이다.

이처럼 6세기에서 9세기에 걸쳐 몽골에 등장한 돌궐·위구르와 같은 유목 제국은 미증유의 광대한 영역을 지배하면서 유라시아 대륙 여러 지역의 문명권을 연결하는 역할을 하였다. 그들의 이 같은 번영과 발전은 물론 유목민족의 기동성과 그에 기초한 기마군단의 탁월한 군사력이 있었기 때문에 가능했지만, 그들과 손잡고 일했던 국제상인이 없었다면 불가능했을는지도 모른다. 이들 중앙아시아 출신의 소그드인은 유목민에게 농경 지역에서 생산되는 풍부한 물자, 비

단교역을 통해서 획득한 거대한 재화, 마니교와 같은 종교는 물론 자신들의 문자까지 전달해주었다.[✱]

중국의 나침반 발명과 항해혁명

이렇듯 우리나라와 중국은 옛날부터 해양 강국이었다. 조선과 중국은 항해술에서 서양을 압도하고 있었다. 이를 대변하듯 역사상 중국인에 의해 발명된 최고의 발명품 가운데 하나가 나침반이다. 잘 알려진 바와 같이 나침반은 지자기에 의해 자침이 항상 자기북쪽을 향하는 성질을 이용한 것으로 항해, 여행 등 먼 거리를 이동할 때 자신의 위치와 방향을 정하는 데 없어서는 안 될 귀중한 도구다.

일부에서는 '신라침반'의 준말이 나침반이라고 주장한다.《삼국사기》에 신라가 당나라에 자석과 침반을 보낸 기록에서 연유하였다. 하여튼 자석이 지구의 북쪽을 향하는 성질은 유럽보다 동양이 먼저 발견하였다. 자석의 성질을 기술한 세계에서 가장 오래된 문헌인 후한 시대(25~220년) 왕충의 저서《논형論衡》에 의하면 '자석인침慈石引針' 외에 '사남의 국자'라는 기록이 있다. 천연 자석을 국자 모양으로 만든 것을 '사남의 국자'라고 불렀으며, 이것을 테이블 위에 두면 그 머리가 남쪽을 향한다고 서술되어 있다.

나침반은 이미 중국에서 3~6세기경에 발명되었다. 중국의 나침반은 세계 최초의 측정기기로 인정받고 있으며, 이는 후에 놀라울 정

✱ 김호동,〈김호동 교수의 중앙유라시아 역사 기행〉,《위클리조선》

도로 정교한 형태의 측정기기로 발전되었다. 이 시기의 중국 나침반은 영국 런던의 과학박물관에 전시되어 있다.

특히 해상무역의 발달은 11세기 중국 송나라 사람 심괄 이후이다. 심괄은 그의 저서《몽계필담夢溪筆談》에서 자침이 대략 남북을 지시하고 그 남북 방향이 진남북眞南北과 약간 다르다는 것을 최초로 기술하였다. 당시 중국에서는 자침을 가벼운 갈대 또는 나무 등에 붙여서 물에 띄워 주택의 방향을 보는 데 사용했는데, 심괄은 명주실에 자침을 달아매어 사용하는 방법도 기술하고 있다. 그리고 방향을 더욱 상세히 알기 위해 24방위로 나누었다. 중국에서 바다를 항해할 때 자침을 사용한 것은 심괄의 《몽계필담》이후이다.

아랍 선원이 자침을 항해에 사용하는 이 기술을 유럽에 전달하였다. 이것을 계기로 나침반이 전 세계에 보급되었다. 이제 나침반은 '노아' 이래로 새들을 수시로 날려 보내 새가 날아간 쪽으로 진로를 잡던 원시 항해술을 폐기시켰다.

특히 1260년 페레그리누스가 16방위의 나침반을 고안한 이후 나침반은 서양의 함선들이 전 지구를 항해하는 데 크게 이바지했다. 오늘날의 자기나침반은 1302년 이탈리아인 조야에 의해

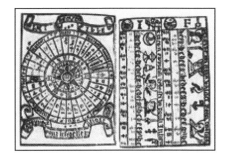

제작된 것으로 알려진다. 오늘날에는 대부분의 배가 GPS, 즉 위성항법장치를 장착하고는 있으나, 그것이 불가능할 때 여전히 나침반은 그 위력을 발휘하고 있다.

송나라의 중흥

960년에 개국한 송나라도 처음에는 군비를 강화하여 군사비가 재정의 80%를 차지하게 되었다. 종래의 양세兩稅 수입으로는 감당할 수 없어 차茶, 소금, 술, 명반(백반) 등 일용품의 전매수입으로 방대한 군사비를 염출하였다. 이러한 신경제정책이 안으로는 밀매자를 자극하여 비밀결사를 조직하게 하고, 밖으로는 외부 민족을 자극하여 송나라에 대항케 하는 결과가 되었다.

태조 시대에 강남·쓰촨에 할거하던 여러 나라는 거의 평정되었으나 산시山西의 북한北漢은 거란의 원조가 있어 평정이 쉽지 않았다. 때마침 거란의 북한에 대한 태도가 냉각된 것을 안 태종은 일거에 북한을 멸망시키고 그 여세를 몰아 후진後晉 때 거란에 넘겨준 연운 16주를 회복하려 했으나 실패하였다.

화친 비용이 군비보다 적게 들다: 평화 시기에 경제 도약

송나라는 1004년 거란(요)이 쳐내려오자 화친조약을 맺고 매년 비단 20만 필과 은 10만 량(약 11톤)을 주고 평화를 샀다. 요나라의 침공 즈음 서쪽의 티베트계 탕구트족은 독립을 선언하고 서하라는 나라를 세웠다. 서하는 송나라의 소금 전매제의 시행으로 자국산 청백염靑白鹽의 수출이 금지되자 송나라에 반기를 들고 대대적으로 침입하였다. 이것도 1044년 재물을 보내는 것으로 화의를 맺었다. 이렇게 하는 것이 군비에 쏟는 돈보다 훨씬 적게 들었다. 그런데 놀라운 것은 이러한 체제가 북송이 멸망할 때까지 100년 이상 지속되었다는 사실이다.

그 결과 획득한 평화를 토대로 경제적 발전이 촉진되었다. 견직물은 여전히 중국의 대표적인 대외 수출품으로서, 또한 중요한 내수용품으로서 생산량이 급증했다. 비단은 송국 귀속들의 수요를 중당하

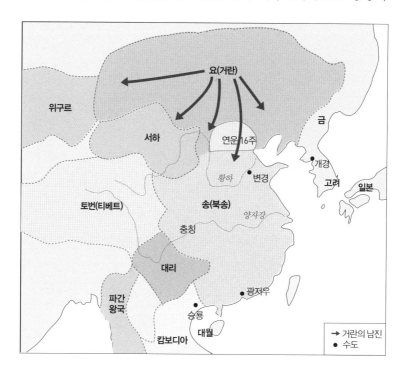

는 화베이華北 지방의 최고품으로부터 신흥 도시민과 중소 상인을 겨냥한 강남의 하급품 등으로 분업, 대량생산되기 시작했다. 12세기경에는 면화도 재배되었다.

특히 도자기업이 송대에 커다란 발전을 보여 가히 황금시대를 창출했다. 중국 도자사상 최고 수준의 청자와 백자를 생산했다. 대중적 수요에 상응한 일용품의 대량생산도 시작되었다. 또한 석탄은 이미 오래전부터 중국인들에게 알려졌었고, 당 말부터 연료로 사용되기 시작했다. 송의 수도 변경에는 어느 집이고 석탄을 사용하지 않는 집이 없었다고 한다.

이러한 산업 전반의 놀라운 발전을 동력으로 송대의 새로운 역사가 전개되었다. 송대에 왕혁이라는 사람은 수천 명을 거느린 제철소를 운영하였다. 철강이 발전했다는 것은 농기구는 물론 수레 등 탈것과 선박들이 발달했음을 뜻한다. 철강이 유럽에서 본격적으로 나타난 것은 18세기에 이르러서다. 이처럼 동양의 제조업은 서양보다 500년 이상 앞서 있었다. 이를 토대로 송나라는 여러 기술과 과학이 발달할 수 있었다.

이 시기 당나라 시대부터 크게 발전된 괭이 등의 농기구를 배경으로 남쪽 베트남에서 전해진 점성도라 불린 조도가 도입되었고, 또한 쌀과 보리의 이모작이 확대되었다. 이러한 새로운 농업으로 북송 시대의 인구는 약 1억 명에 달했다. 통상 1127년 금나라에 밀려 양자강 이남으로 옮기기 전을 북송, 이후 연남(지금의 항저우)에 도읍을 옮긴 후를 남송이라고 불러 구분하였다. 송나라는 예술, 사상 및 각종 실용기술의 발달이 두드러져 문화적으로 풍요롭던 시기였다. 제지, 인쇄기술의 향상과 시민경제의 발흥으로 이때까지 일부 관료, 귀족에게 독점되던 문학, 사상 등이 시민 사이에서도 활발하게 발전해나가게 되었다.

식량 증산에 따라 이것을 운반하기 위한 운하도 빠르게 발달하였다. 매우 세밀한 운하망이 구축되어 운하는 전국의 4분의 3 지역을 커버했다. 수도 카이펑開封은 운하와 연결되어 내부를 운하로 관통할 수 있었다. 또 이때까지 경시했던 해운 기술의 대폭적인 향상으로 정크선이 개발되어 일본, 조선, 동남아시아, 인도에까지 이르는 광대한 지역을 무대로 교역망이 발전하게 되었다. 물자의 증산과 교통망의 정비는 상업을 활성화시켰다. 상인 길드가 탄생하고, 상업 형식이 정비되었다. 약속어음이 운용되었으며 쓰촨, 산시蟾蜍 지역에서는 세계 최초의 지폐라 할 수 있는 교자交子가 발행되어 유통되있다. 또한 상비 해군을 설치한 최초의 중국 왕조이다. 문치주의 국가로 사대부 의식이 있었다.

여진족 금나라의 대두

만주에서 일어난 여진족은 그때까지 불패의 신화를 자랑하던 거란 기마군단을 1114년 닝장저우寧江州의 전투에서 초토화시켰다. 여진족의 우두머리 아쿠타 자신도 예상치 못한 결과였다. 이에 고무된 여진족은 1115년 스스로 금나라를 세웠다. 하지만 더욱 놀라운 것은 금나라가 송나라에 함께 요나라를 공격하자는 약속을 맺고 1121년 요나라를 멸망시킨 것이다.

그러나 송나라가 금나라에 대항하기 위해 요나라의 잔당과 손을

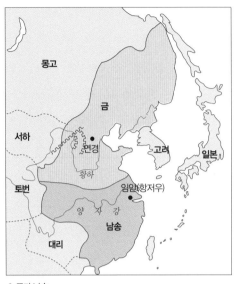
✼ 금과 남송

잡은 사실이 드러나 금나라의 분노를 사서 1127년 카이펑이 공격당해 함락되고 황제 흠종을 북쪽으로 사로잡아 갔다. 여진족은 불과 10여 년 만에 멸시의 대상이던 변경의 부족에서 중원을 호령하는 주인으로 변신한 것이다.

송 황실은 남쪽으로 도망쳐 흠종의 동생이었던 조구가 항저우에서 황제를 선언하고 고종으로 즉위하였다. 이후부터 송나라는 남송이라고 불리었다. 항저우를 새로운 도읍으로 삼았지만, 여전히 노도처럼 밀려드는 여진족을 막기에는 역부족이었다. 궁지에 몰린 남송은 1142년 굴욕적인 화의를 청할 수밖에 없었다.

그 내용은 다음과 같았다. ① 회수淮水를 국경으로 삼는다. ② 송은 금에게 신하의 예를 취한다. ③ 송은 금에게 매년 25만 필의 비단과 25만 량의 은을 '세공歲貢'으로 바친다. 이처럼 중원의 황제가 '이적'의 군장에게 신례臣禮를 취한다는 것은 상상조차 할 수 없는 일이었지만 현실이 되고 말았다. 9세기 말 당의 붕괴와 함께 무너지기 시작한 중화 질서는 이제는 그 흔적조차 찾아보기 어려워져 버렸다.

비록 돈으로 평화를 샀지만 평화는 경제를 부흥시켰다. 13세기 남송 시대에는 농업생산성, 산업기술, 상업이 모두 크게 발달하여 세계에서 가장 인구가 많고 기술적으로 발전한 나라가 되었다. 당대 이후 5대 10국 때 또다시 전란으로 인구가 급격히 감소했다가 송대에는 인구가 원만하게 상승하여 7600만에 이르렀다. 이에 따라 도시도 발전했다. 당시 양자강 하류의 항저우杭州는 세계 최대의 도시였을 뿐 아니라 가장 발전한 도시였다. 전국으로부터 상인들이 몰려들었을 뿐 아니라 외국으로부터도 많은 무역업자가 몰려들었다. 이는 중세 이슬람 여행가인 이븐 바투타의 기록을 통해서도 잘 알 수 있다.

동양에서 유래한 중세 인류의 4대 발명품

그 무렵 송나라는 경제와 과학 등 많은 부문에서 유럽보다 훨씬 앞서 있었다. 시장경제의 발달로 지폐의 사용은 물론 중세 인류의 4대 발명품이라 일컬어지는 '제지술', '인쇄술', '화약', '나침반'의 발명은 모두 동양에서 이루어져 서쪽으로 전파된 것이다. 이들 4대 발명품은 거의 수천 년 동안 인류의 삶에 막대한 영향을 끼쳐왔다. 그 밖에도 천문시계, 수력방직기와 선박의 방수벽 등 중국이 자랑하는 굵직굵직한 발명이 잇달았다. 당시 유럽이 실크로드를 통해 중국에서 수입해 온 물건 중에는 예술품과 비단뿐 아니라 나침반과 화약, 종이 같은 재화가 주류를 이루었다.

미국의 과학저술가 로버트 템플은《중국: 발견과 발명의 나라》의 서문에서 다음과 같이 적고 있다. "근대적 농업, 근대적 조선造船, 근대적 석유산업, 근대적 천문대, 근대적 음악, 십진법, 지폐, 우산, 얼레reel, 일륜차, 다단 로켓, 총, 수뢰, 독가스, 낙하산, 열기구, 사람을 태운

비행, 브랜디, 위스키, 장기chess, 인쇄술, 심지어 증기기관의 기본 구조에 이르기까지 모든 것이 중국에서 유래했다.

배의 키, 나침반과 이중의 돛대가 있는 선박과 항해의 기술이 중국에서 전래되지 않았다면 유럽인들의 대항해는 결코 이루어지지 못했을 것이다. 콜럼버스도 아메리카로 배를 출발시키지 못했을 것이고 유럽인들은 식민지 제국을 세우지 못했을 것이다. 또한 총포와 화약이 중국에서 전래되지 않았다면 기사들도 갑옷을 뚫고 들어오는 탄환에 맞아 말에서 떨어지지도 않았을 것이고 기사도 시대는 계속되었을 것이다. 중국에서 종이와 인쇄술이 전래되지 않았다면 유럽인은 오랫동안 책을 필사했을 것이다. 문자해독 능력도 상당히 낮았을 것이다. 요하네스 구텐베르크는 활자를 발명하지 않았다. 활자는 중국에서 발명되었다."

전력戰力에서도 동양이 서양을 압도하였다. 4세기에는 중국의 한족에 쫓긴 흉노의 일파인 훈족이 서진하여 게르만 민족의 대이동을 초래하였다. 유럽은 거의 100년 동안 훈족의 말발굽에 유린되었다. 훈족에 쫓긴 게르만족은 로마로 이동하여 서로마 제국을 멸망시켰다.

세계 4대 발명품의 하나인 우리나라의 금속활자

그러나 로버트 템플도 잘 몰랐던 부분이 있다. 활자와 인쇄술은 중국이 아닌 한국에서 발명되어 유래된 것이다. 한국은 세계에서 가장 오래된 목판인쇄본과 금속활자본을 발명한 나라다. 금속활자는 독일의 구텐베르크보다 120년이나 앞서 발명되었고, 이를 이용해 책을 인쇄했다. 금속활자가 처음 만들어져 사용된 것은 고려 시대 고종 21년(1234년)경이었다. 당시의 학자 이규보는《동국이상국집》후집에서《고금상정예문》50권을 주자鑄字로 인쇄했다고 기록하고 있다.《고금상정예문》

은 오늘날에 전해지지 않아 어떤 모양의 책인지는 알려지지 않고 있다. 현재 전해지지 않는 게 유감이다.

한편 현존하는 가장 오래된 금속활자본으로는 역시 고려 시대 우왕 3년(1377년)에 인쇄되어 현재 프랑스 국립도서관에 보관 중인《직지심경》이 꼽힌다. 이는 흔히 서양에서 최초로 금속활자를 발명한 것으로 알려진 구텐베르크보다 70년가량 앞서는 기록이다. 현재 유네스코에 의해 '세계문화유산'으로 지정되어 있다. 원명은 '직지심체요절'로 선의 요체를 깨닫는 데 필요한 역대 불교 조사들의 어록 가운데 중요한 대목을 초록한 책이다. 청주 흥덕사에서 금속활자인 주자로 찍어낸 것으로, 상하 2권 가운데 하권이 현재 프랑스 국립도서관에 소장되어 있다. 1329년 우리나라 금속활자의 발명은 인쇄술의 발달과 서적 대량 보급의 길을 열어 인류의 문화 발전에 크게 기여하였다.

그러나 활자 인쇄술이 사회적으로 더 넓은 영향을 미친 것은 정작 서양에서였다. 당시 우리나라에서는 한자를 사용할 수 있는 지식층의 숫자가 적어 책의 수요도 많지 않아 활자 인쇄술이 지닌 잠재력이 제대로 발휘될 수 없었다. 반면 서양의 알파벳은 활자 인쇄술의 보급에 적절한 가능성을 지니고 있었다. 1450년 평평하게 배열할 수 있는 금속활자를 주조하고 인쇄용 잉크를 발명하여 수백 권의 책을 인쇄한 구텐베르크가 이러한 가능성을 최초로 실현했다고 할 수 있다.[*]

앨 고어: 인쇄술, 한국인이 세계에 준 첫 번째 선물

앨 고어 전 미국 부통령은 "한국에서 일어나고 있는 디지털 혁명은 커뮤니케이션 부문에서 인쇄술에 이어 세계에 주는 두 번째 선물"이라고 칭송하면서 인쇄술의 한국 유래를 밝혔다. 그는 서울 신라호텔에서 열린 '서울디지털포럼 2005'에서 한국의 정보기술IT 발전에 대해 놀라움을 표시하면서 "서양에서는 구텐베르크가 인쇄술을 발명한 것으로 알고 있지만 이는 당시 교황 사절단이 한국을 방문한 이후 얻어 온 기술"이라고 설명하였다. 그는 "스위스의 인쇄박물관에서 알게 된 것"이라며 "구텐베르크가 인쇄술을 발명할 때 교황의 사절단과 이야기했는데 그 사절단은 한국을 방문하고 여러 가지 인쇄기술 기록을 가져온 구텐베르크의 친구였다"고 전했다. 인쇄혁명의 불씨는 한국이 퍼뜨린 것이다.

유럽에서 인쇄혁명은 1455년 이후 반세기 동안에 본격적으로 일어났다. 구텐베르크가 수년간 연구하여 인쇄기를 완성한 이후 인쇄술은 유럽을 휩쓸고 경제와 인간 심리를 변화시켰다. 이후 인쇄는 싸게 전통적인 정보지나 문화 전달의 책을 만들어냈다. 1515년에는 루터의 독일어 성서가 나왔는데, 수만 권의 복사본이 빠르게 믿을 수

❖ '금속활자 등장', *Science Times*

없을 만큼 싼 가격으로 인쇄되어 팔려나갔다. 이 성서들은 프로테스탄티즘을 이끌었다. 인쇄기술이 새로운 사회를 이끈 것이다. 프로테스탄티즘은 유럽의 절반을 점령했고 20년 동안 가톨릭교회를 압박하여 개혁을 강요하였다. 루터는 인쇄된 새로운 매개체를 의도적으로 사용하여 종교가 개인생활과 사회의 중심으로 복구되도록 하였다.

이러한 과학문물의 발달이 동양에서 먼저 출현했음에도 서양에 실용화가 뒤진 이유는 무엇일까? 한마디로 동양에서는 이러한 발명이 관청의 필요 유무에 따라 그들의 틀 속에서 규제당하고 있을 때, 서양에서는 개인의 사적 동기유인인 돈벌이에 자유롭게 연결되었기 때문이다. 역사를 살펴보면 개인의 창의력과 자유가 보장되는 곳에서 경제가 발전하였다. 예컨대 서양이 동양보다 산업혁명과 근대화가 먼저 일어난 것은 단순히 학문이나 과학의 발달로만 된 것이 아니다. 오히려 금속활자나 도자기, 총포나 화약과 같은 기술문명은 서양보다 동양에서 훨씬 빠르게 발명되었지만, 이러한 기술문명이 개인에게 돈을 벌어다 주는 산업으로 꽃을 피운 것은 서양에서 시작되었다. 곧 기술문명의 발달은 돈 버는 일에서 비롯했다고 해도 과언이 아니다. 서양인들, 특히 유대인들은 돈을 벌고 싶은 욕구야말로 지극히 정상적인 것이고, 오히려 돈 버는 일을 긍정하고 자랑스러워하며 돈 버는 일이야말로 가치 있는 일이라고 말한다. 반면 동양은 숭농억상의 전제군주국의 통치이념과 사농공상의 유교사상이 돈 버는 일을 천시하였다.[*]

---

[*] 최용식 지음, 《돈 버는 경제학》, 알에이치코리아, 2008

Ⅲ

중세 유대인의
동방무역과 금융업

JEWISH ECONOMIC HISTORY

일반적으로 경제사에서 중세는 서로마 제국의 몰락 때부터 콜럼버스의 대항해 직전까지를 의미한다. 476년 서로마 제국의 몰락으로 고대가 끝나고 암흑의 중세가 시작되었다. 암흑의 중세라 부르는 이유는 시장 기능이 실종되어 도시는 황폐해지고 사람들은 시골로 옮겨 가 영주 중심의 장원경제를 이루며 화폐경제가 마비되어 물물교환 경제로 돌아갔기 때문이다.

게다가 7세기 이후 이슬람권에 의해 지중해가 장악되어 폐쇄되었다. 그리고 바이킹족에 의해 북해가 지배되면서 이들이 끊임없이 남하하며 괴롭혀 유럽 대륙의 프랑크 왕조는 아래로도, 위로도 나아갈 길을 잃어 폐쇄된 사회에서 살아갈 수밖에 없었다. 이들은 자구책의 하나로 장원경제 체제에 매달렸다.

중세 유럽이 살아나다

암흑의 중세, 장원경제를 이루다

중세 장원제도의 성립에는 교회도 한몫 거들었다. 농사 이외의 상업은 가톨릭 교리에서 7죄종의 하나인 '탐욕'의 직업으로 인식되었다. 그들은 상업이야말로 교회와 사회에 불안을 초래할 수 있는 원인으로 보고 기독교도들에게 이익에 집착하지 말도록 끊임없이 설교했다. "나는 분명히 말한다. 부자는 하늘나라에 들어가기가 어렵다. 거듭 말하지만 부자가 하느님 나라에 들어가는 것보다는 낙타가 바늘귀로 빠져나가는 것이 더 쉬울 것이다(마테오의 복음서 19:23-24)." 그래서 기독교도들은 상인을 멸시했으며 상인들은 그들이 구원받지 못할까 봐 전전긍긍했다. 교회는 경제성이나 수익성을 부정하고 도덕규범으로만 경제활동을 규정하려 했다.

초기 중세 사회는 각기 독자적 관할권을 갖는 장원으로 재조직되었다. 그리고 과거의 도시는 장원 체계 속에 포함되어 제후로 행세

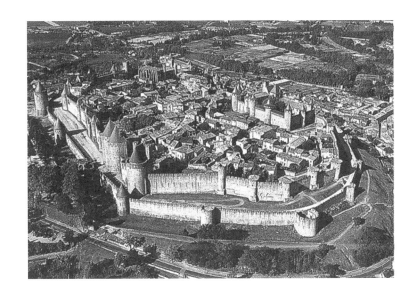

하는 교구장의 지배를 받았다. 따라서 도시와 시골을 구분 짓는 특성이 사라졌다. 도시적 삶의 퇴화는 지역 간의 경제적 고립을 가져왔고, 종교적으로는 지나친 신성숭배를 동반했다.

농업혁명 '삼포제'와 철제 쟁기가 중세 유럽을 구하다

중세 초에 제국에 의한 더 이상의 정복전쟁이 없어지자 유럽의 인구가 늘어나기 시작했다. 좁은 땅덩어리에 인구만 많다 보니 늘 먹을 것이 부족했다. 지주 계층이 노동자의 노동력을 착취하던 암울한 시대였다. 그래서 국민들은 극심한 굶주림에 시달렸다. 중세 유럽은 그야말로 처참했다. 그러자 곡식을 여물게 하는 햇빛이 잘 드는 땅덩어리를 차지하고자 유럽은 다시 전쟁 속에 지냈다. 전쟁과 기아가 중세

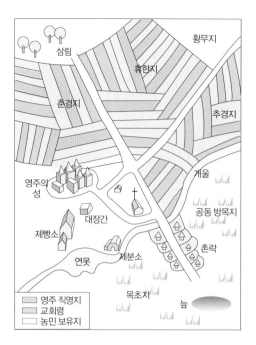

유럽의 대명사였다.

이러한 인구 증가에 발맞추어 식량 생산을 늘릴 필요성이 절실해지자 새로운 농업기술이 모색되었다. 그 결과 농업혁명으로 평가되는 새로운 윤작 방식인 '삼포제'가 개발되었다. 그전까지 중세 농업은 윤작, 곧 돌려짓기가 일반적이었다. 농사를 한 번 짓고 난 뒤 고갈된 지력을 회복시키기 위해서는 한 해 쉬어야 했다. 그래서 로마 시대 이래 가장 일반적인 농업 방식은 이포제였다.

이에 비해 삼포제는 농지를 삼등분하여 두 부분은 각각 봄, 가을에 파종하여 작물을 재배하고 나머지 한 부분은 1년간 경작을 하지 않고 내버려두는 방식이다. 종전의 이포제에 비해 농지가 3분의 1이 더 생긴 셈이었다. 게다가 삼포제가 시행되면서 이포제에서는 생산이 안 되었던 보리, 귀리, 콩과 같은 봄 작물들이 재배되어 곡식이 다양해지고 풍부해졌다. 당시로는 혁명적인 발전이었다. 이로써 중세 유럽 농민들을 기아에서 건져내고, 더 나아가 인구가 늘어났다.

그리고 운 좋게도 철제 쟁기와 농기구도 같이 개발되었다. 특히 무거운 철로 만든 쟁기는 그간 땅 표면을 긁는 수준인 가벼운 쟁기로는 일굴 수 없었던 지중해권의 척박한 토양을 깊게 쟁기질함으로써 생산을 크게 증가시켰다. 중세 유럽의 농업은 농업기술 면에서도 수차와 풍차를 실용화하는 등 괄목할 만한 발전을 보였다. 특히 가축의 힘을 이용하는 방법이 획기적으로 개발되었다. 우선 편자가 대대적으로 보급되어 걸핏하면 미끄러져 발굽이 상했던 가축들의 부상이 현저히 줄어들었다.

게다가 12세기부터 말의 멍에걸이가 개선되어 어깨에 멍에를 메는 기술이 일반화된 후 농업에 많이 사용되었다. 이전에는 말의 가슴에 멍에를 메는 원시적인 방식이라 말의 호흡을 힘들게 했지만 신기술 덕분에 이전보다 힘을 4~5배나 더 낼 수 있었다. 이는 임야나 황무지를 농경지로 바꾸는 데도 요긴하게 이용되었다. 또 쟁기를 끄는 동물로 소 대신에 속도와 지구력이 뛰어난 말을 이용하기 시작했다. 이로써 식량 생산이 획기적으로 늘어 점증하는 인구를 부양할 수 있었다.

이렇게 농업이 발전하자 중세 유럽의 경제가 오랜 침체 끝에 10세기부터 되살아나기 시작하였다. 인구가 증가하고 광범위한 개간사업이 이루어지며 농업생산이 꾸준히 증가하여 잉여 산출이 가능해졌다. 이것이 중세 경제사의 터닝 포인트였다. 잉여 농산물의 과잉으로 자연스레 물물교환 시장이 다시 생겨났다. 이에 따라 수 세기 전부터 사라졌던 지방 시장들이 재등장하기 시작하고 수공업이 점차 활기를 띠기 시작하였다. 국지적이나마 물물거래가 나타났던 것이다. 시장은 주로 영주의 성이나 큰 교회 주변에 생겨났는데, 점차 인구가 늘어나고 규모가 커지자 이러한 시장을 중심으로 도시가 형성되었다.

그 뒤 농노들이 도시로 대거 진출하여 중세 도시가 형성된다. 도시 사회가 활력을 찾고 새로운 성장을 이루게 된 것은 헝가리의 마자르, 노르만, 사라센 등의 외침이 차차 사라지게 되면서부터였다. 더 중요한 변화로 원거리를 잇는 상업인 국제무역이 재개됨으로써 서유럽의 상업이 본격적으로 부활하게 된다.

농노, 반은 노예요 반은 농민

중세 유럽은 봉건제도가 주축을 이루었다. 경제사적 개념의 봉건제도란 노예제도의 붕괴 후에 성립되어 영주와 농노 사이의 지배·예속 관계가 기조를 이룬 생산체제를 말한다. 이 생산체제에서 농노는 토지 사용의 대가로 영주에게 지대를 냈다. 영주를 중심으로 한 영토 중심제인 것이다. 구성원들은 영주 이외에 크게 성직자, 기사 등의 지배 계급과 피지배 계급인 농노로 구성되었다. 영주와 기사는 영토를 방어하고 농노는 생산과 세금 납부 등 뚜렷한 역할 분담으로 각자의 의무와 권리가 정해져 있었다.

그 무렵의 농민은 땅에 대한 소유권이 없었기 때문에 역사학에서 농노로 불리기도 하나 자유가 완전히 박탈된 노예는 아니었다. 하지만 그렇다고 자유로운 신분도 아니었다. 중세 시대의 유럽 농민들 가운데는 자영농이나 노예, 품팔이꾼도 있으나 일반적인 형태는 영주가 다스리는 장원에서 사는 농노들이었다.

농노는 땅의 소유권은 없지만 다른 농노들과 공평하게 분배 받은 땅에서 농사짓고 그것을 자손에게 물려줄 수도 있었다. 따라서 최소

한의 생활은 보장받은 셈이었다. 대신 영주에게 묶여 살았다. 영주가 직접 관할하는 직영지에 가서 일주일에 사나흘, 심지어는 엿새를 꼬박 일해야 하는 경우도 있었다. 또 영주의 허락 없이는 장원을 떠나 다른 곳으로 이사 갈 수도 없었다. 영주에게는 농사지을 노동력이 중요했기 때문이다. 농노의 딸이 다른 장원으로 시집가는 경우, 영주에게 허락받아야 하는 것도 그 이유 때문이었다. 영주는 이들에 대해 이렇게 몸을 구속했을 뿐 아니라 재판권이나 경찰권도 행사할 수 있었다. 또 여러 가지 세금도 내야 했고 성을 쌓는 등 필요할 때에는 노동력도 제공해야 했다. 따라서 농노들은 영주에게 예속되어 자유롭지 못했다.※

※ 강철구, 〈강철구의 '세계사 다시 읽기'〉, 《프레시안》

과중한 세금과 노역

농노에게 부과된 세금과 노역은 매우 무거운 편이었다. 다음은 노르망디 지방에서 나온 기록의 한 대목이다. "5월에는 영주의 휴경지에 있는 풀밭을 깎아 건초를 만들어 창고에 차곡차곡 쌓아둔다. 이것들이 영주가 소유한 목축들의 겨울 식량이다. 그다음에는 도랑을 치운다. 8월에는 곡물을 거둬들이는 부역을 해야 하고 9월에는 돼지세를 바쳐야 한다. 제일 좋은 놈 2마리는 영주에게 바쳐야 하며 나머지는 세금을 내야 한다. 10월에는 고정적인 지대를 내야 한다. 겨울이 다가오면 겨울 농사에 대비한 대대적인 부역이 행해진다. 그 밖에 방앗간 사용료, 농기구 사용료, 통행세, 사망세, 영주의 여행비 부담, 교회의 십일조, 결혼하면 결혼세를 바쳐야 한다." 당시 농민이 1년 동안 내야 했던 세금과 부역이 어느 정도였는지 짐작하게 한다.

농노의 과중한 세금과 관련된 유명한 그림이 있다. 존 콜리어Hon John Collier의 〈고다이버 부인lady godiva〉이다. 11세기 잉글랜드의 레오프릭 영주가 농노들에게 부과한 지나친 징세를 보다 못한 사람은 영주의 부인 고다이버였다. 그녀는 남편의 과중한 세금정책을 비판하고 세금을 낮춰달라고 요구했다. 하지만 영주는 "너의 농노 사랑이 진심이라면 그 사랑을 몸으로 실천해라. 만약 당신이 완전한 알몸으로 말을 타고 영지를 한 바퀴 돌면 세금 감면을 고려하겠다"라고 빈정댔다. 영주의 아내가 알몸으로 말을 타고 영지를 도는 것은 거의 실현 가능성이 없는 일이었다.

하지만 그녀는 고민 끝에 남편 제의를 받아들이기로 하고 어느 날 이른 아침에 전라의 몸으로 말 등에 올라 영지를 돌게 된다. 영주 부

⁛ 존 클리어, 〈고다이비 부인〉, 1898년

인이 자신들을 위해 알몸으로 영지를 돈다는 소문을 접한 농노들은 감동하여 누구도 알몸을 보지 않기로 하고 집집마다 창문을 잠그고 커튼을 내려 부인의 거룩한 사랑과 희생에 경의를 표했다. 이때 고다이버의 나이 겨우 16세였다. 그 뒤 유럽에서는 관습과 상식을 깨는 정치 행동을 고다이버이즘godivaism이라 한다.

중세 농민의 삶은 자유롭지 못했다. 생사여탈권이 영주에게 맡겨져 개인은 그에 메인 상태였다. 그래서 중세 농민들을 가리켜 농노라고 한다. 반은 노예요 반은 농민이란 뜻이다. 그나마 영주에게서 쫓겨나면 생존 자체가 위협받던 시기였다. 교회 역시 또 하나의 영주로서 농민들 위에 군림했다.⁕

⁕ 박은봉 지음, 《세계사 100장면》, 실천문학사, 1998

초야권

초야권初夜權이라는 것도 있어서 신부가 결혼 첫날밤을 신랑이 아닌 영주와 보내야 했다. 1538년 스위스 취리히 주 의회가 작성한 포고문을 보면 다음과 같은 규정이 있다. "농지를 소유한 영주는 영지 내의 소작인 농민이 결혼하게 될 때 그 신부와 첫날밤을 지낼 권리가 있으며, 신랑은 영주에게 신부를 제공할 의무가 있다. 만약 이 명령을 어겼을 때는 신랑은 영주에게 4마르크 30페니의 과징금을 납부해야 한다."

이 문서가 의미하는 바는 영주에게 소작인들은 농사일을 거드는 농노인 동시에 사유재산으로 간주되었다는 것이다. 독일이나 프랑스

❖ 바실리 드미트리예비치 폴레노프, 〈초야권〉, 1874년. 영주에게 딸 3명을 데려와 바치는 중세의 노인을 묘사한 그림이다.

등 이웃 나라의 사정도 별반 다를 바 없었다. 독일의 바이에른 지방에서 초야권을 면제받기 위해 신부는 큰 가마솥이나 '둔부 중량만큼의 치즈'를 공물로 바치고, 신랑은 영주를 위해 모직 재킷이나 담요를 상납해야 했다. 당시 농노들에게는 큰 금액이었다. 반대로 이 명령을 이행하지 않았을 때는 당국으로부터 결혼 승인이 나지 않았으며 구금이나 태형 같은 벌칙이 부과되었다. 지배자가 억지로 만든 결혼세 같은 것이었다. 대부분의 신부는 첫날밤을 영주에게 바침으로써 가족의 부역을 경감시키고 포상도 받아냈다. 독일 같은 주변 국가들의 통치 방식도 이와 별로 다르지 않게 변해갔다. 문헌에 따르면 영주에게 소작인의 딸들은 사실상 '불특정 다수의 첩'이었다.

대부업을 독점한 유대인

공동체 구성원이 아니라 농사를 못 지은 유대인

유대인과 같은 이방인들은 이들과 같은 영토에서 살 수는 있을지 언정 공동체 구성원의 자격은 부여받지 못했다. 아웃사이더였던 것이다. 곧 그들은 공동체 구성원이 아니어서 농사조차 지을 수 없었다. 농사를 못 지으니 유대인은 당시 천시받았던 장사나 물건 만드는 공인밖에는 할 일이 없었다. 중세 초기에는 농민만이 유일한 생산 계급으로 인식되었다. 상업이나 수공업은 유통과 손재주로 농민을 거들며 생산 계급에 빌붙어 사는 계층 정도로 여겨졌다.

그 무렵 상업이나 수공업은 농노보다도 못한 천한 계급의 사람들 혹은 공동체 밖의 떠돌이들이 하는 것으로 천시되었다. 유대인에게 는 다행하게도 그것들이 나름대로 틈새산업이었다. 유대인은 이렇게 농사에서 배척되어 상업이나 수공업에 종사하거나 다른 일거리를 찾아야 했다.

농노들이 봉건제에 묶여 어디로도 갈 수 없던 시기에 유대인은 그나마 자유롭게 돌아다닐 수는 있었다. 자신을 박해하고 추방하는 곳으로부터 떠나 새롭게 그들을 받아들여 주는 곳으로 이동하였다. 먹고살 길을 찾아 공동체 구성원이 하지 않는 장사를 하거나 도구를 만들어 팔거나, 그도 안 되면 일단 일거리를 찾아 도시로 몰려갔다. 도시에 나가서는 장사를 하거나 수공업을 거들며 생계를 유지하였다. 이렇게 유대인들은 봉건제에 부재한 상인 계급을 맡음으로써 자유롭게 살아나갔다.

이들은 돈을 모아야 할 나름대로 절박한 사정이 있었다. 당시 돈은 유대인에게 생명줄이나 마찬가지였다. 공동체의 구성원이 아닌 유내인이기 때문에 거절된 사회적 권리를 돈으로 사야 했기 때문이다. 농노는 영주나 교구장이 보호해주었으나 유대인은 그들 스스로 돈의 힘으로 보호받아야 했다. 이후 돈이 모이면 이를 아껴 모았다가 돈놀이를 하여 돈을 늘렸다. 한편 중세의 봉건 체제 밖에서 제4계급에 속했던 유대인은 영주나 교구장의 보호를 받는 대가로 보호비 명목의 특별세를 내야 했다. 이는 당시 농노들이 수확물의 일정 부분을 지대로 영주에게 바치는 것과 같은 개념이었다.

유대인의 남다른 재질, 지식과 정보로부터 유래되다

유대인에게는 물건 만드는 탁월한 기술과 장사꾼으로서 남다른 재질이 있었다. 재질은 타고난 것이라기보다 그들의 지식과 교양에서 유래된 것이다. 사제가 없어진 유대교에서 유대인은 고대로부터 스스로 성서를 읽는 것이 종교적 의무였다. 그래서 어려서부터 글을 배워 읽고 쓸 줄 알았다. 당시 대부분이 문맹이었던 시절에 글을 읽고 쓰는 것 자체가 대단한 경쟁력이었다.

유대인은 어디서나 유대교의 가르침에 따라 항상 공부하며 살았기 때문에 교육 수준이 높았다. 읽기, 쓰기와 계산은 물론 사물을 추상적으로 생각하는 능력이 뛰어났다. 게다가 신용과 계약을 목숨처럼 여겨 상도의 정신이 투철했다. 이 같은 개개인의 재능 이외에 세계 각처에 흩어져 있는 유대인 커뮤니티를 통해 긴밀히 정보를 교환하고 장사거리를 발굴해 서로 도우며 살았다. 이를 통해 국제적인 통상망을 갖추고 규모 있는 장사를 하여 자연히 그들은 번성하였다.

유대인, 상인 길드와 수공업자 길드로부터 배척당하다

그러자 유대인들의 번창으로 위협을 느낀 기독교 상인들과 수공업자들 조합인 길드로부터 유대인들이 배척당했다. 중세에 길드가 모든 상권과 수공업을 장악하고 있는 상황에서 유대인들의 상업 및 수공업 진출도 점점 힘들어졌다. 이렇게 상업과 수공업에서 기독교도 위주의 길드가 조직되고부터는 유대인들에게 기독교도들이 꺼리고 사회적으로 냉대받는 일거리만이 유일한 생계수단이었다.

유대인, 기독교도들이 경멸하는 천한 직업으로 먹고살다

유대인들은 기독교들이 경멸하는 노예상, 가축상, 전당포, 고물상과 대부업으로 먹고살아야 했다. 그 무렵 고전적 노예교역에서는 슬라브 지역에서 기독교도가 이교도 노예를 잡아서 유대인에게 팔면, 노예를 산 유대인이 기독교권에서 다시 팔든가

❖ 경멸의 상징인 노란색 옷을 입고 있는 유대 노예상인

국경을 넘어 이슬람 지역에서 판매하는 빙식이었다. 이슬람 지역은 기독교도들은 출입이 안 되고 유대인만 들어갈 수 있었다.

또한 당시 소가 없는 농노는 가축상에게 소를 빌려 농사를 짓고 우유를 얻었다. 나중에 소를 팔게 되면 이익을 농노와 가축상이 반반씩 나누었다. 그나마 노예나 가축과 같은 대규모 교역이 동반되는 사업은 기독교도 점원을 고용해야 했다. 그래야만 기독교도들의 적대감을 조금이라도 누그러뜨릴 수 있었다.

상업의 부활이 있기 전에도 교역은 중단되지 않고 유지돼왔다. 즉, 11세기 이전에도 지중해 지역을 지배하고 있던 이슬람 세계로부터 향료·견직물 등이 수입되었고, 모피·노예 등의 상품이 서유럽으로부터 이슬람 세계로 수출되었다. 특히 동유럽의 슬라브인을 이베리아 반도나 이집트의 이슬람 왕국들에 수출한 노예무역은 중세를 통해 계속된 중요한 무역이었다. 그 중심에 유대인이 있었다.

중세 교회와 수도원의 돈놀이

** 베네치아에 있는 교회 수도원

중세 지중해 연안에서 교역의 길이 열렸으나, 당시는 잡다한 종류의 화폐가 유통되어 상업활동이 원활하지는 못했다. 그래서 중세의 무역상들은 주로 금화나 금덩이로 물건값을 결재했다. 상인들이 금덩어리를 지니고 물건을 구입하는 곳까지 가는 것은 무척 위험한 일이었다. 그래서 생각해낸 것이 교회 수도원에 금을 맡기는 것이었다. 당시 중요한 도시마다 교회와 수도원이 있어서 서로 간에 네트워크가 형성되어 있는 것이 중요한 역할을 하게 된다.

상인들이 수도원에 금을 맡기면 수도원은 신神께서 보증하는 신용 증서를 발행했다. 중세에 가장 부유했던 교회가 발행하는 보증서라 누구든 그 증서에 따른 지불을 믿을 수 있었다. 중세의 수도원은 무역상을 상대로 당시의 화폐인 금화나 금덩이를 맡아주고 금 보관증서를 발행했다. 상인들은 이 증서를 가지고 다른 곳의 수도원에서 금을 찾아 상업활동을 했다. 이렇게 항상 돈이 넘치던 수도원과 교회가 은행의 역할을 하면서 돈을 빌려주고 이자를 받았다.

1179년 기독교의 대부업 금지

고대로부터 이자는 금기시돼왔다. 고대의 철학자 아리스토텔레스는 '이자 불임설'을 주장했다. 돈은 그 자체로 이윤을 낳을 수 없다는 뜻이다. 아리스토텔레스는 이자 받는 행위를 맹렬히 비난했다. "고리대금업은 가장 미움을 받는다. 그것이 미움을 받는 데에는 마땅한 이유가 있다. … 왜냐하면 화폐란 교환하기 위한 것으로서 사용되는 것이지 이자로 늘리기 위해서가 아니기 때문이다." 이렇게 이자는 고대로부터 비난받았다.

기독교 또한 이자를 금하고 있다. 이자는 돈을 빌려준 시간에 대해 받는 반대급부인데 시간은 신께 속한 영역이기 때문에 이를 이용하여 인간이 이자를 받으면 안 된다는 것이다. 따라서 기독교는 돈을 빌려주는 것을 '금융'이라 부르지 않고 '고리대금'으로 불렀다. 중세는 아무리 값싼 이자라도 어쨌든 이자를 받고 돈을 꿔주면 고리대금이라고 칭했다. 이렇게 중세 교회는 이자를 목적으로 돈을 빌려주는 행위를 죄악시했다.

그럼에도 당시 부의 중심이었던 교회와 수도원 그리고 기사단 일부가 신의 뜻을 거스르며 대부업을 하였다. 그 때문에 1179년에 열린 제3차 라테란 공의회에서 기독교인의 이자 수취가 금지되었다. 아예 교황청이 기독교인들의 대부업을 공식적으로 금지시킨 것이었다. 높은 이자를 받을 경우 종교 파문은 물론 법적으로 이자를 되돌려주도록 하는 규정이 생겼다. 이자를 요구한 성직자들은 직책을 박탈당했다. 회개하지 않고 죽은 대금업자에겐 기독교식 매장을 허용하지 않았다. 하지만 이 시대에도 이자 수수授受는 있었다. 송금이나 환전

형태로 돈을 빌려주고 수수료를 받는 방식이 활용되었다. 편법이 생긴 것이다. 이렇게 기독교인이 공식적으로는 대금업을 할 수 없게 되자 이 일은 자연스럽게 유대인의 몫이 되었다.

유대교의 이자 허용

반면 유대교에서는 "외국인에게는 변리를 놓더라도 같은 동족에게는 변리를 놓지 못한다(신명기 23-21)"라는 구약성서의 구절을 근거로 이방인(외국인)에게 돈을 빌려주고 이자를 받을 수 있다는 해석이다. 그러나 탈무드도 이자를 많이 받는 고리대금은 엄격히 금했을 뿐 아니라 고리대금업자를 살인자와 동일시했다. 이로써 기독교도들은 대부업 자체가 죄가 되기 때문에 이를 기피했고 자연히 대부업은 유대인의 몫이 되었다. 이 때문에 중세 기독교 국가의 왕실과 귀족들은 국고와 재무 관리를 주로 유대인에게 맡겼다. 자신의 손에는 더러움을 묻히지 않으면서 실리는 챙기자는 것이었다. 유대인의 대부업은 이자를 원천적으로 부정한 당시 시대상을 반영하고 있었다.

다른 종교는 청빈을 덕목으로 삼고 있다. 하지만 유대교는 부富도 엄연한 하느님의 축복이라고 가르친다. 유대교 경전 탈무드가 가르치는 돈의 중요성에 관한 유대인의 속담들이 있다. "사람을 해치는 것이 3가지 있다. 근심, 말다툼, 그리고 빈 지갑이다.""몸의 모든 부분은 마음에 의존하고 마음은 돈 지갑에 의존한다. 돈은 사람을 축복해주는 것이다. 부는 요새이고 가난은 폐허이다."

유대인의 대부업 독점

12세기 후반 무렵부터 금전거래와 관련된 오명은 수 세기 동안 유대인이라는 이름 앞에 마치 꼬리표처럼 붙어 다녔다. 세속영주와 기사들은 군자금과 관직 취득 등을 위해 현금이 필요했다. 특히 경제규모가 점차 커져감에 따라 신용대부가 필요했다. 그러나 수도원의 부의 축적을 비판한 클뤼니 교단의 개혁운동 이후 수도원의 금전 거래는 금지되었다.

게다가 기독교인 상인층이 형성되면서부터 유대인들은 상업활동에서도 제한을 받기 시작했다. 그렇다고 농사를 짓자니 농노나 노예를 소유할 수 없어서 그것마저 불가능했다. 중세 유럽의 길드 제도는 유대인들에게 기술자가 되는 길도 막아버렸다. 이런 상황에서 유대인들에게 남은 직업은 고리대금업이었다. 마침 기독교에서는 이자를 받고 돈 빌려주는 일을 죄악시했기 때문에 누구도 감히 이 일을 공공연히 할 수 없는 상황이었다. 따라서 그나마 인간 사회에서 필요한 이 일은 유대인들의 차지가 되었다.

유대인에게 생계수단이라곤 오로지 금전거래와 담보 대부업만이 남았다. 더욱이 가톨릭교회는 돈을 빌려주는 행위가 이익을 추구해서는 안 된다고 못 박았다. 하지만 현실적으로 신용대부는 점점 더 경제적으로 필수적인 것이 되었다. 교회는 공식 입장을 통해 죄악으로 규정했지만 일상에서는 원활한 자본의 흐름을 위해 절실했다. 말 그대로 '필요악'을 유대인이 떠맡은 셈이었다.

국왕이나 영주, 유대인을 개인 재산으로 취급하다

돈에 대한 필요는 어느 사회나 많은 법이다. 유대인의 대부업은 날로 번창해갔다. 그러나 돈을 다루는 대부업은 위험한 직업이었다. 봉건제도 아래서는 유대인 대부업자가 실종되거나 살해되면 대출금에 대한 소유권이 국왕이나 영주에게 돌아가도록 되어 있었다. 당시에는 모든 소유권이 국왕이나 영주에게 있던 시절이었다. 따라서 그들은 유대인을 개인 재산으로 취급하는 경향을 보였다.

국왕이나 영주들은 유대인들로부터 이중의 이익을 취하였다. 일반적인 세금을 징수했을 뿐만 아니라 대출할 때마다 대출세를 바치도록 했다. 필요할 때 큰돈을 대출해 쓸 수 있고 세금을 많이 내는 유대인들은 통치자에겐 귀중한 자산이었다. 그들의 법적 신분은 다른 권세가가 손댈 수 없도록 왕실 직속으로 관리되었다. 이러한 왕실 보호와 관리는 유대인에게 유리한 것만은 아니었다. 일부 국왕은 아예 유대인들을 추방하여 채무 관계에서 벗어나고 그들의 재산까지 몰수하는 왕들도 있었기 때문이다.

역사의 아이러니

유대인은 영원한 유목민이다. 그들의 역사 자체가 아브라함의 떠남에서 출발하였다. 그 뒤 방랑과 이산離散의 역사는 오늘날까지 이어지고 있다. 떠돌이 민족 유대인은 설사 정주민족 내에 들어와 살더라도 영원한 이방인이자 아웃라이어다. 아웃라이어란 흔히 표본집단에서 동떨어진 존재를 이야기한다. 소외된 자, 그늘에 가려진 자, 사회에서 매장된 자, 그들이 유대인이다.

그런데 역사는 이러한 아웃라이어들에게 뜻하지 않은 기회를 준다. 그것도 황금 기회를. 농경 사회에서 축출되어 상업에 눈뜨게 되고, 뿔뿔이 흩어지게 되어 글로벌한 민족이 된다. 역사의 아이러니다. 아니, 이것이 역사의 이치다. 뒤집어보면 유대인들은 가장 생산성이 낮은 농업에서 부가가치가 높은 상공업으로, 그리고 그다음에는 비록 타의에 의한 것이긴 하지만 자본주의의 꽃인 금융산업으로 이전해간 것이다.

중세 도시의 형성과 상인 세력의 등장

그럼 자본주의의 꽃인 상업과 금융산업이 중세에 어떻게 시작되었는지 살펴보자. 중세의 어두운 터널을 지나 11세기부터 13세기에 이르기까지 사회가 안정되면서 활발한 상업활동이 꽃피었다. 이러한 상업의 발달과 화폐경제의 부활은 봉건주의를 붕괴시키는 결과를 가져왔다. 특히 화폐의 유통은 그동안 부역으로 대신해왔던 지대를 화폐로 지불할 수 있다는 점에서 장원제도를 몰락시키는 작용을 하게 된다. 게다가 12세기 이래 새로 개척한 땅에 건설된 새로운

** 농민반란

장원의 농민은 부역도 하지 않고 신분적으로도 상당히 자유로웠다.

기존 장원의 과도한 세금과 지대는 결국 농민반란을 불러왔다. 그 뒤 산발적으로 일어나던 농민반란은 14세기에 이르러 규모도 커졌을 뿐 아니라 사회체제에 대한 도전적 성격이 강했다. 반란의 직접적인 원인은 농민들에 대한 봉건적 부담의 가중加重이었으나 반란은 이러한 부담의 제거를 넘어서서 사회질서 전체에 대한 반항의 양상을 띠어 귀족들의 진압도 집단학살을 포함한 무자비한 것이었다. 영주와 농민 모두 피해가 컸다. 유럽 사회가 봉건사회를 벗어나 근대사회로 발전하기 위해 치러야 했던 고통이었다.

성채나 교회 부근에 중세 도시가 형성되다

중세를 거치는 동안 특히 농업기술 분야에서 놀라운 발전이 있어왔다. 앞서 본 바와 같이 귀리, 보리, 콩 등 새로운 곡물이 도입되었으며, 농작물의 윤작에 새로운 경작 방식인 삼포제가 도입되었다. 게다가 11세기 북부 이탈리아를 중심으로 하는 지중해 무역의 번성과 플랑드르 지역을 중심으로 새로운 모직물산업이 경제를 활성화시켰다. 그리고 그 온기가 점차 내륙으로 전파되어 전 유럽에 경제적 활기가 감돌기 시작했다. 경제가 좋아지고 곡물 생산이 늘어나자 인구가 늘어나기 시작했다. 1000년경까지 자연증가율이 정체되어 4200만 명 선에 머물러 있었던 유럽 인구가 1150년경에는 5000만 명이 되었고, 1200년경에는 6200만 명으로 늘어났다.

중세 도시는 바로 이 상업 부흥의 흐름을 타고 상공업 중심지로서 거듭났다. 대체로 중세 초기의 도시들인 항구도시, 교회도시, 성곽도시는 생성 당시부터 자연적으로 교통의 요지에 자리한 경우가 많았다. 그 때문에 그곳에 각지의 상인들이 모여들기 시작했다. 1200년경 유럽 내 50여 개의 도시가 1250년경에는 100여 개로 늘어났으며, 1300년경에는 220개로 불어났다.

대체로 상인들은 유사시에 신속히 대피할 수 있는 성채나 교회 그리고 수도원 부근에 자리를 잡았다. 처음에는 겨울을 나기 위한 일시적인 주거지였으나 점차로 상인들의 생활 터전으로 바뀌어갔다. 이러한 상인들의 거주지는 대개 성곽 외부에 건설되었으나 점점 상업인구가 증가하고 경제력이 커지자 상인들은 스스로를 지키기 위해 그들 거주지 주변에 새로운 성벽을 쌓기 시작하였다. 이후 더욱 번성하여 활동 공간이 부족하게 되면 동일한 과정이 반복되어 여러 겹의 성벽이 축조되었다. 이같이 형성된 것이 중세 도시다.

성안의 사람을 뜻하는 '부르주아'

중세 도시에 상인들과 더불어 도시 주민의 핵심을 이룬 것은 수공업자들이었다. 그들 대부분은 영주나 성직자를 위해 일하던 사람이었거나 농촌 출신의 막노동꾼이었다. 일부 상인들은 영주에 얽매이지 않는 자유인이었지만 그들은 여전히 농노 신분이었다. 그들은 상업이 활발해지자 상품의 선적과 수송, 선박의 수리와 단장, 그리고 수레와 상자의 제조 등 필요한 모든 물건과 부속품을 만들어냈다. 또한 도시인구가 점점 증가하자 새로이 외부로부터 제빵업자, 양조업자, 그리고 대장간, 푸줏간, 대부업 등을 하는 사람들, 곧 소상인들도 모이게 되었다.

중세 도시는 방어하기에 좋은 성채 가까이 형성되어 성채 바깥에 모여든 상인들은 시장과 집을 만든 다음 그 주위에 새로운 성벽을 쌓아 도시를 보호했다. 그래서 이들에게는 성벽 속에 사는 사람이라는 뜻의 '부르주아bourgeois'라는 별칭이 붙었다. 이렇듯 부르주아란 개념은 원래는 성Burg에 사는 사람이라는 부르거Burger에서 유래했다. 도시의 한 울타리Brug 안의 주민으로서 공통의 이해관계를 가지고 있는 도시 사람들이란 뜻이다. 곧 이것은 성안에 기거하던 부유한 상인, 법률가, 수공업 마이스터 등을 일컫는 말로 시골 사람과 대비되는 말이다.

도시상인들, 투쟁을 통해 자치권을 획득하다

하지만 해방과 자율의 실현은 결코 쉬운 일이 아니었다. 영주들은 초기 상인들에 대해 적대적인 태도를 보였다. 왕이나 교회의 시선도 곱지 않았다. 당시 상인들은 위험한 육로로 돌아다니면서 장사를 했기 때문에 호위병, 곧 용병들을 대동하고 다녔다. 그래서 상인들이 단합하면 이제 영주나 기사들도 그들을 대적하기 어려웠다.

도시상인들은 공동서약을 통해 주민의 자치제인 코뮌을 결성하고 영주와 대결했다. 진정한 의미의 코뮌은 도시가 발달한 이탈리아에서 가장 먼저 출현했다. 일찍부터 자치도시가 되었던 베네치아의 뒤를 이어 11세기 초에는 제노바와 피사의 두 도시가 자치권을 얻게 되었다. 자치권 확보를 위한 투쟁은 11세기 후반 롬바르드 지방을 시작으로 라인 강 유역의 도시들과 북부 프랑스 도시들로 확산되었다.

당시 이탈리아 도시에서의 영주는 대개 주교였다. 특히 11세기 말에는 게르만 황제의 위세를 업고 호령하던 주교들에 대해 도시민들이 반란을 일으켰다. 주교의 봉신인 귀족들과 제휴하여 거사한 것이었다. 그 결과 상인과 귀족의 과두집단이 주도하는 중세 도시로 성장하게 되었다. 영주나 교회의 재판권으로부터 해방되는 자유를 얻은 것이다. 그리하여 12세기 중엽까지는 대부분의 도시가 자치권을 획득하였다.

결국 이러한 자유도시의 물결은 개인의 자유·권리에 대한 새로운 인식을 불러일으켰다. 독일의 주교들이 도시의 새로운 이주민을 농노로 대하려 하자 황제인 헨리 5세는 시민헌장을 통해 "속인과 사제의 땅에 세워진 신도시에서는 누구든 1년 1일 이상 거주한 정착민에게 땅과 자유를 제공한다"고 천명했다. 프랑스에서도 독일과 유사한 인식에서 새로운 도시로 간 노예적 신분의 시민에게 권리를 부여했다. 그 결과 도시는 정치적으로 자유로운 자치구가 되어 농촌에서 도시로 도주한 노예라 할지라도 '1년과 하루'를 도시에 거주하면 자유인으로 인정되는 관습도 생겼다. 그 때문에 "도시의 공기는 자유를 낳는다"라는 속담이 생기게 되었다.

특허장에 명시된 도시민의 3대 특권

이로써 유럽의 중세 도시는 대개 영주로부터 특허장을 얻어냈다. 중세 도시의 법적 근거인 특허장은 오늘날의 헌법과 유사한 것이다.

이 문서에는 도시민의 3대 특권이 명시되어 있었다. "도시에서 1년 이상 거주한 사람은 누구나 자유민으로 인정된다는 것, 도시민은 화폐지대 외에는 봉건적 의무를 지지 않는다는 것, 도시민의 재산권은 영주의 자의적 침해를 받지 않는다"는 것이었다. 나아가 특허장에는 도시의 공공생활과 관련된 주요 규정들이 들어 있었다.

이제 자유는 도시민의 신분적 특징이자 특권이었다. 도시가 자유인으로 구성되었다는 것은 신분적으로 예속된 농촌의 농노와는 큰 차이점이었으며, 농노들을 도시로 끌어들이는 주요인이 되었다. 당시에도 장원의 영주 아래 있던 농노들은 이동의 자유가 없었지만 도시로 도망쳐서 일정 기간 영주에게 들키지 않으면 자유로운 시민이 될 수 있었던 것이다. 그 뒤 중세 도시의 시민들은 독자적인 행정기관과 시민군 등을 조직하였으며 도시 내의 질서 유지를 위해 법을 만들어 지켰다. 시민들은 저마다 자유로운 도시의 혜택을 누리고 수입에 따라 평등하게 시정에 필요한 비용을 부담하였다. 당시 도시에 대한 그들의 애착심은 오늘날 국가에 느끼는 애국심에 비할 만한 것이었다.✣

길드의 탄생

중세 도시의 상인과 수공업자들은 점점 활동 규모가 커지자 길드라는 조합을 조직하였다. 상인조합은 공동의 이익과 안전을 도모하기 위한 조직이었는데 자연재해나 해적으로 인한 상업상의 손실을

✣ 윤승준,《하룻밤에 읽는 유럽사》, 알에이치코리아, 2004

보상해주고 조합원이 죽었을 때는 그 가족에 대한 생활을 책임지기도 했다. 현대와 다르게 치안 상태가 불안했던 당시로는 서로 돕기 위한 길드야말로 수공업자와 상인들의 생존과 번영을 보장하는 유일한 수단이었다. 누구든지 도시 안에서 사업하려면 길드에 소속되어야 했다. 이들의 세력은 상당히 강해져 나중에는 도시의 행정권을 독점하다시피 하였다.

상인조합보다 뒤늦게 조직된 수공업자조합은 다른 도시의 수공업자들과의 경쟁에서 이기기 위해 생산 독점권을 가지고 생산과 판매를 엄격히 통제했다. 장인, 직인, 도제라는 직분을 나누어 장인만이 길드에 가입할 수 있었으며 제품을 시장에 팔 수 있는 권한이 있었다. 도제는 7년이 지나야 직인이 될 수 있고, 직인은 길드 심사에 합격해야 장인이 될 수 있었다. 상인과 수공업자들은 점차 부를 축적하게 되자 새로운 세력으로 등장하여 귀족과 성직자 중심의 중세의 신분 질서에 도전하게 된다.

중세 도시 탄생의 숨은 주역 가톨릭, 기사들을 순화시키다

중세 서양의 봉건사회는 신께 기도드리는 사람(사제), 수호하는 사람(귀족), 경작하는 사람(농부)의 3가지 신분으로 구성되었다. 그중에서 수호하는 사람이 바로 기사다. 중세 초 기사들은 싸움을 전문으로 하는 특권적 신분으로 봉건 체제의 지배층을 형성했다. 당시에는 전쟁이 중요한 국부 증대의 지름길이자 부를 쟁취하는 수단이었다.

그리고 그들은 영주와 농민들 간에 분쟁이 발생하면 역학구조상 종래의 관습대로 영주 편에 서서 농민과 시민들을 탄압하였다. 전쟁이 끝나고 평화가 찾아와도 그들은 전투 행위를 멈추지 않았다. 서민의 생명과 재산을 지켜야 할 기사들이 오히려 혼란과 폭력의 주요 근원이었다.

이러한 개탄스러운 상황을 바로잡기 위해 나선 게 가톨릭 성직자들이었다. 그 주역은 교회 개혁의 선봉 클뤼니 수도원이었다. 정의와 평화 실현에 교회가 앞장설 것을 제창한 수도사들에 호응하여 각지의 성직자들이 '하느님의 평화운동'에 동참했다. 이 캠페인은 989년 공의회에서 전체 교회의 공식 사업으로 채택되어 유럽 전역에서 본격화되었다. 가톨릭교회는 전리품을 얻기 위한 전투가 죄악임을 시속적으로 설교하였다. 기사들은 이제 자의적인 폭행과 약탈을 중지하고 가난한 사람과 교회를 위해 봉사하도록 유도되었다. 이러한 설득을 통해 기사들이 하느님의 군대로 조금씩 순화돼갔다.

무엇보다 중요한 건 기사들에게 '명예'라는 가치를 심어준 것이었다. 이후 기사들의 행위는 명예라는 단어에 의해 정당화되지 않으면 어떠한 무력 행위도 용납되지 않았다. 현실적으로는 중세 도시상인들의 영주에 대한 반발과 독립성 쟁취에서 이들이 중립을 지키고 영주 편에 서지 않아 시민들의 자유가 쟁취되었다는 점이다. 그 뒤 기사들의 윤리가 곧 '기사도'였으며 충성과 무용을 첫째로 꼽았다. 또한 중세 유럽의 정신계를 지배하고 있는 것은 가톨릭이었기 때문에 기사도에도 그 정신이 반영되어 가톨릭을 수호하고 이교도를 멸망시키는 것도 기사들의 의무라 생각했다. 그리고 기사로 서임될 때는 약한 자인 여성을 보호할 것도 맹세했다. '레이디 퍼스트'의 유래이다.

동방무역으로 되살아난 유럽 경제

동방무역의 유래

원래 동방무역이란 고대 해상무역을 주름잡았던 페니키아인과 유대인으로부터 비롯되었다. 이후 중세 전반에 쇠퇴했다가 10세기 말부터 상업의 부활로 다시 성행하였다. 좁은 의미로는 십자군 원정 때 북이탈리아의 항구도시에 의한 중·근동무역을 가리킨다. 곧 10세기부터 16세기 신항로의 발견에 이르기까지 이탈리아의 여러 해양공국들과 동방의 무역을 말한다.

한마디로 동방무역은 서구 기독교 세계에 살았던 유대인들과 이슬람 세계에 거주하고 있던 유대인들의 합작품이다. 이들 양대 유대인 커뮤니티 간의 무역이 곧 동방무역이었다. 당시 기독교와 이슬람이 적대 관계에 있었기 때문에 양 세계를 유일하게 이어주는 끈이 유대인이었다.

'레반트'란 이탈리아어로 태양이 뜨는 지방, 곧 동방을 뜻하는 말이다. 협의의 의미로는 소아시아를 뜻했다. 곧 지중해를 통과하는 동방무역을 레반트 무역이라고 했다. 중세 말기 이래 인도 항로가 열릴 때까지 동서무역의 주 무대를 이루었다. 이탈리아는 고대 이래 동방과 유럽 교통의 요지로 큰 비중을 가졌다. 베네치아, 라벤나, 아말피는 비잔티움 제국의 영향력 아래 있던 관계로 중세를 통해 레반트 무역이 발전했다.

유럽 경제, 동방무역으로 되살아나다

중세 초기 지중해 무역의 구조는 단순했다. 주로 후추, 비단, 금과 같은 고가의 상품들이 서방으로 수입되었고 노예, 은, 고급목재 그리고 올리브유나 꿀과 같은 농산물이 동방으로 수출되었다. 당시 지중해를 통해 거래된 상품 품목의 총수는 확인하기 어렵지만, 11세기 말 이집트의 유대인 국제무역상 니심은 120여 종의 상품을 거래하였다.

그 무렵 중세 유럽 경제의 선도적 중심지는 유대인들이 상권을 주도했던 북부 이탈리아와 플랑드르 지방이었다. 북부 이탈리아 도시국가들이 지중해 상권을, 플랑드르가 북해 상권을 장악하고 있었다. 10세기 말 베네치아 상인들은 콘스탄티노플과 거래했고, 제노바와 피사의 상선들은 프랑스 남부와 스페인의 이베리아 연안을 오갔다. 이는 지중해를 장악한 이슬람 해군의 위협을 무릅쓴 것이었다. 특히 외지 상인들과 교류가 많았던 베네치아에서는 이슬람과 비교적 유대 관계가 좋았던 유대 상인들에게 차별을 두지 않았다. 이로써 유대인은 현지 상인과 동등하게 베네치아 항구를 이용하거나 중간 기착지로 활용하며 동방무역 등 먼 거리 교역에 본격적으로 참여했다.

지중해 재해권을 다투다

로마 제국의 멸망 후 시칠리아는 비잔티움 제국의 통치를 받았다. 그러다 827년 튀니스의 이슬람들이 시칠리아를 점령하여 팔레르모에 수도를 세우고 이 일대를 지배하고 있었다. 그러나 11세기 초부터는 이탈리아 도시국가들이 이 장애물 제거에 착수하여 제노바와 피사의 함대가 코르시카와 사르데냐를 정복했고 1072년에는 노르망디 전사들이 시칠리아를 함락했다. 그 결과 서지중해는 이탈리아 상인들의 자유무대가 되었다.

한편 동지중해에서는 십자군이 상업의 부활에 결정적인 계기가 되었다. 해군의 맹활약에 힘입어 동지중해의 재해권을 탈환한 북부 이탈리아 상인들은 초기에는 십자군 원정대를 위한 물자 보급에 주력했으나 점차 거래 범위를 넓혀 오리엔트와의 교역에 큰 비중을 두었다. 당시 세계 최대 시장의 하나였던 바그다드의 동방 물품들이 시리아와 팔레스타인 연안의 항구들에서 유대 상인들의 손을 거쳐 유럽으로 흘러들어 오기 시작하였다.

11세기부터 본격적으로 부활하기 시작한 지중해의 상권은 이같이 북부 이탈리아 유대 상인들의 동서무역을 기반으로 시작한 것이다. 유럽인들에게 특히 인기가 있었던 수입품은 후추를 비롯한 향신료, 실크, 설탕, 염료 등이었으며 서유럽의 수출품은 중부 유럽에서 채굴한 은과 북부 이탈리아의 모직물이 주류를 이루었다.

유대인, 이슬람권과의 무역을 독점하다

중세 유럽에서는 지방 산물을 도시 시장에 가지고 와서 파는 일반적인 상업과 '원거리 무역'을 엄밀히 구분했다. 원거리 무역에는 회계, 외환, 외국어, 게다가 어느 곳에서 상품을 얻을 수 있고 어느 곳에서 더 높은 가치를 가지는가 하는 지식 등 많은 것을 알아야 했다. 세계 각국에 커뮤니티를 갖고 상 정보와 외환시세 산정에 능숙한 유대인들이 통상을 주도할 수밖에 없었다.

더구나 당시 아랍권과 기독교권의 무역을 금지한 교황 덕분에 유대인들이 반사이익을 누릴 수 있었다. 게다가 앞서 언급했듯 이슬람권에는 기독교도들은 들어갈 수 없었고 유대인만 들어갈 수 있었다. 여기에다 이슬람권에는 유대인 커뮤니티가 있어 이들이 서방의 유대인 커뮤니티와 교역을 주도했다. 이렇게 하여 유대인들은 암흑의 중세 시대에, 특히 기독교와 이슬람 사이가 나빴던 시기에 동방무역을 독점하다시피 해 막대한 부를 쌓았다.

십자군 원정이 상업 부활에 결정적인 계기

유럽인들에게 특히 인기가 있었던 수입품은 후추, 실크, 설탕, 염료, 향료였으며 수출품은 주로 이탈리아 북부의 모직물이 주류를 이루었다. 당시 유대인들이 상권을 주도하던 북부 이탈리아와 플랑드르 지역이 유럽 모직물 생산의 양대 산지였다. 그 무렵 양털의 주된 공급지는 영국이었다. 이들이 영국 양털을 들여와 모직물산업을 일으켰다. 당시 유럽의 양대 상업 지역인 북부 이탈리아와 플랑드르 상권을 육로로 연결해주고자 중간 지역에 생겨난 것이 바로 샹파뉴 정기시定期市다. 이 시장의 유통을 주도한 것도 유대인들이었다. 이렇듯 유대인들이 생산과 유통 모두에서 유럽의 상권을 장악하고 있었다.

이렇게 11~12세기에는 상업혁명이라 불릴 만큼 해상무역과 상권이 발달하기 시작했다. 게다가 십자군 전쟁이 횟수를 더해갈수록 육지에서 유대인의 피해는 늘어갔지만 해상운송과 해상무역은 더욱 증대되었다. 이렇게 동지중해에서 십자군이 상업의 부활에 결정적인 계기가 되었다. 또한 이렇게 무역이 발달하자 이를 뒷받침해줄 금융업이 발전했다. 무역과 금융업은 실과 바늘의 관계였다.

북부 이탈리아, 유럽 최초의 직물산업을 일으키다

유럽에서 유대인에 의해 동방무역을 꽃피운 곳이 12세기 북부 이탈리아였다. 그곳 피렌체에서는 모직물이, 그리고 밀라노 유대인들에 의해 견직물과 면직물산업이 가장 먼저 대규모로 발달하였다. 원래 모직물은 영국 양모의 수입이 수월했던 프랑스 지방이 앞서 있었으나 외지인에 대해 배타적이었다. 일례로 1223년에 샹파뉴의 티보 4세는 프로 뱅 시민들의 요청으로 백작에 속한 사람이나 도시의 시민 외에는 프로뱅에 새로 오는 사람들에게는 직물 생산을 금지한다고 포고했다. 당시 파리가 인구 5만 명이 채 안 될 때였고 제2의 도시인 프로뱅과 트루아가 인구 1만 명의 상공업 도시였다. 자연히 유대인들이 자유로운 환경의 북부 이탈리아로 모일 수밖에 없었다.

북부 이탈리아의 직물산업은 영국의 산업혁명 시기에 나타났던 직물산업과 견주어 무려 500년 이상 앞선 것이다. 이 지역은 우선 우수한 노동력이 풍부했고, 포 강 유역에 양잠업이 번성했으며, 양모와 원면을 안정적으로 공급해줄 수 있는 2개의 항구, 즉 베네치아와 제노바를 옆에 두고 있었다. 12~13세기에 제노바로 수입된 원면은 시칠리아, 시리아 그리고 이집트에서 생산된 것이었다. 그중 시칠리아 원면의 비율이 높았다. 또 베네치아는 지중해에서 생산된 원면 중에서 가장 질이 좋은 시리아산 원면을 충분하고 안정적으로 공급해주었다. 그뿐만 아니라 플랑드르행 베네치아 갤리선단은 밀라노와 크레모나산 면직물을 영국과 플랑드르로 실어 날랐다.

면직물은 의복이나 침구류에만 사용되는 게 아니었다. 13세기에 유럽은 면직물을 돛 제작에 본격적으로 활용하기 시작했다. 이는 바람으로 가는 범선의 효율을 높여주었다. 이후 면직 돛의 수요는 더욱 확대되어 이전까지 돛 제작에 주로 쓰였던 마직을 상당 부분 대체했다. 또 낡은 면 옷과 헝겊은 종이 제작에 재활용되었다. 당시 종이 소비는 엄청난 규모였다. 처음에는 주로 포장재로 사용되었다. 그리고 중요한 문서들은 비싼 양피지로 만들어졌지만, 일반인들은 값이 저렴한 종이를 선호할 수밖에 없었다. 일반 공증인들은 계약서를 작성할 때 종이를 이용했고, 상인들도 종이로 서신, 회계장부, 송장 등을 작성했다. 당시 상인들이 일주일에 최소한 서너 통의 편지를 썼던 사실을 고려하면 그들의 엄청난 종이 소비를 짐작할 수 있다. 이후 중부 이탈리아가 주요한 종이 생산지로 부상했고, 특히 파브리아노에서 대량으로 제작된 종이는 유럽뿐만 아니라 기존의 공급자였던 동방으로까지 수출되기에 이르렀다.

무역을 지원할 금융이 발달하다

무역을 토대로 돈을 번 유대인들은 기독교에서 금지했던 대부업을 발전시켜 금융산업을 일으켰다. 교역에서 금융으로의 전환은 상업혁명 초기에 일어났다. 시간과 공간상의 차이를 메우기 위해 상인들이 처음에는 환어음을 취급하다가 전적으로 금융 성격을 띤 어음을 취급하게 되었다. 더 나아가 상인들에게 대부하다가 왕족과 귀족들에 대한 대부로 발전하였다. 조만간 이런 상업자본이 은행을 형성했다.

이후 무역금융은 해상보험으로 발전한다. 해상위험은 처음에는 선박담보 대부로 시작되었다. 이것은 배를 상실할 경우에는 갚을 필요가 없는 대부였다. 이것이 초보적인 형태의 해상보험이었다. 그 후 선박담보 대부는 해상보험으로 발전하여 위험이 화주들로부터 금융가들에게 넘어가서 분산되었다.

이렇게 대규모 금융업을 영위하면서부터 자연스럽게 유럽 내 각국 왕실의 자금줄 역할을 도맡았다. 이후 유럽이 세상에서 우뚝 서기 시작한 것은 금융산업의 덕이었다. 르네상스 시대에 뛰어난 감각을 가진 상인들이 출현하여 상업활동을 통해 어느 정도의 부를 이룰 수 있었지만 부를 축적하고 늘려나갈 수 있는 도구가 마땅치 않았기 때문에 커다란 부에 이를 수 없었다. 하지만 이들 몇몇 상인들에게서 금융이라는 부의 축적과 증식 방법이 개발되고 체계화되면서 유럽을 부유한 지역으로 만들어놓았다.

유대인 금융업의 유래

십자군 원정(1069~1224년) 이후 베네치아, 피렌체, 제노바를 중심으로 서부 유럽과 동방의 이슬람교 문화권의 접촉이 확대되었다. 당시 교역의 중심지인 이들 도시는 막대한 부를 축적하였으며, 이들 도시의 부는 르네상스를 이룩하는 경제적 기반이 되었다. 십자군 전쟁은 새로운 무역로를 열었다.

이 무역로가 워낙 장거리이다 보니 화폐가 다시 필요하게 되었다. 12세기 들어 무역이 증가하고 도시가 성장하면서 화폐가 점점 중요해졌다. 또 십자군 원정으로 동방에서 금이 들어오면서 수백 년 만에 다시 금화가 주조되기에 이르렀다. 13세기 들어서는 일상생활에서 다시 주화가 사용되기 시작했는데 적어도 도시에서는 주화가 흔해졌다.

유대인, 커뮤니티 간의 정보 교환으로 부를 일구다

유대인 랍비들은 멀리 떨어져 있는 커뮤니티 간에 일상적으로 편지를 교환했다. 종교상의 의문점을 묻고 답하기 위해, 그리고 크고 작은 전통과 관습의 대소사를 의논하기 위한 것이었다. 이 편지에는 그 외에도 현지 사정과 변화들이 자세히 기록되어 전달되었다. 거기에는 상품과 환시세의 변동도 기재되었다. 따라서 유대인 랍비들은 어디에 밀이 모자라 값이 오르고 있고, 어디에 밀이 많이 비축되어 가격이 안정되어 있는지 훤히 알 수 있었다. 밀뿐만 아니라 말, 갑옷, 소금, 포도주 등 모든 상품이 그랬다.

그들은 상품이 장소를 이동하는 것만으로 가치가 변한다는 것을 알았다. 그래서 유대인들은 랍비가 가르쳐주는 대로 상품이 풍족한 곳에서 모자라는 곳으로 옮겨다 주고 돈을 벌었다. 유대 상인들은 모르는 것이 있으면 랍비에게 물었고 랍비가 직접 나서 무역을 하는 경우도 많았다.

유대인, 처음으로 '돈'을 상품으로 본 민족

그들의 정보 교환은 상품만이 아니었다. 금과 은의 교환비율 등 환시세의 변화도 함께 알 수 있었다. 금과 은의 교환비율이 어느 곳은 1:12였고 어느 곳은 1:14였다. 심지어 1:15~16인 외딴곳도 있었다. 이들을 서로 옮겨주기만 해도 돈의 가치가 달라졌다. 당연히 그 차액을 유대인이 챙길 수 있었다. 이렇게 유대인들은 처음으로 '돈'을 상품으로 본 민족이다. 중세 당시 주변 민족들이 대부분 문맹일 때 유대인들은 편지 왕래를 통해 먼 거리의 정보를 선점함으로써 큰돈을 벌 수 있었다. 이후 유대인 환시세 전문가가 많이 탄생했다.

뱅커의 출현, 환시세에 정통하다

중세 시대에는 지역별로 큰 도시에 일 년에 4번 정도 큰 거래가 열리는 시장이 섰다. 시장은 한 번 열리면 며칠씩 계속되었다. 이 시장에서 그 계절의 중요한 거래는 거의 다 이루어졌다. 11세기 이탈리아의 시장에는 원거리 무역상들을 위해 긴 탁자banko 하나를 놓고 환전을 해주고 어음과 신용장을 취급하는 사람들, 곧 방카banka들이 있었다. 오늘날 'bank'의 시작이다. 이렇듯 bank의 어원은 이탈리아어 banko에서 유래되었다. 이 벤치에 앉아 있는 사람들은 그 나라의 사정은 물론 바꾸려 하는 나라의 사정을 훤히 알고 있어야 그에 걸맞은 적절한 환율로 공평하게 환전을 해줄 수 있었다.

오늘날에는 어떤 은행원이라도 일간신문에 발표되는 외환시세표를 보고 환전을 할 수 있다. 그러나 중세기의 환전상은 시장 거리 한 구석에서 저울, 주판, 시금석으로 주화의 가치를 평가했다. 그래서 수백 종류의 금화와 은화의 가치가 그 주화를 만든 도시에 따라 다르다는 것을 알아야만 했다. 그 무렵 군주들은 연례행사처럼 주화의 순도를 낮추었다. 일종의 세금이었다. 당시 수많은 종류의 돈은 국제무역을 어지럽히고 있었다. 환전상은 이러한 분야의 노련한 전문가가 되어야만 했다.

그들은 당시 유통되는 수많은 주화의 환율을 산출해내는 데 많은 경험과 정보가 필요했다. 이러한 정보를 알 수 있는 집단은 현지 커뮤니티와 정보를 교환하는 유대인밖에 없었다. 경제적으로 불안한 나라의 화폐가치는 직관적으로 이들 환전상에 의해 조절되었다. 그들은 시장이 열리기 전에 그날의 각국 간 통화의 교환비율을 공표해 기준을 잡아주었다. 이러한 환전상의 신뢰를 바탕으로 모든 이가 편안하게 거래를 할 수 있었다.

그 뒤 이탈리아의 은행가, 즉 방카들은 환전 업무 이외에 어음 업무와 함께 예금 업무도 보기 시작했다. 예금자들은 돈을 맡기고는 대신 증서를 받았는데, 간혹 증서를 가지고 가도 방카에게 돈이 없어서 돌려받지 못하는 경우가 있었다. 화가 난 예금주들은 탁자banko를 부셔버렸는데, 파산bankruptcy이라는 말은 이 부서진 탁자banko rotto에서 유래했다. 한편 중국의 상인 길드인 '행行'은 원거리 무역에 은銀을 사용했는데, 이 행이 금융업의 주체가 되면서 '은행銀行'이라는 말이 나오게 되었다.

은행의 출현, 거짓 보관증서가 발행되다

이러한 중세의 환경에서 해박한 지식을 보유한 유대인들에 의해 무역이 확대되면서 상업혁명 초기에 금융으로 진화했다. 중세 환전상들이 취급했던 초기의 은행업은 보관은행의 역할이었다. 거상들이 은행(환전상)에 금을 맡기면 보관수수료를 받고 예치한 금의 무게를 명시한 금 보관증서를 발급했다.

이렇게 발급받은 증서는 상인들에게 화폐와 동일한 수단으로 활용되었다. 금덩이나 금화를 몸에 지니고 다니는 불편을 겪지 않아 참으로 편리한 제도였다. 이 증서가 어음의 시초이다. 환전상들은 자신들이 예금주로부터 받은 금을 돈이 필요한 상인들에게 빌려주고 이자를 받는 대부업을 하면서 이득을 챙길 수 있었다. 물론 이때에도 금을 현물로 빌려주는 것이 아니라 증서를 발급하는 것이었다. 돈을 빌린 사람 역시 이 증서로 화폐와 동일한 방법으로 사용할 수 있었다.

시장의 거래 규모가 커지면서 점점 더 많은 사람이 환전상들에게

금을 맡기게 되었고, 환전상들은 더 많은 증서를 발행하기 시작하였다. 돈을 빌리려는 사람 또한 늘어났다. 일반적인 상업활동을 하는 사람들 외에도 생산공장이나 새로운 사업을 시작하려는 사람들은 큰 자금이 필요하였다. 보관수수료와 이자 벌이로 재미를 본 대부업자들은 돈을 빌려줄 고객은 있으나 보유하고 있는 금이 없어 돈을 빌려줄 수 없는 경우도 발생하였다. 그러자 환전상들은 금을 맡긴 사람 중에 소수의 사람만 금을 찾아가고 대부분의 사람이 맡긴 금을 빨리 찾아가지 않는다는 사실에 착안하여 없는 금을 있는 것처럼 거짓 증서를 발행하기 시작하였다. 증서만 발행되면 이자를 벌 수 있기 때문이었다. 결국 증서를 대출해 간 사람은 이 돈을 시장에서 아무런 의심 없이 화폐로 사용하면서 존재하지도 않는 금에 대한 이자를 물었다.

혹시라도 이런 거짓 증서가 발각되지 않을까 하는 염려는 크게 하지 않아도 되었다. 왜냐하면 예금주가 증서를 가지고 오면 금을 내어주어야 하지만, 한꺼번에 모든 예금주가 금을 인출하러 올 리는 만무했기 때문이다. 혹 예금주가 인출하기를 원하는 금의 양이 모자라면 금융업자끼리 잠시 빌려주면 그만이었다. 서로 편의를 봐주는 것이다. 아무도 이러한 사실을 눈치채지 못했다. 시간이 지날수록 은행들은 점점 더 많은 보관증서를 발행해서 더 많은 돈을 벌어들였다.

더 나아가 상공업자들에 대한 대부는 왕족과 귀족들에 대한 대부로 확대되었다. 그 뒤 이러한 상업자본이 은행을 형성했다. 금융이 발달하면서 금융가 집단은 셋으로 구분되었다. 즉 담보를 받고 대출해주는 전당포들과 대부업자들, 환전업자로 출발해서 후에는 대체예금transferable deposits을 취급했던 원조 은행가들, 어음을 통해 멀리 떨어져 있는 지역 간의 자금을 이송하는 상인 은행가들로 세분화되었다.

탈무드, 신용거래와 유가증권을 가능케 하다

중세 초기의 거래는 구체적인 '현금거래'였다. 그런데 현금을 노리는 강도들이 많이 출몰하자 유대인들이 이와는 다른 방법을 생각해냈다. 신용과 유가증권이 그것이다. 신용거래나 어음의 교환은 유대인 커뮤니티 간의 신뢰가 밑바탕이 되어 가능할 수 있었다. 어음은 국가의 권위 아래에서 발행되는 화폐와 달리 초보적 형태의 개인 간 금융이다.

유가증권은 오늘날의 안목에서 보면 극히 단순하고 초보적인 것이지만 고대나 중세에는 괴이하고 사악한 방법으로까지 생각되었다. 로마의 채무에 관한 법이나 로마법을 이어받은 중세의 법은 모든 부채는 개인의 것이며 채권자는 지불기일 이전에 채용증서를 제3자에게 매도할 수 없게 되어 있었다. 예컨대 독일의 법률은 이 점에 대해 명백히 규정하고 있다. 채무가 있는 자는 본래 채권자 이외의 사람에게는 지불할 의무가 없다는 것이다. 만일 채권자가 사망하면 빚을 갚지 않아도 되었다. 영국에서도 1850년까지 채무 청구권은 어느 개인에게서 다른 개인에게 양도할 수 없었다. 그래서 고대와 중세에 군주나 영주는 유대인을 학살하거나 추방함으로써 유대인에게 진 빚을 소멸시킨 것이다.

그런데 탈무드 법은 비개인적인 신용제도를 인정하고 부채는 그 지불을 요구하는 자에게 지불하게 되어 있었다. 오늘날 은행이 그와 같은 지불 청구에 대해 응해야 하는 것과 마찬가지다. '이산'은 유대인들로 하여금 3대륙과 3문명권으로 흩어지게 만들었다. 그러나 그들은 한 민족이며, 하나의 종교, 하나의 언어, 하나의 관습과 법으로 결합되어 있었다. 그들은 이교도 나라에 흩어져 살면서도 디아스포라, 곧 이교도 국가 속의 '유대인의 나라'들이 탈무드의 법과 윤리로 다스려지며 탈무드에 의해 한 나라처럼 통치되었다.

유대인에게 탈무드는 국제법

탈무드는 종교생활뿐만 아니라 도덕, 윤리 그리고 사업 행위를 규정하였다. 개인의 범죄, 무역, 손해, 부동산, 상업, 서약의 존엄, 계약이행 등에 관해 탈무드는 유대인의 광범위한 경제활동을 규제하는 국제법으로 기능했다. 랍비들은 종교뿐 아니라 상거래에 관한 규칙도 알아야 했다. 유대 신학자와 철학자들도 경제 문제를 지적 탐구대상에서 제외할 수 없었다. 이렇게 당시 유대인들은 탈무드라는 형태로 국제법을 갖고 있었다. 그것은 유대인과 유대인, 유대인과 국가, 유대인과 비유대인 사이의 상거래 활동을 규정하였다. 탈무드에는 비유대인에 대한 유대인의 책임이 더 크다고 규정되어 있다.

광범위한 유대인의 상업활동은 이미 10세기에 볼 수 있었다. 유대인은 유럽이나 북아프리카나 중동에 살고 있을 뿐 아니라 인도나 중국에도 무역사무소와 유대인 커뮤니티를 갖고 있었다. 인도나 중국에서 유대인 활동은 널리 알려져 있으며 13세기 마르코 폴로도 중국에 갔을 때 그곳 유대인과 그 업적에 대해 기록을 남겼을 정도다. 유대인은 상거래를 촉진하기 위해 비공식 어음 교환소를 차리고 그곳에서 대부나 약속어음의 유통 업무를 보았다.[*]

환어음의 출현, 교역과 경제를 활성화시키다

그 뒤 유대인들의 대부업과 금융업은 지역적인 한계를 뛰어넘어 자연스럽게 국가 간 통화 교환과 상품대금의 지불과 수취 등 국제금융업으로 발전하였다. 유럽 시장에서 신용과 계약을 생명 이상으로 여기는 유대인들끼리는 외상 장사가 가능했다. 물건을 외상으로 가져가면서 다음번 시장이 열릴 때나 다른 나라에서 열리는 시장에서 갚는 것이 일반적이었다. 이때 물건을 외상으로 가져가는 상인은 종이에 이러한 내용을 적어 증표로 주었다. 이 증표는 이후 강제적인 차용증서 형태로 발전되어 유대 상인들 간에 돈 대신 통용되기도 했다.

이 과정에서 유대인 은행가들은 환어음이라는 것을 고안해냈다. 이것은 일정한 기간 내에 일정한 금액을 일방이 상대방에게 지불하겠다고 약속한 증서였다. 환어음은 신용장이나 약속어음과 달랐다. 신용장은 예금주 앞으로 작성되었다. 약속어음이 발행인 자신이 지급할 것을 약속하는 것인 데 비해 환어음은 제3자(지급인), 곧 외국은행 등이 지급을 보장하는 어음이다. 주로 국제무역거래에 쓰였다.

❖ 막스 디몬트 지음, 이희영 옮김, 《세계 최강성공집단 유대인》, 동서문화사, 2002

환어음의 유통은 국제 간에 현찰을 많이 가지고 다니지 않아 상대적으로 안전하고 편했다.

환어음은 오늘날 지폐나 수표가 유통되듯이 거래에 유통되었다. 거래 당사자의 신용 상태에 따라 이 증서들은 현금처럼 생각되었고, 그렇게 취급되었다. 은행의 국제 업무가 점점 커지자 그들은 외국에 지점망을 설치했고, 이 지점망을 통해 유통되는 환어음의 양은 증가되었다. 환어음이 일단 발명되자 유럽에서 급속히 사용되었다. 벨기에의 역사가가 이프레스에서 발견한 문서에 의하면, 1249년에서 1291년 사이에 8000장 이상의 환어음이 사용되었다. 환어음은 원래 먼 거리 결제를 해결하려고 고안된 것이지만 결국에는 모든 상인 사이에서 가장 중요한 지불수단이 되었다.

게다가 당시의 금속본위제 아래에서는 그만큼의 화폐 발행량을 늘리는 효과를 가져와 경제를 활성화시켰다. 은행이 생기고 어음, 외국환 등이 유대인들에 의해 무역거래에 사용되었다. 이탈리아의 다른 상인들은 14세기 이후부터야 어음을 사용했다. 환어음이 나중에는 기독교도 간의 대부업에 편법으로 사용되기도 하였다. 돈을 빌려주고 이자만큼 환율을 더 높인 환어음과 교환하였다. 당시 대부업을 엄격히 금지한 교회법 때문이었다.

이탈리아 도시국가에서 근대 자본주의의 기본 틀 출현

11세기 이후 지중해 교역의 확대에 힘입어 이탈리아 도시국가들은 상업적 번영을 구가했다. 상업혁명 초기에는 상인들이 상품을 가지고 직접 여행을 했는데 이는 해적과 폭풍우 등 유사시 화물 투하의 폐혜를 가능한 피하고 또 외지에서 상품을 직접 팔기 위해서였다. 시간이 지나자 상인들은 회계사무소와 창고를 둔 채 고향에 머물면서 외국에는 대리인을 두어 상품을 팔았다. 이른바 정주상인들이 증가했다. 이러한 교역 방식에는 사방 곳곳에 동족 커뮤니티를 갖고 있는 유대인들이 단연 유리했다.

육로로 운송하는 상품들은 대개 여러 정기시에서 판매되었다. 오늘날 박람회를 총칭하는 메세Messe는 바로 이 정기시에서 유래하였다. 많은 사람이 미사를 드리러 모이는 성인 명명일을 기해 미사 후에 시장에 모여 상거래를 했기 때문에 붙여진 이름이다. 정기시 상인들은 그들이 사고판 물건들을 기록하고 차변과 대변을 상쇄하며 남은 차액에 대해서는 현찰로 결제하거나 다른 지방 혹은 다음번 정기시에서 지불하는 환어음으로 결제했다. 이에 맞추어 환어음 취급은행, 보험, 표준 화폐, 표준 도량형제도가 발달하였다. 그 속에서 복식부기, 위험분산과 공동출자 등 '회사'의 원형이 등장하는 등 근대 상업 자본주의의 기본적인 틀이 출현하였다. 인간이 어음과 같은 물건을 만들기 시작한 것은 부족한 통화량을 인위적으로 메꾸기 위한 방법 중 하나였다. 이것이 지폐의 시작이다. 어음이 통화량을 늘리는 효과를 가져와 경제 행위를 촉진시킴으로써 상업 발전에 크게 기여하였다.

'상업혁명'이라 일컬어지는 이러한 변화들을 주도했던 이탈리아의 두 도시, 베네치아와 제노바는 오랜 경쟁 관계에 놓여 있었다. 지금은 통일 이탈리아에 함께 속해 있으나 옛날에는 견원지간이었다. 그 기원과 발전, 자본주의 조직 양식에서 상이한 특징을 보여주었던 베네치아와 제노바는 지중해 교역과 식민제국 건설의 패권을 둘러싸고 장기간 전쟁을 거듭해왔다. 1381년 키오지아 전투를 계기로 하여 베네치아의 승리로 귀결되었다.

유대인의 동방무역과 금융업

그 무렵 소수의 유대인이 무역을 독점할 수 있었던 배경은 교황이 기독교도들의 이슬람 접촉을 금지한 데 있다. 게다가 십자군 전쟁으로 기독교권과 아랍권이 전쟁으로 서로 적대시하는 가운데 유대인들만 양 지역을 자유롭게 드나들 수 있어 어부지리를 얻은 일면도 있다. 하지만 그보다는 유대인들의 탁월한 능력에 따른 것이라고 보는 게 정확하다. 한마디로 경쟁력이 있었다. 유대인들은 모두 어려서부터 성서와 탈무드를 공부해야 했기 때문에 글을 읽고 쓰는 데 능했다. 계산에도 능해 법적이나 물리적인 방해만 없다면 어느 곳에라도 쉽게 정착해 두각을 나타냈다. 또한 사방에 퍼져 있는 유대인 커뮤니티와의 연결로 상업 및 무역 정보에 밝았다. 1638년 중세 유럽의 변증론자였던 시몬 루자토가 쓴 《베니스의 유대인에 대한 소고》에서는 "유대인이 사는 곳에는 어디서나 무역과 상업이 넘쳐흐른다"라고 적고 있다.

유대인들은 당시 그 누구도 지니지 못한 탁월한 기술을 갖고 있었다. 그들은 외환의 시세를 산정하고 사업상의 문서를 작성하는 능력 이외에도 세계 곳곳에 폭넓게 흩어진 유대인 공동체와의 종교상 연락망을 활용해 빠르고 안전하게 문서 및 물품을 배달할 수 있는 능력을 갖추고 있었다. 자신들의 종교가 경제활동에도 큰 힘이 되었던 것이다. 사실 주도면밀하고 유능했던 무역업자들 가운데는 학식이 높은 랍비들이 많았다. 그들이 자신들의 학문상 결정과 답장을 주고 받기 위해 사용했던 루트가 무역의 루트로도 사용되었다. 당시 유대인은 한자동맹과 경쟁하기 위해 내륙의 교역로를 개발했고 결과적으로 바르샤바, 프라하, 빈 등의 동유럽 여러 도시는 중요한 무역 중심지가 되었다.

W.E.H. 레키는 그의 저서 《합리주의의 역사》에서 몇 세기에 걸쳐서 유대인이 국제무역을 추진하는 중요한 역할을 했다고 지적하고 있다. 그들에게는 잘 조직된 통화제도가 있었고 각국이 어떤 물자를 필요로 하는지를 파악하여 능동적으로 공급했을 뿐 아니라 장기적으로 투자할 의사를 갖고 있었기 때문이다.

랍비들이 주도했던 유대교는 '배움의 종교'이자 '노동의 복음' 그 자체였다. 왜냐하면 하느님께서 주신 능력을 최대한도로 이용할 것을 강조했기 때문이다. 랍비들은 항상 적절한 판단과 함께 근면, 내실을 기할 수 있는 능력과 실천을 강조했다. 그들의 학문과 경제활동은 합리주의적 관점에서 이루어졌다. 유대교 또한 기본적으로는 합리주의적이었으며 유대인들은 역사상 최초의 합리주의자들이었다.

게다가 기독교인들은 성서를 바탕으로 이자를 죄악시 여겼으며 교회법인 캐논 법률에 이자놀이를 불법으로 명시하였다. 1179년부터는 이자 받는 사람들을 아예 파문시키기에 이르렀다. 하지만 교황 니콜라스 5세는 예수님을 팔아먹고 처형한, 영원히 저주받을 족속인 유대인들로 하여금 고리대금업을 하도록 '공식적으로' 허용했다. 그리하여 순결한 기독교인을 죄악으로부터 지키도록 했다. 가톨릭이 유대인에게는 이자를 받고 돈을 빌려주는 행위를 허용한 것은 어차피 지옥으로 떨어질 사람들이니까 이런 역할을 맡겨도 괜찮지 않을까 하는 생각에서였다. 더구나 경제활동이 계속 확대되는 만큼 대금활동으로 효율성을 촉진시킬 필요도 있었다.

또한 유대교 율법 책인 할라카에 따르면 유대인 동족 간에는 이자를 받고 돈을 빌려주는 행위가 금지되지만 이방인에게는 대금활동을 허용하고 있다. 유대인들은 고대 이래로 돈을 가장 먼저 '상품'으로 인식한 최초의 민족이다. 그들은 단지 돈을 이곳에서 다른 곳, 이 사람에게서 저 사람에게로 옮겨줌으로써 경제적 가치를 더 늘릴 수 있다는 사실을 알았다. 유대인들은 금융업이란 것이 돈을 낮은 수익률에서 더 높은 수익률의 투자처로 옮겨 주어 사회 전제적으로 부를 더 늘리도록 해주는 정보사업이란 걸 일찍부터 알았다. 이처럼 유대인들은 유럽의 공식적인 대금업자로서 없어서는 안 될 존재가 되었지만 동시에 경멸의 대상이 되기도 했다.

동방무역으로 금이 유입되자 경제가 성장하다

서유럽은 10세기에서 14세기에 디플레이션과 비슷한 현상이 주기적으로 반복되는데, 그 이유 중 하나가 '통화량의 부족'에서 기인했다. 통화량이 부족해진 이유는 인구와 생산량은 증가하는데 화폐로 쓰이는 금과 은의 통화량은 변화가 없었기 때문이다. 따라서 화폐가치는 계속 상승하기 때문에 디플레이션 현상이 생기는 것이었다.

14세기까지 일시적인 경제성장이 큰 폭으로 나타난 시기가 있는

데 바로 오스트리아에서 은광이 개발되고 기술 발달로 기존 광산의 재채굴이 이루어졌기 때문이다. 곧 부족한 금과 은의 통화량 증가가 가능해졌던 것이다. 이 밖에도 동방과의 무역을 통해 꽤 많은 금이 유입되었는데 덕분에 베네치아 등 동방무역을 하는 도시국가들이 강력한 경제력을 가지게 된다.

은행 권력이 국가 권력을 장악하다

동방무역으로 부가 축적되자 돈을 빌려주는 금융업자 측은 지배자로부터 조세권, 화폐주조권, 무역특혜, 식민지의 토지 등 값진 것을 받는 한 돈의 상환에 대해서는 걱정하지 않았다. 경우에 따라서는 빌려주는 측이 은행가라기보다는 전당포 같았다. 프레데릭 2세는 1251년 제노바 은행가에게 왕위까지 전당 잡혔다. 영국의 왕 역시 돈 때문에 왕위를 전당 잡히는 것을 마지않았다.

그러나 지배자에게 돈을 빌려주고 받을 수 없는 때도 있었다. 그 때문에 많은 은행이 파산했다. 빌려준 돈을 받을 수 없게 되자 은행은 예금자에게 써준 어음을 더는 지불할 수 없었기 때문이다. 그러나 이 북새통에도 어떤 은행가들은 번창하여 사회적으로 높은 지위를 이루었다. 가령 후거 집안과 벨서 집안, 알비지의 플로렌스 은행을 경영하였던 동업자들이 그들이다. 그러나 이들 중 가장 유명한 것은 메디치 집안이었다. 메디치 집안은 환전상으로부터 출발해 마침내 군주가 나왔고, 심지어 교황까지 배출했다.

은행이 국가 운영을 주도하다

그 같은 성공은 쉬운 일이 아니었다. 은행이 많을수록 파산하는 은행도 많았다. 그 때문에 수많은 상인이 망했다. 초기 은행들이 자꾸 파산하고, 이 때문에 상인들도 피해를 보게 되자 은행이 정부에 꿔준 돈을 단속해야 한다는 요구가 커져갔다. 이 같은 조치의 첫 번째가 제노바의 산 지오르지오 은행이었다. 이 은행은 1407년 제노바 정부에 돈을 빌려준 사람들에 의해 설립되었다. 그들은 제노아 정부 수입의 운영, 심지어 제노바 식민지의 운영까지 감독하는 권한을 획득하였다. 그들은 해군함대를 만들고 전리품을 가질 권한도 얻었다. 은행의 총재가 시를 통치했다. 제노바에서는 은행의 이해가 국가의 이해보다 앞섰다.

서서히 은행과 정부는 하나가 되어가고 동일체가 되어갔다. 이 아이디어는 다른 도시로 퍼졌다. 피렌체에서는 1397년에 문을 연 메디치 은행이 실질적인 국가 운영을 주도했고, 베네치아에서는 1587년에 리알토 은행이 설립되었고, 밀라노에서는 1593년에 산 암브로지오 은행이 설립되었다.

반유대 정서의 대두

이탈리아를 비롯한 유럽에서의 유대인의 대두는 반유대 정서를 불러왔다. 13세기에 《신학대전》을 쓴 이탈리아의 토마스 아퀴나스조차 유대인을 맹비난했다. "유대인들이 그들의 고리대금업으로 강탈한 재물을 소유하도록 허용해서는 안 된다. 그들을 위한 최선의 방책은 그들로 하여금 일하게 하여 스스로의 땀으로 삶을 꾸려나가게 하는 것이다. 매일 놀고먹으면서 아무 일도 하지 않는 이들은 더욱 탐욕스러워질 수밖에 없다."

또 이탈리아의 종교가 지롤라모 사보나롤라도 이렇게 말했다. "저 표리부동하고 신에 반항하는 유대인의 고리대금업은 암과도 같이 지난 60년 동안 피렌체를 병들게 해왔다. 우리는 모든 수단을 동원하여 이 종양을 제거해야만 한다."

중세 상업의 발달

현대 박람회의 효시, 샹파뉴 정기시

북부 이탈리아 도시국가들과 플랑드르 지방이 11세기 말 각각 상업 중심지로 번창하고 있었지만, 이들 사이의 교역은 비교적 빈약했다. 이는 주로 수송의 어려움 때문이었다. 이탈리아에서 플랑드르로 가는 뱃길은 극히 위험했다. 그것은 해적 떼와 폭풍우 때문이었다. 12세기 초, 샴페인의 고장인 샹파뉴의 한 강력한 제후 집안이 이러한 상황을 이용하여 큰 수입을 올릴 방책을 생각해냈다. 당시 샹파뉴의 제후는 남북 교역로의 핵심 지역인 사온느 강 상류와 라인 강, 센강, 르와르 강의 지류들 사이에 있는 지역을 차지하고 있었다. 한마디로 교통의 요충지였다. 그는 이 지역을 하나의 거대한 시장으로 탈바꿈시키는 작업에 착수했다.

상업과 산업이 가장 발달했던 북부 이탈리아와 플랑드르 지역을 중간에서 연결해주기 위해 샹파뉴 시가 주도하여 그 지역의 주요 도

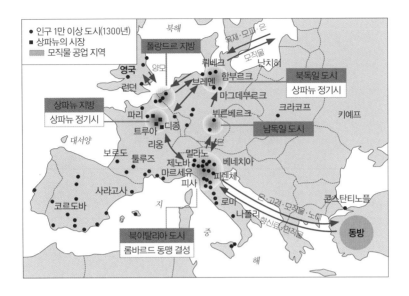

시들에 정기적으로 열리는 시장인 정기시를 설치하였다. 그들은 정기시를 위한 장소를 따로 마련해놓고, 상가를 세웠으며, 질서 유지를 위한 경찰과 분쟁 해결을 위한 재판관을 두고, 여러 지역의 상인들이 아주 다양한 종류의 화폐를 가져오는 문제를 해결하기 위해 환전상까지 배려했다. 게다가 정기시에서의 상거래는 세심하게 조직되어 상품에 따라 거래일이 따로 정해져 있었다.

이로써 샹파뉴의 정기시는 이탈리아 상인과 북방 상인들이 만나는 장소가 되었다. 약 200여 년 동안 샹파뉴의 정기시는 서유럽에서 가장 중요한 시장으로 군림하였다. 대규모 정기시는 기본적으로 오늘날의 도매시장과 비슷하였다. 외국 상인들이 상품을 가져와 지방 상인들에게 팔았고, 지방 상인들이 자기 지역에 그 상품을 배급하는 것이었다. 12세기부터 피렌체 등 이탈리아 도시국가 유대인들은 모직 제품을 주로 샹파뉴 정기시에 내다 팔았다. 샹파뉴 정기시는 트루아 등 네 곳에서 번갈아 가면서 장이 열리는 방식이었다. 당시 상파뉴 정기시는 일 년에 4번 정기적으로 개최되었다. 현대 국제박람회의 효시인 셈이다.

나중에는 상인들이 늘어나자 6주 간격으로 장이 섰다. 1~2월의 라니, 3~4월의 바르, 5~6월의 프로뱅, 7~8월의 트루아, 9~10월의 프로뱅, 11~12월의 트루아 정기시가 그것이다. 거의 일 년 내내 시장이 열리는 셈이다. 당시 장에는 이탈리아산 직물과 동방무역을 통해 수입한 실크, 향료, 명반 등과 영국과 스페인의 양모 그리고 독일의 린넨 등이 주로 거래되었다. 모직물 거래의 수요가 늘어나자 프로뱅과 트루아는 직접 모직물 생산에 주력하게 되면서 상공업 도시로 성장했다.

해로보다는 육로에 의존했던 당시의 교역 환경에서 대륙의 한가운데 자리한 상파뉴 정기시는 12세기에 시작해 플랑드르의 부뤼주에게 상권을 넘겨주는 14세기까지 중세 유럽 경제의 흐름을 주도했다. 당시 유럽 경제를 주도했던 북부 이탈리아와 플랑드르 그리고 샹파뉴의 공통점은 유대인들이 상권을 주도하고 있었다는 점이다.

상업의 발달로 화폐가 다시 등장하다

상업의 부활로 당연히 화폐의 필요성이 커지게 되었다. 여기에서 가장 주목할 만한 것은 서유럽에서 주화가 유통수단으로서 오랫동안 거의 사용되지 않다가 약 400년 만에 비로소 화폐경제로 복귀했다는 사실이다. 전통적인 장원은 거의 자급자족이었고, 그 밖의 일부

∴ 제노바 동전

필요한 품목들은 물물교환을
통해 구할 수 있었다. 그러나 시
장의 성장과 더불어 주화가 꼭
필요하게 되었다. 초기에는 소액
의 주화만 있었다. 그러다 사치
품 교역이 성행하게 되면서 화
폐단위는 급속히 커졌다. 그 결과 13세기에 이르러 제네바를 필두로
피렌체, 베네치아 등의 이탈리아 도시국가들에서는 금화도 주조되
었다.

소금이 맺어준 한자동맹

12~13세기경 유럽에는 한자라고 불리는 상인들의 단체가 많이 있
었는데, 한자Hansa는 '집단'을 뜻하는 독일어다. 당시 베네치아, 제노
바, 피렌체 등 이탈리아 도시국가들과 함께 유럽의 경제권을 양분했
다. 한자동맹이란 13세기 중반 독일 북부 상인들이 주축이 되어 상
업 기반을 굳히고 해적들과 대항하기 위해 결성한 도시상인 연합체
다. 당시는 이 직업조합들이 가장 영향력 있는 시민단체였다. 한자동
맹 도시들은 13세기 경제적 공동체 수준을 넘어 14세기에는 강력한
정치적 연맹체로 발전하였다. 전성기에는 200여 도시가 소속되어 있
었다.

1370년 뤼벡 시를 중심으로 한 한자동맹은 덴마크 왕을 무력으로
누르고 발트 해의 무역을 독점하였다. 한자 도시들은 러시아의 노브

고로드에서 영국의 런던에 이르기까지 상관商館을 설치하고 북방의 무역을 장악했다. 이들은 북해산의 청어, 독일 내륙의 소금, 러시아·동구의 목재, 곡물을 서유럽 곳곳에 공급하여 막대한 무역이익을 거두었다.

한자동맹이 축적한 부의 근원은 배가 다니기 어려울 지경으로 많았다는 청어였다. 청어의 수요는 무궁무진했다. 사순절 금식 기간과 육류 공급이 줄어드는 겨울철의 대체 단백질 공급원이었기 때문이다. 청어를 잡고 운반하며 소금으로 저장 처리한 후 원거리 무역을 통한 판매에 이르기까지 모든 과정이 돈을 불러들였다. 청어무역은 염장용 소금무역과 운반상자를 만드는 목재산업, 조선업 등 후방산업도 키웠다.

생선 잡기보다 소금 구하기가 어려워지면서 생선을 가진 국가와 소금을 가진 국가 사이에 각종 동맹과 무역조직이 생겨났다. 그들 사이에서 한자동맹이라는 도시동맹이 성장하여 중세 상업 사상 커다란 역할을 하게 된다. 한자동맹은 13~15세기에 독일 북부 연안과 발트 해 연안의 여러 도시 사이에 해상교통의 안전 보장, 공동 방호, 상권 확장 등을 목적으로 형성되었다.

이후 한자동맹은 코그선을 활용하여 교역품을 영국산 양모와 플랑드르의 모직 제품, 스웨덴·러시아의 목재, 함부르크의 맥주 등으로 확대시켰다. 한자 상인들이 취급한 상품은 지중

** 코그선은 돛이 하나 달린 배로 북유럽 무역선이다. 쉽게 군함으로 사용할 수 있었는데 뱃머리와 뒤쪽에 전투용 갑판을 덧붙이면 되었다.

해 무역과는 뚜렷하게 대조적이었다. 후자가 주로 사치품인 데 비해 전자는 모피, 벌꿀, 생선, 곡물, 타르, 목재, 호박琥珀, 모직물, 양모 등이었다.

유대인이 상업을 석권했던 이유

1229년 가톨릭의 성서 금지령

유대교가 유대인들에게 성서를 읽히기 위해 기원전부터 글을 가르친 배움의 종교인 반면, 가톨릭에서는 신도들이 이단에 빠질 것을 두려워하여 평신도들이 성서 읽는 것을 금했다. 당시 교황권이 세속화로 치닫자 교황의 신권을 부인하며 성서만을 의지하는 종파가 탄생하였다. 일명 발도파라 불리는 그들이 길거리 설교를 통해 세력을 넓혀가자 교황청은 그들을 파문하였다. 그리고 1229년 툴루즈 회의에서 교황 그레고리 9세는 평신도들이 이단에 기우는 것을 막기 위해 평신도들은 성서를 소유할 수도, 읽을 수도 없고, 또 각국어로 번역할 수도 없다는 금지령을 내렸다.

그 뒤에 성서를 번역하거나, 소유하거나, 읽는 신도들은 종교재판에 회부되어 엄벌을 받거나 화형에 처하였다. 그뿐만 아니라 성서가 숨겨져 있다고 의심되는 곳이 있으면 주택이나 숲이나 동굴 속까지

거침없이 수색하였다. 신도가 성서를 소유하는 것은 곧 사형을 뜻했다. 이런 상태가 약 500년 동안이나 계속되어 신도들은 성서를 구경조차 할 수 없었다. 즉, 신도가 성서를 소유하는 것은 죄악 중의 죄악이었다. 이것도 교황이 교좌에서 교황의 권위를 가지고 공식적으로 선포한 명령이었다.

중세에는 사제가 미사를 행할 때도 사어_{死語}인 라틴어로 집전하여 평신도들은 성서를 알 기회가 거의 없었다. 그래서 중세 이후로 신도들에게 성서의 말씀을 이해하기 쉽게 그려서 알려주는 수단으로 발전한 것이 교회의 성화였다. 대부분이 문맹자였던 기독교도들을 위한 최상의 전달 방법이었다.

유대인, 문맹 사회에서 글을 아는 독보적 존재

16세기 활자가 발명되기 전 책은 어느 나라를 막론하고 손으로 써야 했다. 일반인은 글씨가 쓰여 있는 책조차 볼 기회가 드물었다. 그것은 하층민이 접근할 수 있는 일이 아니었다. 실제 중세 유럽 사회는 대부분이 문맹이었다. 중세 초기에는 문맹률이 98% 이상이었기에 돈을 받고 관공서 문서 등을 읽어주거나 대필해주는 직업이 있었다. 주로 유대인들로 이들은 일반 백성보다 많은 부와 권리를 누렸다.

그나마 성서를 읽을 필요가 있었던 기독교 성직자들이나 글을 읽고 쓸 줄 알았다. 당시는 문맹이 결코 수치가 아니었다. 글을 읽고 쓸 줄 모른다는 것은 오히려 기사에게 용맹의 상징처럼 여겨지고 있었다. 심지어 귀족들 가운데서도 글을 전혀 읽고 쓸 줄을 모르는 경우마저 있었다. 예를 들면 프랑크 왕국의 샤를마뉴(카를 대제)는 그렇게 문화를 장려했으면서도 정작 자신은 알파벳을 쓸 줄 몰랐다. 샤를마뉴 자신은 글을 배워보려고 노력했지만 실패했다. 그래서 서명할 일이 있으면 글자 모양으로 구멍이 뚫린 자를 대어 글자를 그리는 식으로 썼다.

당시 유대인들이 상업을 석권할 수 있었던 것도 바로 글을 읽고 쓸 줄 알았기 때문이다. 유대교는 이산 이후 사제가 별도로 없었기 때문에 모든 신도가 각자 성서를 읽어야 했다. 그래서 모든 유대인 남자는 어려서부터 글을 읽고 쓰는 것이 종교적 의무였다. 중세 이탈리아 상인의 일상 업무 중에 가장 중요했던 것은 글쓰기였다. 상인들은 일주일에 직어도 3~4통의 편지를 써야 했으며, 이에 더해 자신의 상업활동을 상세하게 장부에 기록해야만 했다. 물품을 받고 부칠 때 관련 증빙서류를 함께 동봉해야 했고, 시장에서 판매되는 상품의 목록을 작성하고, 수시로 시세를 파악해서 사업상의 동료나 랍비에게 보내야만 했다.

그 뒤 16세기 들어서야 개신교는 루터가 독일어로 신약을 번역하여 대량 출판한 이후 평신도들도 성서를 손쉽게 접할 수 있게 되었다. 그들도 성서를 읽기 위해 문자교육을 하여 문맹률이 떨어졌다. 종교개혁이 성공한 이유의 하나다. 이러한 특징은 개신교와 천주교를 구분 짓는 중요한 특징이 된다. 우리나라 상황도 유사하여 천주교는 이 땅에 전래된 지 근 200년 만인 1977년에야 완역된 신구약을 가지게 되었으나 개신교는 이미 선교 16년 만인 1900년에 신구약을 모두 번역하여 출간했다.

지혜와 정보를 나누어 주는 오랜 관습

유대인 동족 간의 나눔 정신은 물질적인 것에만 국한되지 않는다. 물질보다 더 강력한 지혜와 정보를 나눈다. 부자가 자신의 재물을 사회에 기부해야 하는 것처럼, 지혜로운 자는 자신의 지혜로 사회에 기여해야 한다. 그러므로 유대인은 자신의 도움이 필요할 때 봉사하지 않는 것을 죄로 여긴다. 타인을 위해 드리는 기도는 의무다. 자신의 동료를 위해 하느님의 자비를 구할 수 있는 자가 그와 같이 구하지 않으면 이는 죄를 짓는 것이다.

이 공동체 의식은 고대로부터 변함없이 그들의 생각과 행동을 지배하고 있다. 학자인 랍비가 공동체를 이끌어가는 것도 같은 맥락이다. 실제 비즈니스 측면에서도 유대인들은 사업이 번창하면 가족이나 친척은 물론 유대인을 우선으로 끌어들이는 것으로 유명하다.

또 유대인 커뮤니티의 유대교 회당인 시너고그에 모르는 이방 유대인이 찾아오더라도 적어도 원로 가운데 한 사람은 꼭 그를 자기 집 식사에 초대해야 한다. 그가 필요한 정보와 도움을 주어야 하는 게 그들의 오랜 관습이기 때문이다. 그래서 유대인들은 멀리 가면 꼭 그 지역 시너고그부터 찾는다. 회당에 가족들을 만나러 가는 느낌으로 시너고그를 찾는다. 유대인들이 태고 때부터 멀리 떨어져 있는 다른 커뮤니티와 서로 도와 사업을 함께 해나갈 수 있는 것은 바로 이 공동체 의식 덕분이다.

유대인들은 개개인이 유대인다운 바른 행위를 해야 한다는 의식뿐만 아니라, 모든 구성원이 서로 사회적인 연대책임을 갖고 있다는 생각이 강하다. 공동체가 구성원 한 사람 한 사람의 유대인에게 바른 행동을 하도록 이끌어야 할 책임도 있음을 뜻한다. 유대인이 남달리 자선 행위를 중요하게 여기는 것도 같은 맥락이다. 일반적으로 서구 사람들이 개인주의적이고 독립적인 개성과 프라이버시를 중요하게 여기지만, 유대인은 다르다. 유대인은 유대인 공동체 속의 한 사람이 될 때라야 비로소 유대인이 된다. 이러한 사고방식은 고대로부터 줄기차게 전승돼왔다. 탈무드에 "만일 부모가 자식을 올바르게 교육시키지 못했거나 그런 환경을 자식에게 마련해주지 못했을 때, 그 자식이 잘못을 저지르게 되면 그 죄를 자식 혼자서만 책임지게 할 수 없다"는 구절이 있다.

무이자로 사업자금 지원하는 '무이자 대부제도'

유대인은 사업이 성공하면 먼저 가족이나 친척을 참여시키고, 번창하면 동족들을 불러 모은다. 그래서 유대인은 대부분 가족이나 친척이 일군 사업에 참여하는 게 오랜 관습이다. 하지만 본인이 새로운 사업을 시작할 때에도 가족이나 친척들의 재정적 지원을 받는 경우가 많다. 또한 설사 주변의 재정적 지원이 없더라도 유대인 사회의 무이자 대부제도를 활용할 수 있다.

일반적으로 성공한 유대인 상인들은 단체를 조직해 다른 유대인을 돕기 위한 기금을 조성하고 사업 정보와 아이디어를 제공한다. 그들 사회에는 가난한 동포를 돕는 '무이자 대부제도'가 오래전부터 있었다. 장사를 시작하려고 하는 사람이나, 실패해서 다시 재기하려는 사람에게 자금 조달은 지극히 절실한 문제다. 그런 면에서 사업자금을 무이자로 대부하는 제도가 역사적으로 유대인 사회에 존재했다는 사실은 매우 특기할 만하다. 이러한 전통은 현재까지 면면히 이어져 내려오고 있다. 유대인의 성공은 이러한 제도적 뒷받침이 있었기에 가능했다.

대표적인 사례가 18세기부터 유럽에서 있었던 '헤브라이인 무이자 대부협회'다. 이러한 전통은 유대인들이 미국에 이민 가서도 계속되고 있다. 성공한 유대인들은 기부금을 내는 걸 당연하게 생각한다. 보통 1만 달러에서 50만 달러까지가 절반 정도 된다. 500만 달러가 넘는 금액도 흔하다. 이런 모금단체를 비롯해 각종 커뮤니티 조직만도 미국에 200개가 넘는다.

비슷한 시기 미국에 이민 온 중국인이나 일본인들에게도 이러한 동포끼리 자금 조달을 위한 금전 상호 융통조직이나 호조회 같은 것은 있었다. 그러나 그것은 이자가 있는 융통이었다. 게다가 그들은 출자한 사람이나, 돈을 빌리는 사람이나 모두 가난한 이주자들이었다. 그러나 유대인 사회의 출자자들은 거액의 출자를 서슴지 않았던, 이미 미국 사회에서 자리 잡아 성공한 사람들이 주축이었다. 더 중요한 것은 종교색이 없는 전자에 비해 후자는 유대교의 가르침에 따라 설립된 종교적 자선단체의 일종이라는 점이다.

도움이 필요한 형제를 돕는 것은 유대교 계율

유대인들은 엄청난 금액의 기부로도 유명하다. 이것 또한 가난한 동포를 도우라는 유대교 계율에 따른 것이다. 유대인은 어릴 때부터 저금통을 갖고 있는데, 이 저금통이 모이면 자선에 쓴다. 자선의 구체적인 방법도 정해놓았다.

토라는 형제들 가운데에서 분명 필요한 사람needy person이 있다면, 그가 필요한 만큼enough for his lack 주어야 할 것이라고 규정해놓았다. 가난한 사람이 아닌 필요한 사람은 세상 어디에나 있다. 그러나 통상적인 자선은 소득의 5분의 1에서 10분의 1까지로 제한해놓아서 자신의 주제를 망각한 채 많은 돈을 자선하는 것은 금하고 있다.

동포를 돕는 방법은 금전뿐만이 아니다. 가난한 유대인 자제가 공부를 계속하기 원하면 공동체는 그 아이의 공부를 책임져 주어야 한다. 유대인들은 유아원부터 시작해서 성인이 될 때까지 다양한 유대 교육기관과 단체에 가입해 교육을 받을 뿐 아니라 인맥을 쌓는다. 그 안에서 그들은 성장할 수 있는 정보와 기회를 서로 제공하고 세계 각국의 유대인들과도 연대하여 강력한 유대인 네트워크를 만들어가는 것이다. 유대인이라는 것 하나로 뭉치고 서로 돕는 그들의 단결력이 유대인의 힘이다.

납치의 대상이 된 유대인들

중세에 지중해, 에게 해, 아드리아 해안 전역에 유대인 무역업자들이 있었다. 베네치아 유대인들은 확대된 유대인 커뮤니티 덕분에 동방무역에서 상당한 몫을 점유할 수 있었다. 이곳에서 유대인과 사업을 하지 않는 상선은 찾아보기 어려웠다.

그러나 유대인들이 주도했던 이슬람과 기독교 세계 간의 무역은 전쟁과 해적 이외에도 여러 위험요소가 있었다. 당시에 유대인들은 부자라는 인식이 팽배해서 납치의 주 대상이 되었다. 더구나 유대인 공동체는 '비드온 슈바임'이라는 제도가 있어 어떠한 일이 있어도 그들의 몸값을 지불하고 동족을 구해냈기 때문에 납치단에게는 더더욱 인기가 있었다. 비드온 슈바임이란 히브리어로 '사로잡힌 자를 사오다'란 뜻으로 곤경에 처한 동족을 구하기 위한 의무적인 헌금제도이다. 이러한 연유로 유대인 납치 사업은 그 뒤에도 300년 동안이나 계속되었다.

비드온 슈바임 제도에 대해 잘 알고 있었던 나치는 헝가리계 유대인 10만 명과 화물자동차 1만 대를 맞바꾸자는 제안을 한 적도 있다고 한다. 전 세계 유대인들은 다른 나라 사람들이 눈치채지 못하게 조용히 모금운동을 벌였으나 끝내 흥정에는 성공하지 못했다고 한다. 지금도 멕시코 같은 경우 유대인 납치가 마피아의 가장 유망한 사업의 하나다. 이렇듯 유대인은 자기 민족을 따로 떨어진 개개인의 덩어리가 아닌 한 덩어리로 여기는 공동체 정신이 강한 민족이다.

십자군의 유대인 학살

이미 10세기 전부터 지금의 독일 땅에서는 주요 교역로를 중심으로 유대인의 정착이 허용되었다. 9세기에 카를 대제와 루드비히 경건왕은 그들이 받아들인 유대인들에게 종교 및 재산의 보호를 보장했으며 교역의 자유를 인정했다. 각 도시에서 유대인들은 마을에 함께 모여 살았는데 당시에는 상업적 이해관계에 의해 결속된 집단들이 같은 마을에서 함께 생활하는 것이 관례였다. 그 밖에도 예배와 자녀교육 문제 등으로 인해 유대인들은 끈끈한 결속력을 갖고 있었다. 당시는 일반 주민과 유대인들은 마치 다정한 이웃처럼 지냈으며 핏줄과 신앙의 차이를 서로 이해하고 있었다.

성직자들도 대부분 종교회의에서 결정한 사항에 대해 중도적 노선을 견지하고 종교 간의 분쟁을 막는 데 신경을 썼다. 일반 주민과 마찬가지로 유대인은 상인, 수공업자로서 큰 불편함 없이 생활할 수 있었다. 특히 유대인들은 전 세계적으로 널리 퍼진 유대인 커뮤니티를 이용한 인맥 관계와 유창한 동양어 구사력, 광범위하게 퍼져 있는 동포들 사이에서 쌓은 신용을 토대로 물품교역에서 발군의 역량을 발휘하였다.

그레고리 7세, 유대인 공직 배제

앞서 보았듯이 11세기 중엽에 그레고리 7세가 교황의 자리에 오르면서 유대인들에 대한 엄중한 규제 법안들을 제정하였다. 1078년 그는 유럽의 모든 기독교 국가 안에서 유대인을 공직에 고용하는 것을 금하는 법령을 선포했다.

스페인 카스티야 왕국의 알폰소 왕이 과격파 이슬람인 알모하드 왕조의 박해를 피해 도망 온 유대인들을 받아들이고 그들에게 호의적인 태도를 취하자, 그레고리 7세는 그를 엄중하게 경고했다. 교황은 그에게 말하기를, "기독교인들을 유대인들 아래 복속하게 하고 그들의 재판에 맡기는 것은 하느님의 교회를 반대하고 사탄의 회당을 높이는 행위와 마찬가지다. 그리스도의 원수들을 만족시키는 것은 그리스도를 오만무례하게 취급하는 것과 다름이 없다"고 했다. 그럼에도 알폰소 왕은 이 경고를 무시하고 계속하여 유대인들에게 피난처를 제공해주었다.

십자군의 유대인 학살

그러나 11세기 말 유럽 대륙에서 유대인에 대한 핍박은 1095년 교황 우르바노 2세에 의해 십자군이 소집된 다음부터 본격적으로 시작되었다. 십자군들이 모이자 그들은 집단의식에 휩쓸려 기독교 근본주의자들이 되었다. 기독교 이외의 이단은 다 쳐부수어야 할 대상이 된 것이다. 게다가 교황은 기독교를 보호하기 위해 이단자들을 죽이는 것은 십계명에 위배되지 않는다고 선포하였다. 이는 이슬람교도뿐만 아니라 유대교를 포함한 비기독교인들이 무참히 학살되어도 종교적으로 문제가 되지 않는 계기가 되었다.

십자군 기사들이 소집되어 유대인이 개종하지 않을 때는 몰살시키겠다는 위협에 각 지역 유대 공동체는 경악을 금치 못했다. 11세기 말부터 거의 200년가량 지속된 십자군 운동은 유대인들에게는 비참한 운명을 자아낸 공포의 시기였다. 사실 십자군 운동의 처음 동기는 순수하였다. 교황 우르반 2세는 팔레스타인을 모슬렘들의 손에서 탈환하여 로마 가톨릭교회의 영지로 삼고 성지순례객들의 안전을 보장해주고자 십자군을 일으켰다. 교황은 십자군에 들어오는 자는 누구든지 죄를 용서받을 것이요, 기독교를 수호하기 위한 전투에서 전사하는 자는 천당에 들어갈 것이라고 약속하였다. 전 유럽에 걸쳐 그 반응은 대단하였다.

유대인 학살은 1096년 프랑스 루앙에서 시작하여 십자군을 따라 라인란트의 도시들로 퍼져나갔다. 특히 다른 도시에서 온 십자군들이 유대인을 공격하기 시작했다. 주교들이 처음에는 폭동을 중지시켰으나 십자군의 폭동이 격해지자 나중에는 방관하거나 피신해버렸다. 이로써 십자군 전쟁이 시작도 되기 전에 수천 명의 유대인이 학살되었다. 특히 대부업에 종사하던 유대인들이 채무자들에 의해 집단으로 희생되었다. 1096년, 제1차 십자군 전쟁이 일어나자 예수의 피

∴ 제1차 십자군이 이슬람의 성을 공격하는 장면

에 대해 복수할 것이라는 십자군의 위협이 알려졌다. 유대인들은 돈을 주고서야 간신히 목숨을 부지할 수 있었다. 하지만 그 후부터 계속 다른 패거리들이 몰려왔다. 이 무리들은 예수를 십자가에 못 박히게 한 유대인에게 복수한다는 명분 아래 광적인 기독교 신앙을 추종하는 농부, 도시민뿐 아니라 강도와 폭도들도 주류를 이루고 있었다. 이것이 그때부터 자행되기 시작한 반유대주의의 종교적 원인이었다.

1096년의 제1차 십자군으로 말미암아 죽임을 당한 유대인의 수는 라인 강 주변에 살던 독일계 유대인들을 중심으로 대략 1만 2000명에 달하였다. 마침내 팔레스타인에 도착한 십자군은 예루살렘을 점령한 1099년, 거기에 살고 있던 모든 유대인을 회당 안에 모아놓고 불을 질렀다. 십자군은 남녀노소를 가리지 않고 그날 하루 한 장소에서 무려 7만 명을 죽였다. 모슬렘과 유대인을 구분치 않고 학살했다.

레이몬드 아구일레스라는 이름의 한 병사가 적은 현장 보고서 내용이다. "진실을 말하면 아무도 내 말을 믿으려 하지 않을 것이다. 솔로몬 사원 안과 사원 문을 지날 때 우리는 말을 탄 채 무릎과 말고삐 높이까지 올라온 '피의 강'을 지나야 했다. … 솔로몬 사원은 오랜 세월 동안 이단자들로부터 불경스러운 모독을 당해왔으니, 바로 그 장소를 이단자들의 피로 가득 채운 것은 하느님의 훌륭한 심판이 아닐 수 없었다."

이처럼 경악스러운 일이 있은 후 황제는 유대인의 신분과 안전을 회복시키는 일에 힘썼지만, 이미 대중 사이에 스며든 '유대인을 죽이는 것이 하나님을 기쁘시게 하는 것이다'는 비이성적인 반유대인 감정은 저지할 도리가 없었다.

비슷한 시기에 메츠와 트리어에서 자행된 약탈과 살인, 방화로 토라가 기록된 양피지 두루마리가 십자군 기사들에 의해 짓밟혔으며, 치욕을 피하기 위해 유대인들은 자녀들을 직접 죽이고 그들도 자살할 수밖에 없는 상황으로 몰렸다. 그 외 마인츠와 쾰른에서도 십자군 기사들이 출몰하여 약탈과 방화, 학살을 일삼았다. 습격을 당한 어느 곳에서건 유대인의 운명은 같았다. 그들은 개종을 받아들이느니 차라리 자기 자신과 자녀들의 죽음을 선택했다. 십자군 전사들이 발을 들여놓았던 레겐스부르크, 프라하를 비롯한 여러 지역에서 그와 비슷한 일이 일어났다. 성지 회복을 목적으로 결성된 십자군 용병 기사들 가운데 목적지까지 가지 않고 이렇게 유대인을 상대로 자행한 약탈의 전리품으로 만족한 사람들이 많았다.

끔찍한 습격이 여러 차례 자행된 후 정치적 해결책이 제시되기도 했는데, 예컨대 1103년 마인츠에서 체결된 제국평화안이 그것이었다. 이 평화안에 따라 처음으로 유대인은 보호받을 필요가 있으며 특별히 '보호받아야 할 사람들'로 분류되었다. 그러나 1146년 교황 콘라드 3세가 다시 십자군을 소집함에 따라 또다시 수많은 유대인이 목숨을 잃었다.✝

✝ 서정일, 〈독일 반유대주의 역사의 사회문화사적 이해〉, 천안대학교, 2003

유대인들이 주도하던 국제무역도 십자군에게 넘어가다

그뿐만이 아니다. 그간 유대인들이 주도하던 국제무역도 십자군에게 넘어갔다. 왜냐하면 기독교도 상인들이 제1차 십자군 군대를 따라가면서 독자적으로 동양 세계와 교류하기 시작했고 기독교도들은 그들만의 동업조합을 결성했기 때문이다. 전쟁을 핑계 삼은 그들은 국제무역에서 이윤이 남는 유대인들의 장사를 송두리째 가로채 갔다. 당시 십자군 원정 이후 나타난 현상은 유럽에서 대부분의 민족이 유대인들을 비정상적인 집단으로 취급하기 시작했다는 점이다. 이런 이유로 유대인은 상업자본과 공업생산의 주류에서 서서히 밀려나기 시작했다.

유대인들에 대해 상업 분야와 공업 분야에서 제재가 있자 그들은 다른 분야에서 그들의 주업을 찾기 시작했다. 당시 기독교도에게 이자 취득이 금지되어 있는 것을 이용하여 고리대금, 전당포, 환전상 또는 일반적으로 기피하는 고물상 등에 종사하였다. 또한 군주의 보호를 받기 위해 왕가의 집사나 징세인이 되어 중세重稅를 바쳤다. 결국 유대인에게 남은 직종은 봉건제도 하의 공동체 구성원들이 기피하는 고되고 힘든 일이나 기독교도들이 금기시하고 경멸하는 대부업과 세리가 그들의 주업이 되었다.

가톨릭 교권의 비대

로마 교황의 권위는 11세기 들어 더욱 강화되었다. 각 지방의 주교나 수도원장은 영주나 신도로부터 토지를 기증받아 강대한 봉건영주가 되었다. 중세 교황은 토지와 세금으로 제후와 같았다. 교황은 부를 늘리기 위해 성직자에게 취임세를 부과하였다. 이것은 성직자가 교황령으로 어떤 교구에 취임하면 교황령에 대한 감사의 뜻으로 취임 첫해 일 년간 수입의 전액을 교황에게 바치는 제도였다. 그러면서 점점 더 교권은 강화되어 세속의 힘까지 장악하기에 이르렀다. 교황권을 지상권으로 제정하기에 이르렀다. 모든 국왕은 교황 아래에 있으며 교황은 그들을 마음대로 옮길 수 있다는 것이다. 어떤 국법도 교황에게는 구속력이 없고, 아무도 교황을 재판할 수 없으며, 교황의 판결은 신의 판결과 같다고 주장하였다. 교황은 해, 국왕은 달이라고 칭할 정도였다.

1076년 교황 그레고리 7세가 신성 로마 제국의 황제인 헨리 4세를 폐위하자, 황제는 교황이 휴가차 머무르고 있는 알프스 산장 카노사에서 3일간 추위에 떨며 폐위 철회를 요청하였다. 이를 카노사의 굴욕이라 부른다. 교황 인노젠시오 3세(1198~1216년)부터 교황은 전 서유럽 군주 위에 군림하게 되었고, 각국의 교회를 통치했다. 1170년 교황 알렉산더 3세는 재산을 교회에 헌납하도록, 유언은 사제 앞에서만 할 수 있도록 법령을 만들었다. 1184년 교황 루시우스 3세는 종교재판소를 인정했고, 1190년 교황 클레멘트 3세는 면죄부 판매를 개시했다.

이노센트 교황, 유대인은 영원히 저주받은 민족

특히 제4차 십자군 전쟁을 주도한 교황 이노센트 3세는 유대인들을, 그리스도를 거부한 대가로 고난받으며 영원히 안식과 평화를 누릴 수 없는 저주받은 민족이라고 믿었다. 그는 처음 교황직에 올라서는 유대인들에 대한 공격과 강제적 개종을 금지시켰었다. 그러나 필립 아우구스투스가 프랑스에서 추방되었던 유대인들을 다시 불러들이고 그들 중 일부를 공직에 채용하자, 태도가 돌변했다. 이노센트 3세는 필립에게 강력히 항의하면서 비난하였다. 필립이 '십자가형을 집행한 자들의 후손을 십자가에 달린 자의 후손보다 선호한 것'이 잘못이라는 것이었다.

1205년 5월 이노센트 3세는 스페인 카스티야의 알폰소 왕이 유대인들을 궁정에 기용했다는 이유로 그를 출교시키겠다고 위협했다. 이후 이노센트 3세는 종교재판소를 만들어 교황의 명을 따르지 않는 자 100만 명 이상을 살해했다.

유대인들 가슴에 노란 마크를 달게 하다

그는 1216년에 열렸던 4차 라테라노 공의회에서 일련의 반유대 칙령을 제정하여 유대인 식별마크 착용을 의무화했다. 노란 마크를 유대인 가슴에 붙이게 한 것이다. 모든 유대인은 열등한 종족이라 가슴에 부끄러움의 표지를 달아야 한다는 의미였다. 그 시대 사람들은 유대인을 신의 저주를 받은 종족으로 취급했고, 기독교도들과 구분되어야 한다고 믿었던 까닭이다.

이미 이슬람권에서는 850년에 유대인과 기독교도 등 비이슬람 교도에 대해 노란색 머리 보자기를 쓰고 옷소매에는 노란색 천을 달라는 명령을 내린 적이 있었다. 1179년에 있었던 가톨릭 공의회에서 이와 비슷한 내용의 법률이 거의 제정될 뻔했었는데, 당시 교황의 개인적인 재정자문을 맡았던 예히엘이라고 하는 유대인의 노력으로 이 일은 무산되었다. 그러나 이노센트 3세가 마침내 이 규정을 채택하고 말았다. 남자는 13세 이상, 여자는 11세 이상의 모든 유대인은 겉옷의 앞뒤에 노란 딱지를 달아야 했다. 그리고 유대인을 공직에서 제외시킬 것과 강제 개종을 명시하고 있었다.

십자군 운동은 유대인 역사에서 유럽 내 유대인들의 안정된 공동체 생활이 끝나고 유대인들에 대한 민족적 혐오감이 강화되기 시작한 하나의 전환점이었다. 이로써 유럽의 유대인들은 18세기에 이르기까지 온갖 조롱과 냉대와 혐오의 대상이요, 가난과 공포와 절망의 대명사로 근근이 생존하기에 이르렀다. 이 600여 년 동안 유럽의 통치자들에게 유대인의 존재는 경제적인 이용물일 뿐이었다. 그리하여 유대인들에게 경제적 이용 가치가 있을 때는 삼키고 없을 때는 내뱉는 역사가 되풀이되었다.

고딕 양식의 탄생

　　한편 유럽 교회의 웅장함과 아름다움은 이슬람의 영향이 컸다. 십자군은 이슬람 세계에서 선진 문명을 보고 충격을 받았다. 이때부터 건축가는 좀 더 밝고 큰 예술적인 교회와 건물들을 짓기 시작했다. 육중한 벽보다는 커다란 창을 가급적 많이 내고 그것을 지탱할 수 있는 구조물을 쌓아 올렸다. 이슬람 건축의 아치와 돔 기술 때문에 가능했다.

　　이로써 공간 내부를 넓히면서도 기둥을 줄일 수 있었다. 여기에 화려한 장식이 가미되었다. 이 시기에는 '고딕 양식'이라는 표현은 없었다. 그들은 스스로 최신 양식이라 불렀다. 그러나 후기 고전주의자들은 이 새로운 건축양식을 그 옛날 로마 문명을 유린했던 야만족 고트와 다를 바 없다고 해서 고딕 양식이라고 불렀다.

성전기사단이 유대인의 대부업을 대신하다

　　십자군 전쟁 기간 유대인에 대한 학살로 유대인의 대부업이 사실상 와해되었다. 이를 대신한 그룹이 성전기사단the Order of Templars이다. 성전기사단은 십자군 전쟁 당시 기독교 성지 예루살렘을 방문하는 순례자들을 보호하기 위해 설립된 단체였다. 성전기사단 기사들은 엄격한 금욕생활과 전장에서 물러나지 않는 용맹함으로 명성을 떨쳤다.

　계속 입회자가 증가하고 기부금이 늘어나면서 성전기사단은 유럽에서 중동에 이르는 광활한 지역에 요새를 두게 되었다. 이후 전쟁에서 약탈한 재물을 다른 지역으로 옮기거나 영주들의 재산을 맡아 관리하는 역할을 하게 된다. 세력이 비대해진 성전기사단은 차츰 순례자 보호란 원래 목적에서 벗어나 일종의 국제 금융기관 역할을 하게 되었다. 왕과 영주들의 재산을 관리하고, 돈을 빌려주기도 했다. 예를 들어 성전기사단의 예루살렘 본부에 재산을 맡긴 영주는 유럽의 다른 지역 성전기사단 지부에서 돈을 꺼내 쓸 수 있었다.

　이처럼 세력이 막강했던 성전기사단은 잘생긴 외모로 미남 왕이란 별명을 갖고 있던 프랑스 왕 필리프 4세에 의해 무너지게 된다. 1295년 성전기사단에 맡겼던 재산을 빼낸 필리프 4세는 파리 루브르에 왕실 금고를 세웠다. 1307년, 심각한 재정난에 직면한 필리프 4세는 성전기사단의 막대한 재산을 독차지하기 위해 음모를 꾸몄다. 성전기사단 기사들이 악마와 결탁해 우상을 숭배하는 등 배교 행위와 비도덕적인 행위를 저지르고 있다는 소문을 퍼뜨린 것이다. 파리의 성전기사단 본부를 급습해 기사들을 체포한 필리프 4세는 고문 끝에 거짓 자백을 받아낸 뒤, 이들을 화형에 처했다.

유대인 박해와 추방이 관례화되다

탈무드 분서

유대인들 가운데는 유대교를 이해하기 위해 철학을 연구할 것인가, 아니면 유대교를 논하기보다는 그것을 준수하고 믿는 데 주력해야 할 것인가 하는 2가지 견해가 서로 엇갈리면서 적지 않은 충돌이 있었다. 이 충돌의 불길은 프랑스 남부 프로방스 지방에서 처음으로 시작되었다. 탈무드 학자인 솔로몬 벤 아브라함은 철학을 공격하는 데 앞장섰고, 다비드 킴히는 철학 연구를 옹호하고 나섰다. 약세에 몰린다고 생각한 철학 반대파는 가톨릭교회에 도움을 호소했다. 이 기회를 이용해 가톨릭 사제들은 많은 유대인 서적을 압수하여 공공연히 불태웠다.

그 뒤 교황청은 정통 신앙을 강화하고 이단을 근절시키는 데 앞장선 도미니크와 프란체스코 수도회를 도시 내에 설립할 수 있도록 인가하였다. 이전까지는 수도원이 속세를 떠나 산속이나 교외에 있었다. 이 수도사들이 앞장서서 유대인의 권리를 박탈하는 데 앞장섰다. 1236년 이들은 교황 그레고리오 9세를 설득해 유대인의 탈무드를 폐기 처분하게 했다. 이후 반복되는 탈무드 금서조치는 유대인의 완강함이 책에서 나온다고 여겨져 책을 없애면 자동으로 이들이 기독교로 개종한다고 믿고 자행한 짓이었다.

** 탈무드 등 유대 서적을 불태우는 중세 유럽인들

유대인의 추방

이러한 비극에도 프랑스 남부 유대인들의 내부 분열은 13세기 말엽까지도 지속되다가, 결국 1306년 프랑스로부터의 추방으로 인해 공동체가 부서지는 운명을 맞이하게 되었다. 서유럽의 유대인들은 그들의 경제적 기여도 여부에 따라 박해를 더 받기도 하고 덜 받기도 하는 고난의 파도를 타야만 했다. 유대인들은 서유럽 이곳저곳에서 추방되었다가 다시 받아들여지기도 했고, 군주들과 일반 대중의 태도 여하에 따라 그들의 운명이 좌지우지되었다.

첫 번째 십자군 운동이 일어났던 1096년부터 1306년에 이르기까지 유대인들은 기독교 문화를 표방하는 서유럽 국가들에서 온갖 박해의 대상이 되어 살았다. 이로써 기독교에 대한 유대인의 반감은 더욱 골이 깊어졌으며, 이때부터 유대인은 정처 없이 방랑하며 살아야 하는 자신들의 운명을 더욱 절감하게 되었다. 1290년 가을에는 영국 내 1만 6000명이나 되는 모든 유대인이 추방되었다. 그때 그들이 옮겨 간 곳이 플랑드르 지방 브뤼헤이다. 그 뒤 브뤼헤 경제가 무섭게 부흥하기 시작했다.

1306년에는 프랑스에서 유대인들이 추방되었다. 14세기는 서유럽의 유대인에게 혹독한 수난을 가져다준 시기였다. 1306년 프랑스의 필립이 유대인들을 추방했을 때, 그들은 멀리 가지 못하고 프랑스 국경 주변으로 피해 귀환령만 기다려야 했다. 마침내 9년이 지난 1315년 기다리고 기다리던 귀환령이 떨어졌다. 프랑스에서 유대인들이 추방되었다가 다시 돌아오게 된 것은 프랑스 통치자의 수입원과 맞물린 함수관계 때문이었다. 유대인은 어디까지나 착취의 대상으로서 필요 없으면 내뱉고 다시 필요하면 받아들이곤 한 것이다.

유대인에 대한 통치자의 착취 못지않게 일반 서민층의 공격 역시 유대인 공동체들에는 커다란 화근이 되었다. 1320년에는 남부 프랑스의 가난한 양치기들과 농부들이 난을 일으켜 많은 유대인에게도 피해를 입혔는가 하면, 그다음 해에는 문둥병자들로 인해 막심한 피해를 입게 되었다. 1321년에 남부 프랑스에서 문둥병자들이 질병을 퍼뜨리려고 한다는 소문이 돌자, 몇몇 문둥병자들이 잡혀 와 고문을 받게 되었다. 그중 하나가 자백하기를, 스페인의 유대인들과 모슬렘들이 연합하여 유럽의 기독교 인구를 독살할 계획으로 문둥병자들에게 뇌물을 주어 우물에 독을 살포함으로써 질병을 퍼뜨리도록 사주했다는 것이었다. 이 사실무근의 자백으로 말미암아 수백 명의 유대인이 잡혀 고문받고 죽임을 당하였다. 그리고 유대인들은 루이 10세의 약속 기간을 채우지도 못하고, 또다시 프랑스에서 추방되는 운명을 맞이하였다.

1359년에 프랑스는 재정난 때문에 다시 유대인들을 불러들였다가, 1394년 9월에 또다시 결정적으로 프랑스 전역에서 유대인들을 추방한다는 칙령이 떨어졌다. 이 추방령이 서명된 날인 1394년 9월 17일은 마침 유대인의 속죄일이었다.

13~14세기의 독일은 중앙정부와 황제의 권한이 약화되고 각 도시 제후들이 독자적인 재량권을 행사할 수 있었던 체제였다. 이런 상황 속에서 도시마다 독립을 추구했던 것은 당연한 일이었다. 이처럼 권력과 독립을 위한 투쟁이 곳곳에 난무하는 가운데 유대인들은 모두의 희생제물로 전락하기 일쑤였다. 독일의 유대인들은 한 도시에서 쫓겨나 다른 도시로 피하거나, 아니면 아예 동 유럽으로 이주해버린 이들도 있었다.

14세기 후반에 독일의 유대인들은 비록 본래 살던 곳으로 입경이 허락되었지만, 도시 내 한 구역에 모여서 살아야 했다. 이것이 바로 후에 '게토'라고 불리게 되는, 도시 안의 작은 유대인 거주구역이다. 이처럼 도시 내의 한 특정한 구역에 분리되어 살면서 유대인들은 단순한 과세 대상으로서 결코 가난을 면할 수 없는 상황 속에 처하게 되었다. 게토의 유대인들은 도시들의 이익을 위한 수단이었기 때문에 유대인들에 대한 추방도 없었거니와 자발적인 이주도 허용되지 않았다.*

❖ 김경래 지음,《그리스도 이후 유대인 방랑사》, 전주대학교출판부, 1998

15세기 말에 이르러서는 이탈리아 각 도시에서 유대인 추방이 잇달았으며, 그나마 용케 남게 된 사람들도 은행가의 위치에서도 쫓겨나 겨우 소규모 대부업과 전당포업으로 생업을 유지해야 했다. 유대인들은 13세기 영국, 14세기 프랑스, 15세기 스페인, 16세기 이탈리아에서 차례로 추방되었다. 이러한 현상은 15세기 이후 지중해 연안에서 북부로의 상권 이동이 유대인과 밀접하다는 좀바르트의 의견을 뒷받침해준다.

유대인의 물질성으로서의 가치

노련한 무역상으로 명성을 이어오던 유대인 사회의 입지는 13세기에 들어오면서 경멸의 대상으로 전락하며 특별세와 높은 보호비를 내야 했다. 이 과정에서 '세금을 내는 대가로 황제의 보호를 받는 유대인'으로 1236년에 처음 언급되면서 전적으로 황제의 권위 아래 있는 유대인은 세금을 내는 재원으로 활용도가 커졌다. 유대인들은 황제 이외에 주교와 도시 당국에도 보호비를 지불해야 했다.

유대인의 보호증서 속에 함축된 유대인의 물질성으로서의 가치는 1356년 카를 4세의 금인칙서에서 잘 나타나 있다. 금은광과 마찬가지로 모든 유대인과 관련된 권한을 제후들이 합법적으로 소유할 수 있다는 대목에서 채굴되는 지하자원과 동등하게 여기고 있음을 볼 수 있다. 십자군 원정과 함께 시작한 반유대인 정서는 200년간 지속되면서 거듭되는 추방과 박해로 이어졌다. 1713년 헤센의 경우, 보호권이 없거나 밀리면 유대인들은 8일 안에 영내를 떠나야 했다.

이 와중에 유대인의 빈자리를 교회가 채웠다. 교회 정책상 이자를 받는 것이 금지되어 있었지만, 수도원이 가장 성공적인 돈놀이꾼이었다. 성전기사단은 당시 유럽에서 가장 큰 은행업체였다. 본부를 파리와 런던에 두고 유럽 전역과 중동에 지점을 갖고 있었다.

교황의 유대인 탄압

흔히 고리대금업은 유대인과 결부하여 말해지는데 당시에는 이율과 상관없이 돈을 빌려주는 행위 자체를 고리대금, 폭리, 부당이득의 뜻이 담긴 'Wucher'라고 불렀다. 12세기 후반 무렵부터 금전거래 또는 돈 버는 일과 관련된 오명은 수 세기 동안 유대인이라는 이름 앞에 마치 꼬리표처럼 붙어 다녔다.

1215년, 교황 이노센트 3세가 소집한 제4차 교황청 공의회에서는 반유대 정책이 대거 채택되었다. 유대인들이 금전거래를 통해 기독교도의 피를 빨아먹고 있다고 언급하면서 기독교도를 보호하기 위해 '부당한 이자를 강탈하는' 유대인은 기독교도들과 접촉하지 못하도록 해야 한다는 의견이 제기되었다. 특히 중세에는 위험 부담으로 이자율이 상당히 높았기 때문에 이자 자체가 유대인 채권자에 대한 비난과 공격의 빌미가 될 수 있었다.

1215년의 공의회와 관련하여 덧붙여야 할 것은, 이때 처음으로 의복을 통해 유대인을 일반 주민과 구분해야 한다는 논지에 따라 유대인 식별 규정이 도입되었다는 점이다. 그리하여 유대인에게는 악마의 뿔을 상징하는 노란색 모자를 쓰도록 했다. 중세에는 노랑이 멸시받는 자의 색으로 1445년의 함부르크 복식 규정에 따르면 창녀들은 노란 수건을 머리에 써야 했다. 미혼모들도 이 노랑의 수치를 견뎌야 했다. 독일의 남부 도시 프라이부르크에서는 미혼모들에게 노란 모자를 쓰도록 강요했다. 이교도들에게도 처형장에서 노란 십자가를 목에 걸어주었다. 빚을 진 채무자들은 노란 원을 옷에다 달고 다녀야 했다. 이 같은 노란 의복과 노란 장식은 말 그대로 '치욕의 징표'였다.

특히 유대인은 멸시의 대상이었다. 유대인은 높다랗고 뾰족한 노란 모자를 쓰고 옷에 노란 고리를 달고 다녀야 했다. 기독교인이 유대인에게 노란색을 강요한 것은 더 깊은 의미의 차별이었다. 유대교와 기독교 전통에 따르면 제례에서는 노랑이 사용될 수 없는 금지된 색이었다. 노랑은 신앙이 다른 자들을 차별하기 위한 징표로 사용되었기 때문에 성스러운 교회에서 사용하는 색은 결코 '노랑'일 수 없었던 것이다.

10

페스트의 창궐과 유대인 대학살

14세기부터 중세 유럽은 백년전쟁에 시달려 말 그대로 암흑의 시대였다. 게다가 흑사병Black Death이 전 대륙을 휩쓸고 있었다. 흑사병은 크리미아 반도 남부 연안에서 발원하여 1346년 봄에 이탈리아 상선대에 의해 흑해 연안에 도달했다. 이후 무역로를 따라 1347년 이탈리아를 강타하고 이듬해 프랑스 전역을 휩쓸었다. 다음 해에는 영국에 이어 북유럽과 러시아에까지 이르렀다.

1340년대에 유럽을 휩쓴 흑사병은 유럽 사회에 치명적인 타격을 가했다. 이 흑사병이 얼마나 독했는지 1347년부터 4년간 흑사병의 발병으로 유럽의 인구 7400만 명 중에서 3분의 1이 죽었다. 특히 도시는 인구 절반이 죽었다. 이후 8년에 1번꼴로 발생하여 유럽 전체 인구의 4분의 3을 휩쓸었다고 한다.

흑사병이 이렇게 무서운 결과를 낳은 것은 당시로서는 병을 치료할 적절한 수단이 없었기 때문이다. 당시 유럽인들의 영양 상태가 좋지 않았던 것도 이유의 하나다. 인구가 급증함에 따라 식량이 부족해졌고, 따라서 병에 대한 저항력이 약해졌다. 1000년경에 약 3000만 명이었던 유럽 인구가 1340년경에 약 7400만 명이 될 정도로 크게 늘어났다. 당시 농업생산성이라는 것이 밀 한 알을 심으면 겨우 3~4알을 수확할 정도로 낮았으니 급격히 늘어난 인구를 충분히 먹여 살리기가 어려웠던 것이다. 굶주림이 만연한 상황에서 흑사병이 퍼지자 막대한 피해를 낸 것이다.

흑사병은 폐페스트를 일컫는데 일단 감염되면 갑자기 고열이 치솟고 피를 토하며 호흡곤란을 일으켜 정신을 잃는다. 대개 발병한 지 24시간 이내에 죽는데 사망 직전에 환자의 피부가 흑색으로 변하기 때문에 흑사병이라 불리게 되었다. 흑사병은 환자들을 격리하지 않은 채 주로 성당에 함께 모여 미사를 드려서 전염이 확산되었을 뿐 아니라 성직자들의 희생도 많았다. 여기에 흉작까지 겹쳐 인구가 거의 3분의 2로 줄어들었다. 심지어 인구가 5분의 1로 준 지역도 많았다. 특히 인구가 많이 사는 도시의 피해가 컸다. 당시 피렌체 인구는 흑사병으로 11만 명에서 4만 5000명으로 급감하였다.

미국의 역사학자 윌리엄 맥닐에 의하면 이 현상은 몽골 제국과 관련이 있다. 몽골 전사들이 유라시아 대륙의 광범위한 지역들을 정복하여 제국을 건설하고 광대한 교역 체계가 만들어지면서 이 병이 세계 각지로 확산되었다는 것이다. 말과 낙타, 배를 이용해 사람들이 이동할 때 쥐와 벼룩 그리고 페스트 병균까지 세계여행을 할 수 있었다. 그리하여 중국에서 1330년대 초에 시작된 이 병은 곧 아시아 스텝 지역으로 퍼져갔고, 1340년대 초에는 흑해와 지중해에 도달했으며, 1340년대 후반이 되자 유럽 내륙 지역과 서아시아, 북아프리카에까지 퍼져갔다. 페스트가 발병한 지역에서는 모두 엄청난 피해를 입었다. 유럽에서는 전체 인구의 30%가 사망했다. 흑사병은 유럽뿐 아니라 몽골 제국에도 치명적이었다. 중국의 한 성은 1340년 인구의 90%를 상실하였다. 무서운 파괴력이었다.

피해가 너무 엄청나 민심이 흉흉할 수밖에 없었다. 당시 사람들은 이 병이 왜 시작됐는지, 또 왜 그처럼 엄청난 규모와 빠른 속도로 퍼졌는지 알 수 없었다. 이럴 때 사람들은 병의 원인을 흔히 '하늘의 뜻'으로 돌리곤 한다. 인간의 죄에 분노한 신의 천벌이라며 수만 명이 스스로를 채찍으로 때리는 고행에 나섰다. 죽음의 공포가 사회를 휘감았으며 살아남기 위한 투쟁은 기존의 가족관계나 인간관계를 철저히 파괴시켰다. 흑사병에 대한 공포는 사람들을 극심한 광기와 미신에 사로잡히게 했다.

이 병의 실체는 1890년대에 가서야 온전히 밝혀졌다. 벼룩이 페스트균에 감염된 쥐를 물어 피를 빨 때 병균들이 벼룩의 몸 안으로 들어와서 증식했다가, 벼룩이 다른 동물을 물면 병균이 옮겨 간다. 그러나 전염병이란 개념이 없었던 당시 사람들은 쥐를 박멸하기는커녕 원인을 엉뚱한 곳에 돌렸다.

서민들 처지에선 전당포와 고리대금업은 물론 돈 되는 사업은 모조리 거머쥔 유대인들이 평소에도 눈엣가시처럼 보였다. 이 와중에 예전부터 유대인들이 애굽에서 탈출을 기념하는 유월절 예배의식

때 어린아이를 납치해 제물로 쓴다는 소문까지 있었다. 게다가 이번에는 흑사병의 원인이 유대인들 때문이란 소문이 돌았다. 애꿎은 유대인들이 희생양이 된 이유 중 하나는 흑사병이 유독 그들만 피해 갔기 때문이다. 탈무드는 청결을 강조하는 유대교의 율법과 전통 덕분이라고 설명한다. 손 씻는 것을 신과 만나는 신성한 행위로 여겨 삼가 지켰다는 것이다. 유대인들은 잘 씻는 습관 하나로 병의 마수에서 벗어날 수 있었다.

금전거래 독식이 박해를 부르다

황제의 권력 쇠퇴와 맞물려 새 세력으로 부상한 도시들은 자치권을 장악했고 도시동맹 내에서 서로 제휴했다. 경제 규모가 확대됨에 따라 유대인의 금전거래가 중요한 기능을 지녔기 때문에 각 도시국가들은 유대인의 유용성을 인식하고 우호적 입장을 취하기도 했다. 유대인 박해가 본격화된 것은 유대인에게 호의적이었던 도시귀족이 중간 및 하층 길드에게 행사했던 권력을 상실한 14세기에 이르러서였다. 박해의 경제적 원인은 유대인들의 일방적인 금전거래 독식이었다. 심지어 유대인에게 거액을 빌린 고관제후들은 제멋대로 조건을 붙였고 돈을 되돌려주어야 할 때에는 이를 회피하기 위해 온갖 폭력 수단을 사용했다.

또한 봉건군주의 압력에 시달려온 많은 농민 역시 빚더미에 올라 앉았다. 귀족이나 유대인에게 진 빚을 갚지 못했을 경우, 이들은 도시로 도망쳤고 가난한 소시민들과 함께 극빈층을 형성했다. 도시귀족에 대항한 봉기가 일어났지만 봉기의 일차적 희생양은 유대인이었다. 교회는 이자수익을 원천적으로 금지한다고 천명했던 터라, 사람들은 유대인의 이자수익을 가로채는 것에 양심의 가책을 느끼지 않았다.

그리고 가톨릭 성직자들도 '신앙이 없는' 유대인에게 변치 않은 반감을 갖고 있었다. 가톨릭 사제들 가운데 널리 퍼졌던 반유대인 감정은 이미 325년의 니케아 종교회의 때부터 나타나기 시작했던 것이다. 일부 교회 지도자들은 정치권에 압력을 가하고 일반 대중에게 영향력을 행사함으로써 유대인에 대한 박해를 가속화시키는 데 선봉장 노릇을 하였다. 그리하여 13세기 중반 가톨릭교회는 각 지역 주교회의를 통해 모든 기독교도에게 유대인과 함께 먹고 마시는 행위를 전면 금지시켰다. 유대인이 기독교도 앞에서 자신의 신앙에 관해 말하는 것은 물론 기독교도가 유대인과 대화를 나누는 것조차 금했을 정도다. 이런 분위기가 지배했던 곳에서는 쉽게 유대인에 대한 습격이 이어졌다.

유대인들이 그리스도의 몸에 고통을 가하려는 악의를 품고 성체聖體를 훼손했다는 소문이 돌았다. 특히 비난의 근거는 유대인들이 담보물로 잡은 제단에 있던 성체 위에 '붉은' 얼룩이 발견되었다는 것이다. 그러나 이 얼룩은 끈끈한 음식물 위에 서식하는 박테리아 때문이었다. 박테리아 세균 때문에 벌어진 어처구니없는 일이 중세에는 유대인의 범죄 증거물이 되었다. '피흘리는' 성체들은 최고조의 흥분을 불러일으켰고 광신적인 기독교도들에 의해 유대인 박해와 학살에 다시없는 빌미가 되었다.

유대인들이 우물에 독을 풀었다는 소문이 나돌다

당시 유럽인들에게 너무나 큰 충격과 피해는 피해망상증을 불러일으켰다. 바로 '흑사병은 Pestis Manufacta, 곧 인간의 악의에 의해 퍼진 질병'이라는 생각이었다. 이러한 생각과 소문이 삽시간에 대중들에게 불어넣어졌다. 유대인들이 우물과 샘에 독을 풀었다는 소문도 나돌았다. 소문의 진위를 가릴 틈도 없이 민심이 사나워졌다. 유대인에 대한 증오가 폭발하였다. 폭도들은 유대인 거주지에 불을 지르고 유대인들을 살해하기 시작하였다. 1349년의 일이다.

비단 스페인뿐만이 아니었다. 유럽 전역에서 유대인들은 심한 박해를 받았다. 이전부터 예수를 십자가에 못 박혀 죽게 한 자, 마왕 숭배자, 탐욕스러운 고리대금업자 등 죄악의 상징으로 여겨졌던 유대인들은 흑사병이 유행하자 체포되어 고문에 못 이겨 그들이 우물에 독약을 풀었다고 거짓 자백을 해야 했다. 그리고 이때부터 유럽 전역에서 이와 유사한 자백들이 쏟아져 나왔다. 스페인뿐만 아니라 스위스, 독일, 프랑스 등지에서의 유대인 학살은 1348~49년의 기간 동안 최고조에 달하였다.

상황이 심각해지자, 교회가 이를 막기 위해 나섰다. 교황 클레멘스 6세는 "유대인들도 우리와 함께 페스트의 고통을 받고 있습니다. 이 고난의 책임은 악마입니다"라는 내용의 교서를 발표했다. 하지만 분노한 민중들의 귀에는 교황의 말도 들리지 않았다. 300개 이상의 유대인 거주지가 철저히 파괴되었다. 기록에 따르면 독일 마인츠에서 6000명, 프랑스 스트라스부르크에서 2000명이 희생되었다.

당대의 연대기에는 이렇게 기록되어 있다. "독일에서는 수천 명의 기독교도가 닥치는 대로 유대인들을 살해하거나 산 채로 불태웠다. 이때 유대 여인들은 자기 아이들이 기독교 세례를 받아 희생을 피하도록 하기보다는 차라리 불 속에 던져 넣었고, 그다음에는 자기 몸을 불구덩이에 던져 남편과 아이의 뒤를 따랐다." 유대인을 보호하기 위한 교황과 세속군주들의 노력은 별다른 효과를 거두지 못하였다.

유대인들, 동부 유럽으로 대거 피신하다

그 뒤 1351년에 흑사병과 함께 유대인 학살 열기 또한 수그러들었을 때, 유럽에서는 유대인들의 대형 공동체 6개와 소형 공동체 150개가 사라졌고, 350회 이상의 학살이 자행되었다. 결국 이 때문에 중서부 유럽에서는 유대인 공동체가 거의 뿌리 뽑혔다. 불행한 사실은 일단 사람들이 유대인들에게 폭력을 행사하는 데 익숙해지자 그와 같은 일이 항존하게 되었다는 것이다.

살아남은 유대인들은 흑사병과 박해를 피해 폴란드와 리투아니아 등 동유럽으로 대거 도피하였다. 이때 독일에 거주하던 유대인들이 특히 동구로 많이 이주했다. 독일의 방언인 이디쉬어Yiddish language가 동부 유럽에서 유대인의 언어로 자리 잡으며 문화와 경제에 큰 영향을 미치는 계기가 된 것이다.

인구의 급감, 중세 유럽인 평균수명 20세

흑사병이 중세 유럽 사회에 불러일으킨 가장 극적인 변화는 바로 인구의 급격한 감소였다. 그렇지 않아도 이미 1300년경을 기점으로 하여 잦은 자연재해와 그에 따른 기근으로 인구가 감소하고 있던 추세였다. 그러던 차에 유럽 사회는 페스트의 창궐이 결정적으로 작용하면서 인구가 급감하였다. 즉, 1300년경에 7300만 명으로 정점에 달했던 유럽의 인구는 기근과 흑사병이 복합적으로 작용하면서 1350년경에는 5100만 명으로 줄어들었다. 그 뒤에도 11~12년 간격으로 흑사병이 재발하면서 1400년경에는 4500만 명 정도에 머물렀다. 14세기 이후에도 끊임없이 유럽 지역에 창궐한 흑사병은 18세기경에 이르러서야 주춤해졌다. 페스트균이 발견된 것은 19세기 말 파스퇴르에 의해서였으니 인류는 그때까지 전염병의 공포에 떨어야 했다.

자연히 유럽인들의 평균수명 역시 대폭 낮아졌다. 영국은 1276년 당시 35세였던 것이 1275년부터 1300년 사이에는 31세, 1300년부터 1325년 사이에는 30세, 1326년부터 1346년 사이에는 27세로 계속 낮아지다가 페스트 창궐기에는 17세까지 뚝 떨어졌으며 1400년경까지도 20세 정도밖에 되지 못했다. 이러한 노동력 감소는 곧 사회문제와 극심한 경제침체로 이어져 중세는 말 그대로 암흑의 시대가 될 수밖에 없었다.

인구가 줄어들자 많은 농경지가 버려져 다시 숲으로 되돌아갔고, 상업이나 수공업도 쇠퇴했으며, 도시도 위축되었다. 결과적으로 유럽 경제는 거의 파멸 상태에 빠졌다. 큰 전쟁이나 전염병이 돌아 인구가 많이 줄어든 다음 그것이 다시 원 상태로 회복되는 데는 보통 약 200년의 기간이 소요된다고 한다. 그러니 16세기에 들어서서야 유럽 경제가 겨우 다시 회복되기 시작하는 것이다.

유대인 추방은 재산 몰수와 민심 달래는 일거양득

반유대 감정이 고조되는 또 다른 이유의 하나가 경제적 요인이다. 유대교는 이자 수취를 허용하는 한편 기독교는 금했다. 이러한 상반된 종교 원칙 속에서도 유대인들은 많은 기독교도에게 돈을 빌려주었다. 따라서 사회적으로 빚에 대한 압력이 커지면 빚을 준 유대인들은 잔인한 고리대금업자로 몰리며 박해당하고 추방되는 전형적인 모습이 수 세기를 두고 반복되었다. 이때 권력자들은 기다렸다는 듯이 유대인의 보호를 위해 엄청난 보호비와 채무 탕감을 요구했다.

15세기 스페인에서의 유대인 추방보다 먼저 독일, 프랑스, 영국과 이탈리아 등에서 유대인 추방이 있었다. 중세에는 유대인이 죽으면 그의 재산과 채권은 영주에게 귀속되었다. 그래서 기독교도 위정자들은 그들을 죽이거나 추방하고 재산을 일시에 몰수하기로 마음을 먹는 경우가 많았다. 따라서 중세 유럽에 유대인 추방이 자주 일어났다. 게다가 주민들의 반유대 정서가 높아지거나 사회적 불만이 쌓이면 영주들이 떠안고 있는 문제에 대한 최종적인 해결 방법은 항상 유대인 추방이었다. 희생양인 셈이다. 이런 해결 방식은 1012년에 라인란트의 마인츠에서, 1182년에는 프랑스에서, 1276년에는 북부 바이에른의 상 바바리아에서 시도되었다. 그 뒤 1290년에는 영국의 유대인들이 추방되었다. 또 프랑스에서는 미려 왕이 유대인들의 채무 관계를 백지화하고 1306년 1만 명을 빈털터리로 추방하였다. 9년 뒤 루이 10세가 유대인을 다시 불러들였으나 이어 1321년, 1394년에도 같은 사례가 반복되었다.

플랑드르, 영국과 프랑스에서 추방된 유대인들이 일구다

1290년 영국에서 대부업에 종사하던 유대인들이 추방되어 이들 약 1만 6000명이 바다 건너 플랑드르에 정착했다. 그들이 제일 먼저 시작한 것이 자기들이 살았던 영국의 양모를 사들여 모직을 짜기 시작한 것이다. 그 뒤 프랑스에서 쫓겨난 유대인들도 합류하였다. 프랑스에서는 1306년과 1321년에 유대인 추방령이 떨어졌다. 이 사건은 1290년에 앙주 가문의 지배 아래 있던 잉글랜드와 당시 잉글랜드가 지배하던 유럽 대륙의 지방에서 유대인이 추방당한 사건에 뒤이어 일어났다. 다른 유대인 집단들 또한 샹파뉴 백작령, 부르고뉴 그리고 바르 지방에서 추방이라는 같은 길을 걸어야 했다.

추방당한 유대인들은 플랑드르 지방으로 모여들었다. 그들은 플랑드르 지방을 북부 유럽의 모직산업과 교역 중심지로 이루어냈다. 이들과 당시 상업이 부흥했던 북부 이탈리아 도시국가들의 유대인 사이에 교역이 빈번하였다.

샹파뉴 정기시,
유대인 추방으로 역사의 뒤안길로 사라지다

이들 사이의 교역을 지원했던 곳이 북프랑스 샹파뉴 지방의 정기시 도시들이다. 트루아, 프로뱅, 바르-쉬르-오브, 라니의 네 도시인데 이 도시들은 11세기부터 시작해 12~13세기에 전성기를 맞았다. 이 도시들에서는 매년 두 달씩 돌아가며 한두 차례 정기시장이 열렸다. 여기에는 프랑스, 이탈리아 상인뿐 아니라 잉글랜드, 스칸디나비아, 이베리아 반도의 상인들까지 모여들어 국제적인 중개무역 도시로 발전했다. 그러나 도시의 규모는 가장 큰 트루아의 인구가 1만 5000명 정도로 크지 않다. 13세기 초에 샹파뉴 정기시가 융성하면서 비로소 네덜란드 지역에서 지중해에 이르는 전역에 통일성이 이루어졌다.

그래서 《물질문명과 자본주의》를 쓴 브로델은 본격적인 유럽 경제의 발흥 시점을 샹파뉴 정기시가 열린 13세기로 잡는다. 이미 그때부터 유럽이 동일한 가격의 지배를 받음으로써 세계 무역과 세계 시장이 형성되었다고 보기 때문이다. 이는 자본주의의 본래 영역은 생산이 아니라 '교역'이라는 것이다. 이처럼 경제사에서 샹파뉴는 중요한 위치를 차지하고 있었다.

1347년 샹파뉴 시는 저질러서는 안 되는 치명적인 실수를 저질렀다. 그간 유대인들에게 진 빚을 탕감시키려고 이탈리아계

롬바르디아 유대인들을 추방한 것이다. 이로써 샹파뉴 시의 금융과 신용 업무를 종식시켰다. 치명적인 실수였다. 그 뒤 샹파뉴 정기시는 역사의 뒤안길로 사라졌다. 다시는 신용 업무를 할 수 없었다.

신용거래와 상품교역이 상호 의존적이었던 관계 속에서 유럽 교역의 중심으로 자리 잡았던 샹파뉴 정기시는 신용 업무가 종식된 후에는 존재 가치가 없어진 것이다. 샹파뉴 정기시의 붕괴는 중세 경제의 근본적인 변화를 가져왔다. 프랑스에서 추방당한 유대인들이 동쪽으로 이주하여 독일 경제가 활기를 띠게 되었다.

유럽 대륙에서 도미노처럼
유대인 커뮤니티가 무너지다

프랑스에서 추방당한 유대인들이 독일 지역으로 몰려들자 그 지역의 반유대 정서가 급격히 높아졌다. 그 뒤 독일 지역에서도 유대인들이 연이어 추방당했다. 1420년 리옹, 1421년 비엔나와 린츠, 1424년 쾰른, 1438년 마인츠, 1439년 아우크스부르크, 1442년 바바리아, 1446년 브란데부르크, 1454년 모라비아 왕실 소유 도시들, 1462년 마인츠, 1483년 바르샤바에서 유대인들이 쫓겨났다.

유럽에서 유대인들의 추방이 이처럼 연이어 나타난 것은 한곳에서 쫓겨난 유대인들이 그 주변 나라로 이주했기 때문이다. 이렇게 해서 주변 나라들에는 통치자들이 원했던 수보다 더 많은 유대인이 거주하게 되고 민심이 사나워지자 또 다른 추방이 촉발되었다. 이렇듯 각 도시들은 유대인 추방을 결의했다.

경제가 안 돌아가자 다시 유대인을 불러들이다

영주들 스스로 유대인 추방 결정을 후회하기 시작했다. 쫓아내고 보니 경제가 안 돌아갔다. 납세자가 없고 돈 빌려줄 사람이 없어진 상황이 너무 고통스럽다는 것을 느꼈다. 유대인이 추방되면 대출이 자가 높아지고 대출 문턱도 높아졌다. 기독교 대부업자들이 은밀히 부호들만 상대로 돈놀이하느라 금융이 제대로 작동하지 않았기 때문이다. 그래서 서민들의 원성이 커졌기 때문에 영주들은 유대인을 다시 불러들일 수밖에 없었다. 그리하여 유대인을 추방했던 도시의 문이 다시 열렸다.

유대인들은 영주들의 탄압정책으로 일단 쫓겨나면 재입국을 위해 더 비싸게 보호비를 지불해야 했다. 대체로 경제적 요인에 의해 추방 되었듯 재입국도 경제적 요인이 크게 작용하기 때문이다. 그리고 이 때부터는 유대인들은 한곳에 모여 살아야 했는데 그곳이 바로 불결 하기 짝이 없는 변두리 혹은 도시 한구석에 설치된 유대인 특별구역, 게토였다.

이탈리아 반도와 이베리아 반도에서의 유대인 추방

그 무렵 통치자들과 관계도 좋았고 해상무역과 금융업 발달의 절 대 공신 역할을 했던 이탈리아 유대인들도 독일 지역의 유대인들이 몰려들자 반유대 정서가 높아져 자기들이 살던 땅에서 추방되었다. 1485년 페루자, 1486년 비첸차, 1488년 파르마, 1489년 밀라노와 루카에서, 또 친유대적인 메디치가가 멸망한 후인 1494년에는 피렌차와 토스카나 전 지역에서 쫓겨났다.

이 무렵 이탈리아 반도의 유대인들은 수적으로는 줄어들었지만 그들이 지닌 사회적 중요성은 여전하였다. 또한 이탈리아가 오래도록 중앙집권 체제를 갖추지 못하고 도시국가들로 나누어져 있었기 때문에 한곳에서 추방되면 다른 곳에서 피난처를 제공해주었다. 그러나 이 기간 동안에 형성된 최악의 반유대주의 물결이 300개 이상의 유대인 커뮤니티를 삼켜버렸다.

그리고 당시 유대인들이 가장 많이 살았던 스페인 왕국에서 대규모 유대인 추방이 있었다. 1492년 스페인에서 약 30만 명이 추방되었다. 당시 스페인이 지배하던 시칠리아와 사르데냐에선 1493년에 4만 명의 유대인들이 쫓겨났고, 1496년에는 나폴리 왕국에서도 쫓겨났다. 1497년 포르투갈에 이어 1490년대 말에 이르자 스페인 북부 나바르 왕국에서도 쫓겨났다. 이들은 유럽 대륙으로 뿔뿔이 흩어졌으나 그 가운데 많은 사람이 유대인 동족들이 비교적 자유롭게 생활하며 상업에 종사하고 있는 플랑드르 지방으로 몰려갔다.

이븐 베르가, 유대인에게는 순응성이 없다

당시 로마에서는 이븐 베르가라는 유대인에 의해 《셰베트 예후다(유다의 혈통)》라는 책이 나왔는데, 여기에는 사람들이 어째서 유대인을 싫어하는가 하는 물음을 내놓고 있다. 이븐 베르가는 스페인 말라가에서 태어났는데, 스페인과 포르투갈에서 차례로 쫓겨나

1560년에는 이탈리아에 당도하고, 그곳에서 떠돌이 생활을 했다. 《셰베트 예후다》에는 64건에 이르는 유대인 박해 이야기가 기록되어 있다.

이븐 베르가는 히브리어로 글을 썼다. 그의 글은 교양 있는 유대인 독자를 염두에 두고 썼다. 그는 르네상스기의 사람답게 합리적인 사고방식, 무엇이나 다 의심해보는 마음, 그리고 독립적인 정신을 지닌 인물이었다. 그는 유대인이었지만 탈무드를 강하게 비판하고 마이모니데스를 조롱했다. 가공의 대화를 통해 유대의 학문 성과를 비아냥거렸다. 말하자면, 유대인들은 학대를 받아도 싸다는 것이다. 자존심이 높은 반면, 수동적인 데다 신을 너무나 지나치게 믿는다는 것이다. 희망에 차 있는 것은 좋지만 너무나 순종적이고, 정치와 군사를 너무나 소홀하게 다루어오는 바람에 '벌거숭이처럼 무방비' 상태라는 것이다. 기독교도에게 관용의 마음이 없다면, 유대교도에게는 순응성이 없다고 보았다.

이븐 베르가에 의하면, 대체로 스페인과 프랑스의 왕, 귀족, 학자, 고위 인사들은 모두 유대인에 대해 호의적이었는데, 편견을 가지고 있었던 것은 주로 배우지 못하고 교양이 없는 가난한 사람들이었다고 한다. 그는 현자의 입을 빌려 다음과 같이 말하기도 했다. "나는 양식 있는 사람이 유대인을 싫어하는 것을 본 일이 없다. 유대인을 싫어하는 것은 전적으로 서민들이다. 여기에는 이유가 있다. 유대인은 거만스럽고 언제나 우위에 서려고 한다. 이 거리 저 거리로 쫓겨 다니며 노예의 신세로 전락한 자라고는 도저히 볼 수가 없다. 오히려 지배자나 군주라도 되는 것 같은 표정을 하고 있다. 그래서 서민들은 유대인을 시샘하는 것이다."

유대인들, 폴란드로 많이 피난 가다

이때 쫓겨난 사람들은 다시 자기가 살았던 도시로 되돌아간 이들도 있지만 주로 동부 유럽으로 피난 갔는데 그중에서 특히 유대인에게 관용정책을 베풀었던 폴란드에 많은 유대인이 이주하였다. 당시 1300년대 폴란드의 볼레스와프 왕은 유대인에게 문호를 개방하여 경제를 부흥시키려 했다. 왕은 유대인들을 환대하여 그들이 재능을 자유롭게 펼칠 수 있도록 해주었다. 그 결과 유대인들은 비교적 빠른 시간에 자리를 잡고 폴란드 사회와 경제를 견인하면서 높은 위치를 차지할 수 있었다. 폴란드에서 처음으로 주조한 은화에는 히브리어가 씌어 있을 정도였다.

1575년에 폴란드 인구 700만 명 가운데 유대인 인구는 15만 명이었으나, 그 뒤 유대인 숫자는 급격하게 늘어나 1648년에 이르자 유대인 정착지는 115개로 늘어났고 인구는 51만 명이 되었다. 폴란드 내의 유대인 인구 비율은 7%로 여타 유럽의 1%에 비해 월등히 높았다. 이들은 폴란드 귀족들과 손잡고 국내 농업생산과 유통을 장악했을 뿐 아니라 네덜란드의 유대인 공동체와 연결망을 가지고 비즈니스를 확대하는 데 요긴한 새로운 신용 체제를 발족시켰다. 국내외 상권을 모두 장악하자 반유대 정서가 폭증하였다.

넘치면 부족함만 못한 법이다. 결국 사단이 나 1648년의 코자크인 반란군과 합세한 농민폭동으로 10만 명의 유대인이 학살당하였다. 당시 주변국으로 피신했던 유대인들이 평온을 되찾자 다시 돌아와 유대인 인구가 폭발적으로 늘어나 제2차 세계대전 직전에는 폴란드 내 유대인 인구가 300만 명을 헤아렸다. 그들은 동유럽에도 본격적인 자본주의를 이식했다.

독일 경제학자이자 역사학자인 베르너 좀바르트는 유대인이 주도한 자본주의가 동유럽에서 탄생할 수 있었던 것은 그들이 유대인이었기 때문이라기보다는 소수민족이었기 때문이라고 설명하고 있다. 어느 사회에서든 항상 소수민족이 자본주의를 앞장서 실천하였다. 도덕적 신념을 가진 소수민족들은 정계를 지배하지 않는 대신 경제권을 장악함으로써 자신들의 생존권을 확인하고자 했다는 것이다.

오스만 제국을 부흥시킨 유대인

동로마 제국의 멸망

1453년 5월 28일, 동로마 제국의 수도 콘스탄티노플은 7000명의 병력에 의지하며 8만 명에 이르는 오스만튀르크의 대군에 둘러싸여 있었다. 그리스인들을 주축으로 하는 콘스탄티노플 사람들은 7주가 넘도록 용케 이슬람 군단의 집중포화를 견뎌내면서 조금만 기다리면 형제 기독교 국가들의 원군이 도착할 것이란 믿음으로 자신들의 기독교 국가를 지켜내고 있었다.

권좌에 오르자마자 콘스탄티노플의 점령에 모든 것을 걸고 공격을 시작한 튀르크의 술탄 메메드 2세로선 조급해지기 시작할 시점이었다. 그러나 기습공격을 마치고 돌아온 비잔티움 돌격대원 하나가 성벽 모서리의 비상문 빗장을 잠그는 것을 그만 깜빡 잊고 말았다. 이를 눈치챈 튀르크군은 성의 내부로 진격하기 시작했고 이튿날인 29일 도시는 마침내 점령당했다. 콘스탄티노플을 점령한 후 이슬람의 관습에 따라 3일간의 약탈이 허용되었다. 1000년 대제국은 그렇게 역사에서 사라졌다. 술탄은 동로마 제국의 옛 수도에 찬란한 새 수도를 건설했다. 기독교 도시에서 모슬렘 도시로, 그 이름은 콘스탄티노플에서 이스탄불이 되었다. 그리고 다시는 바뀌지 않았다.

뒤처진 동유럽

동유럽의 사회구조는 중세 이래 서유럽보다 불안정했다. 새 농업기술, 사회조직 도입도 서유럽보다 늦었다. 서유럽은 상업도시와 도시 부르주아가 일찍 성장했으나 동유럽은 그러지 못했다. 14세기 흑사병 등으로 인구가 급감하자 노동력이 부족한 동유럽에서는 지배자들이 농민을 더 억압하고 도시의 자치권도 허용하지 않았다. 도시가 취약했다는 것은 소유권 개념이 발달한 로마법이나 시민권이 번성할 여지가 없었다는 뜻이기도 하다.

15~16세기에 폴란드, 보헤미아, 헝가리, 독일(엘베 강 동쪽) 등지에서는 왕정이 허약하거나 붕괴하여 왕은 농민 문제에 관한 영지귀족의 요구에 대항할 수 없었다. 곧 서유럽에서는 이미 사라진 농노제가 동유럽에서는 귀족의 봉건적 반동과 함께 새로 도입되거나 강화되었다. 채무 농민을 토지에 묶어두고 부역 증대, 농민 이동 금지가 진행된 것이다.

술탄이 강제로 불러들인 오스만 제국의 유대인들

오스만튀르크 제국이 콘스탄티노플을 함락시킨 뒤에 한때 100만 명을 자랑하던 콘스탄타노플의 인구가 15만 명 내외로 줄어들었다. 하지만 이 가운데 11% 정도가 유대인일 정도로 이스탄불은 유대인에게 새로운 삶의 터전이 되었다. 불충한 가톨릭 상인에게 상권을 넘겨주지 않으려는 술탄이 능력 있고 부유한 유대 상인들을 강제로 불러왔기 때문이다. 그리고 그들에게 관용을 베풀고 상업을 독려하였다.

특히 이슬람권에서는 불결하거나 비천한 것으로 여겨 모슬렘에게 금지된 특정 부문과 유대인의 재능이 필요한 부문에 유대인들이 집중되었다. 그런 업종으로는 가죽 세공, 포도주 등 주류의 생산과 판매, 귀금속 세공, 동전 주조, 무기 제조 등이 해당되었다. 또한 직업상 이교도와 접촉이 불가피한 외교 부문이나 국제교역, 재무, 의학 등에 유대인의 특화가 이루어졌다. 이로써 유대인이 왜 동서교역에 핵심 인물로 떠올랐는지가 분명해진다.[*]

특히 그 뒤 1490년대에 스페인과 포르투갈에서 피신해 온 유대인들이 콘스탄티노플의 군수산업을 일으키는 데 많은 도움을 주었다. 그들은 오토만 살로니카의 유대인 공동체를 발전시켜 1553년에는 세계 최대 규모인 2만 명 이상의 유대인들이 그곳에 살았다.

❖ 최영순 지음,《성서 이후의 유대인》, 매일경제신문사, 2005

오스만 제국 유대인들의 상업적 활약

　13세기 말인 1299년 오스만 왕조가 일으킨 오스만 제국은 셀주크 왕조의 전통을 이었으나, 몽골 제국과 비잔티움 제국의 영향도 받아 이슬람적이면서도 동시에 튀르크적인 국가를 건설하였다. 오스만 제국은 광대한 영토를 거느림에 따라 여러 민족과 여러 종교와 종파가 서로 공존하여 비이슬람적인 문화에 대해서도 너그러웠다. 따라서 유대인들이 오스만 제국으로 많이 들어갔다.

　1326년경 오스만의 뒤를 이은 그의 아들 오르한 1세는 즉위하고 나서 곧바로 동로마 제국의 지방도시 부르사 점령을 시작으로 유럽대륙에 다다를 때까지 영토를 확대하였다. 부르사는 곧 오스만 제국 최초의 수도로서 기능을 하게 된다. 이 기세를 타 오스만 제국은 15세기 말까지 발칸과 아나톨리아의 거의 모든 땅을 평정하고, 바다에서는 흑해 북해안과 에게 해의 섬들에까지 세력을 뻗쳐 흑해와 에게 해를 오스만의 내해로 만들기에 이른다.

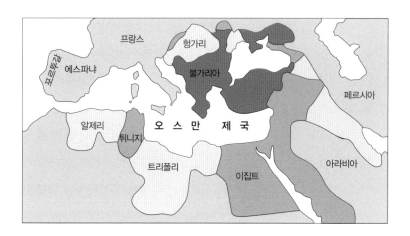

오스만의 비단산업

오스만 제국의 가장 중요하고 유명한 직물은 비단이었다. 비단산업의 중심 도시는 초기 수도였던 부르사를 중심으로 이스탄불, 알레포, 다마스쿠스, 빌레직, 아마스야, 사크즈 등이었다. 비단은 가볍고 양은 많지 않았지만 고부가 사치품 교역이었다. 오스만 제국은 비단 수출을 위해 최초로 1352년 제노바에, 이어 베네치아에 오스만 영토에서의 교역권을 인정해주었다.

부르사에는 제노바 상인들을 위한 비단거래소가 설립되었고, 유럽 상인들을 유치하기 위한 제도적 편의가 제공되었다. 15세기 부르사 비단시장을 장악한 유럽 세력은 베네치아, 제노아, 플로렌스 지방의 상인들과 유대인들이었다. 부르사로 몰려드는 페르시아산 비단 행렬은 수를 셀 수 없을 정도였다. 주로 튀르크멘 부족들로부터 말과 낙타를 공급받아 300~400마리의 카라반으로 구성된 교역단은 1회에 약 30톤가량의 물량을 공급할 정도로 번성했다. 페르시아는 고대로부터 중국과 교류하면서 양잠을 빨리 받아들여 비단을 생산했었다.

16세기 후반에는 페르시아 전체의 연간 비단 생산

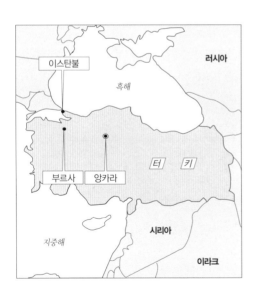

이 3388톤에 달했는데, 그중 약 462톤이 부르사로 공급되었다. 이들 대부분이 유럽으로 수출되었다. 동시에 견사를 이용한 다양한 견직산업이 부르사를 중심으로 크게 발전하는 계기가 되었다. 16세기 초에 부르사에만 1000개 이상의 비단 직조공장이 가동되었다고 한다. 점차 견직물 수요와 직조기술이 발달함에 따라 이스탄불에까지 확산되어 1564년에 318개의 견직물 직조공장이 이스탄불에 설립되었다.

페르시아에서 직접 유럽으로 수출되는 비단에 대해서는 오스만제국이 일정한 통과세를 부과했다. 오스만-페르시아 사이에 무역의 중심은 역시 비단이었고, 이에 대한 대책으로 부르사에서 발전된 산업은 주로 벨벳과 견사를 이용한 다양한 고급 직물이었다. 페르시아로부터의 비단 수입 초과로 인한 경제적 악영향을 최소화하기 위해 장려된 국책산업이었다. 이런 현상은 오늘날까지 지속되어 부르사는 현대 터키의 가장 중요한 견직물 중심 도시로 남아 있다.

부르사를 중심으로 비단의 중개무역에 그치는 것이 아니라, 오스만은 유럽 취향에 맞는 다양한 견직물을 개발하여 수출했다. 그중 가장 특징적인 제품은 세라세serase라 불리는 견직물이었다. 직조 과정에 금사와 은사를 사용한 최고급 상품이었다. 중국의 최고급 수출품 금직을 모방한 제품이었다. 오스만의 견직물은 16세기경 유럽에서 가장 선호되는 교역품으로 자리 잡았다. 그러나 16세기 말부터는 유럽 상인들이 견직물 대신에 견사를 수입하기 시작하면서 쇠퇴하기 시작했다.

르네상스 탄생에 기여한 유대인

르네상스는 1400년부터 1530년의 130년간 사이에 일어난 문예부흥 운동을 말한다. 그 이전 서로마 제국의 멸망부터 약 1000년간 서양 문명은 없다시피 했다. 그래서 이 시기를 '암흑의 중세 시대'라고 표현한다. 곧 중세 시대는 일반적으로 고대의 끝에 해당하는 서로마 제국의 멸망부터 유럽의 '부흥'을 뜻하는 르네상스까지다. 그만큼 르네상스는 시대를 구분할 정도로 인류사에 큰 획을 그은 중요한 전환점이었다. 과학혁명의 토대가 만들어져 중세를 근대와 이어주는 시기가 되었다.

여기서 문예부흥이란 구체적으로 문화, 예술 전반에 걸친 고대 그리스와 로마 문명의 재인식과 재수용을 의미한다. 이 점에서 르네상스는 일종의 시대적 정신운동이라고 말할 수 있다. 르네상스가 일어났을 때 사람들은 고대 세계로 눈을 돌렸다. 제일 먼저 주목을 받은 것이 고대 로마였다. 그러나 학자나 시인 그리고 예술가들은 장대한 로마 문화의 배후에 그보다 더욱 힘차고 매력 있는 문화가 숨어 있는 것을 알았다. 과거의 두터운 장막은 차츰 열렸다. 그리하여 모습을 나타낸 것이 장엄한 고대 그리스 문화였다. 거기에는 중세를 옭매었던 신이 아닌 자연 그대로의 인간이 있었다.

고대 그리스인들의 사고방식 한가운데는 개개인의 인간 가치에 대한 확고한 신념이 있었다. 거의 모든 나라가 절대군주제로 통치되고 있던 시대에도 그리스인들만은 인간을 전능한 권력자의 도구로서가 아니라 한 사람의 인간으로서 존중되어야 한다고 확신하고 있었다. 그리스 아테네에서 민주주의가 탄생한 것은 우연이 아니었다. 그리스의 유명한 비극 시인이었던 소포클레스는 이렇게 말했다. "이 세상은 놀라움으로 가득 차 있다. 그러나 우리 인간보다도 더 놀라운 존재가 또 있겠는가."

르네상스는 한마디로 신으로부터의 해방이다. '인간은 원죄를 지고 태어났다'는 신학적 사상을 극복하여 '인간도 고귀하다'는 휴머니즘의 회복이다. 미술로부터 시작된 인간 해방은 문학과 학문으로 파급되었다. 르네상스는 이탈리아어 'rinascimento'에서 어원을 찾을 수 있다. 5세기 로마 제국의 몰락 이후에 암흑의 중세가 시작되었다. 그때부터 르네상스에 이르기까지의 시기를 야만시대, 곧 인간성이 말살된 시대로 파악하고 고대의 부흥을 통해 이 야만시대를 극복하려는 것이었다. 역사적인 측면에서 유럽은 르네상스의 시작과 더불어 기나긴 중세의 막을 내리고 근대로 접어든다.

르네상스가 출발한 시대적 배경을 살펴보자. 최후의 신성로마 황제 프리드리히 2세가 죽은 뒤 사실상 황제 자리는 비게 되었고, 프랑스의 영향력이 증대하여 교황청 자리도 아비뇽으로 넘어갔다. 이를 아비뇽유수(1309~1377년)라 한다. 그 결과 도시나 군주 사이에 항쟁이 격화되었고 강한 나라는 주변에 있는 작은 나라를 굴복시켜 합병하였다. 끊임없는 전쟁 상태에 있는 도시에서는 공화제도를 유지하는 일이 어렵게 되어 특정한 유력자가 권력을 장악하는 시뇨리아 제도가 확대되었다. 그들은 곧 공公·후侯의 칭호를 얻어 세습적인 국가를 형성하게 되었다.

15세기 후반에 공화제도를 유지할 수 있었던 곳은 베네치아, 제노바, 피렌체 등 소수의 상업도시였다. 피렌체는 사실상 메디치가의 지배 아래 있었다. 이러한 정치적 분위기 가운데 15세기에 르네상스 문화가 개화하였다. 비잔티움 제국과 이슬람 지역에 보존되어 있었던 고대 그리스의 철학이나 자연과학, 아라비아의 의학·천문학 등 뛰어난 문화와의 접촉이 시발점이었다. 이를 번역하고 전파한 사람들이 이슬람 세계에 살았던 유대인들이다. 그들이 없었으면 고대 문화는 르네상스와 연결되지 못하고 영영 사장되었을지도 모른다.

그 뒤 중세 말에 상인의 현실적·합리적 의식을 기반으로 새로운 시민 문화가 형성되었다. 그 속에서 그리스·로마 문화의 중요성을 재발견하고 그 부흥을 주장하는 지식인 운동이 일어났다. 이탈리아 사람들은 유대인을 지적인 민족으로 인정하고 직접 유대인을 르네상스에 참여하도록 하여 흡수했다. 그들은 유대인으로부터 철학, 과학, 의학, 수학 등을 배웠으나 미술과 건축만큼은 유대인들보다 훨씬 뛰어났다. 유대인은 농업만 빼고 당시에 있었던 모든 직업에 종사했다. 그들 중에는 의사, 학자, 시인, 천문학자, 약제사, 재무장관, 국무장관, 금은세공사, 과학기구 설계사 등이 있었다. 제화공, 재봉사, 선원, 행상인이기도 했고 모피와 비단 상인, 전당포 주인, 향신료 상인, 직조공, 수출업자, 수입업자 그리고 대장장이나 날품팔이, 일꾼도 있었다.

르네상스 시대 유대인은 극작가, 무대감독, 배우, 무용가, 화가, 조각가이기도 했다. 이렇게 장황하게 직업군을 나열하는 데는 이유가 있다. 그 무렵 도시상인의 뿌리는 유대인이었고 또 농촌 봉건영주 사회에서도 영주, 기사, 농노를 제외한 제3의 직업은 대부분 유대인 몫이었던 것이다.

여성의 사회활동도 활발했다. 의사나 은행가가 된 여성도 있었고 배우나 가수가 된 여성도 있었다. 유대인들에게는 막대한 돈도 있어 그들은 귀족과 함께 미술가의 후원자가 되기도 했다. 훌륭한 건축가를 고용하여 건물이나 시너고그를 설계했다. 그래서 현재 남아 있는 건축물에서도 웅장하고 화려한 르네상스의 모습을 찾아볼 수 있다. 이렇게 유대인들은 고대 그리스 문화의 번역과 전파는 물론 르네상스 운동의 한가운데 자리하고 있었다. 게다가 도시 상호 간의 경쟁의식과 군주가 미술가와 학자를 보호했던 일도 르네상스 문화 발전에 큰 역할을 했다.✤

유대인, 고대와 중세 문화를 연결시키다

암흑의 중세에 접어들면서 유럽은 고대 그리스 문화와 단절되었다. 이 시기에 고대와 중세 문화를 연결시킨 사람들이 유대인들이었다. 이슬람 문화권에서 보존되고 있던 고대 그리스 저작들이 이슬람권에 있는 유대인들에 의해 발굴되고 번역되어 연구되었다. 이러한

✤ 막스 디몬트 지음, 이희영 옮김, 《세계 최강성공집단 유대인》, 동서문화사, 2002

작업이 12세기 십자군 전쟁을 통해 유럽에 다시 소개되는 과정을 거쳐 르네상스가 시작될 수 있는 밑거름이 되었다. 르네상스가 시작된 밑바탕에는 유대인들의 문화활동이 큰 기여를 한 셈이다. 그 뒤 피렌체에서 개화된 르네상스 문화운동은 프랑스, 독일, 영국 등 북유럽 지역에 전파되어 각각 특색 있는 문화를 형성하였으며 근대 유럽 문화의 기반이 되었다.

유럽 최초의 근대국가, 이탈리아 도시국가들

그 무렵 14~16세기의 이탈리아 반도는 크게 세 부분으로 나뉘어 있었다. 북부는 많은 도시국가로 나누어져 있었고, 중부는 로마 교황령이며, 남부는 스페인이 다스리는 나폴리 왕국이었다. 북부는 14세기에 약 30개 정도의 도시국가들이 서로 경쟁하고 있었다. 이 가운데 큰 것은 밀라노, 피렌체, 베네치아, 제노바 같은 도시국가들로 유럽의 다른 국가들과 맞먹는 경제력과 군사력을 갖고 있었다. 지중해 무역과 모직물 산업 등 경제력이 발전했기

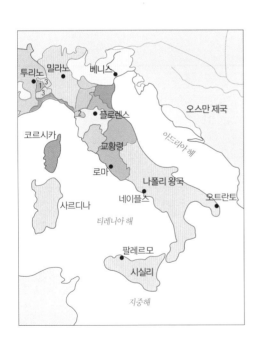

때문이다. 프랑스, 신성 로마 제국 등 봉건국가의 왕들은 권력을 영주들과 나누어 갖고 있어서 큰 영토임에도 그에 걸맞은 군사력을 동원할 수 없었다.

《이탈리아 르네상스의 문화》를 쓴 19세기 스위스의 역사가 부르크하르트는 이 시기 이탈리아 도시국가들이 유럽 최초의 근대국가라고 주장한다. 통치자들이 중세법이나 관습, 기독교 교리에 의지하지 않고 냉정한 정치적 타산에 따라 행동했기 때문이라는 것이다. 부르크하르트는 이런 근대국가를 만드는 일에 가장 앞선 도시가 베네치아와 피렌체이며, 특히 피렌체가 세계 최초의 근대국가라고 믿었다. 그곳에서 새로운 정치적 원리와 이론들이 생겨나고 그것들이 실험되었기 때문이라는 것이다.✤

✤ 강철구, 〈강철구의 '세계사 다시 읽기'〉,《프레시안》

IV

북부 이탈리아
도시국가들의 부흥

JEWISH ECONOMIC HISTORY

5세기 후반 시작된 암흑의 중세 시대에 도시경제가 장원경제로 후퇴하여 유럽의 도시들이 쇠퇴했다. 10세기에 삼포제가 개발되어 농업이 발전하여 먹거리 곤궁을 벗어날 수 있었다. 그리고 11세기 들어 상업이 발달하자 도시가 활력을 되찾았다. 그 무렵 도시가 가장 발달한 지역은 유대인들이 상권을 주도하던 북부 이탈리아와 플랑드르 지역이었다. 당시로는 첨단산업이었던 모직물산업이 발달하여 상공업이 가장 먼저 발전했다. 이 두 지역에서는 인구의 4분의 1이 도시에 거주했던 것으로 추산된다.

반면 다른 지역에서는 아직 도시들이 별로 발달하지 못했다. 지금까지도 이 두 지역은 유럽 대륙에서 경제 규모가 가장 크고 1인당 소득이 가장 높은 지역이다. 그 무렵 북부 이탈리아는 특이한 지역이었다. 신성 로마 제국의 판도 안에 들어 있었으나 황제가 독일 지역에 거주하여 관리가 되지 않았다. 그래서 이 지역 도시들은 독립적인 존재로 발전했다. 로마 교황이 황제를 견제하기 위해 도시국가들을 부추겼기 때문이기도 했다.

11세기에 100여 개였던 북부 이탈리아 도시들은 14세기에 30여 개로 합병되어 큰 규모의 도시국가들로 발전했다. 알프스 이북 지역에서는 봉건영주들에 의한 봉건 체제가 그대로 유지된 반면 북부 이탈리아에서는 귀족과 상인이 중심이 되는 독립적인 도시국가 체제가 만들어졌다. 그 결과 피렌체, 베네치아, 밀라노, 제노바 같은 도시국가들은 인구가 10만 명 수준으로 당시 유럽에서는 가장 큰 도시

들이었다.

그 무렵 봉건 군주와 영주들이 다스리는 알프스 이북의 도시들은 규모가 작았다. 꽤 크다고 알려진 도시들조차 5000명을 넘기 어려웠다. 프랑스의 경우, 가장 큰 도시인 파리가 14세기에 이르러서야 10만 정도로 12세기 당시 이탈리아의 도시는 다른 지역의 도시와는 위상이 달랐다. 영국의 도시도 가장 큰 런던의 인구가 14세기에 5만 명 수준이었다. 그 외에는 다 작았다. 독일에서 가장 큰 도시는 쾰른, 프라하였으나 이들 도시의 인구도 14세기에 4만 명 정도였다. 고대 로마나 알렉산드리아가 이미 100만 명의 대도시를 형성했던 것에 비하면 중세 유럽 도시들은 규모가 매우 작았다. 당시 수십만 명이었던 아시아의 대도시들과도 크게 비교된다.

10세기에 약 4000만 명이었던 유럽의 인구는 14세기 초에 7000만 명을 넘어섰다. 14~16세기의 이탈리아 반도는 크게 세 부분으로 나뉘어 있었다. 북부 지역은 많은 도시국가가 있었고, 중부는 로마 교황이 다스리는 교황령이며, 남부는 나폴리 왕국의 영토였다. 북부 이탈리아 지역에서는 14세기에 약 30개 정도의 도시국가들이 서로 경쟁하고 있었는데 가장 큰 곳이 밀라노, 피렌체, 베네치아, 제노바 같은 도시국가들로 유럽의 다른 국가들과 버금가는 경제력과 군사력을 갖고 있었다. 지중해 무역과 모직물산업이 발전했기 때문이다.✧

✧ 강철구, 〈강철구의 '세계사 다시 읽기'〉,《프레시안》

제노바 경제사

이탈리아 도시국가 가운데 가장 먼저 두각을 나타낸 곳이 제노바다. 제노바는 기원전 7세기경에 리구리아인들이 만든 항구도시다. 절벽 같은 산지에 병풍처럼 둘러싸인 제노바는 시가지가 산허리에 걸쳐 있는 항구도시로 배후지를 갖기 어려운 구조다. 어차피 바다로 나가지 않으면 안 되는 지정학적 운명이었다. 그래서 가장 먼저 지중해 무역에 뛰어들었다. 따라서 제노바 경제사의 대부분은 외부에서 진행되었다.

제노바는 바다를 통해 나폴리, 시칠리아, 코르시카 등 이탈리아 남부 및 세비야, 콩테, 제네바 등 서부 지중해 지역과 무역을 했다. 나중에는 지브롤터 해협을 지나 네덜란드, 영국 및 북유럽 지역으로 진출했으며 말이나 노새 등 운송가축을 이용해 알프

스 협로를 통해 유럽 대륙으로 교역 상대를 넓혀갔다. 오랜 항해의 역사로 제노바 선원들은 선박 제조와 항해술의 천재들이었다. 콜럼버스도 제노바 사람이다.

10세기경 북부 이탈리아 도시국가들은 독자적으로 산업, 특히 모직물산업을 발전시키고 있었으나, 모직물시장은 처음에는 매우 한정되어 있었다. 새로운 시장에로의 무역로를 개척한 것은 대개 서부 이탈리아 해안 도시국가들의 업적이었다. 10세기에 제노바와 피사 그리고 아말피의 상인들은 당시 지중해를 지배했던 이슬람 해군과 이슬람 해적 떼들의 위협이 상존하고 있었음에도 과감하게 해안을 따라 프랑스로 항해하기 시작하였다. 11세기 초까지도 이들은 이따금 이슬람 해군과 해적 떼에게 약탈당했다.

샤르데냐와 코르시카의 이슬람을 몰아내다

제노바는 1015~1016년에 아말피, 피사와 협력하여 이슬람의 본거지인 사르데냐 왕국과 코르시카를 정복하고 이슬람들을 내쫓았다. 이로써 지중해 뱃길이 활짝 열렸다. 당시 아말피는 아라비아를 거쳐 중국에서 전래되어 온 나침반을 서구 최초로 실용화하여 원거리 항해에 능했다. 당시 아말피 상인들은 카이로와 광범위한 교역 관계를 맺고 있었다.

❖ 아말피

1087년에 제노바는 파티마 왕조의 옛 수도인 이도시(마흐디야)를 단기간 점령하여 공납을 강요했다. 더불어 이슬람 통치자로부터 최초로 교역상의 특권, 즉 관세 면제를 얻어냈다. 11세기 말에 제노바는 사실상 동로마 제국으로부터 독립을 획득했다.

제노바, 서쪽 교역의 주도권을 잡다

그리고 1091년에는 노르망디인들이 시칠리아 왕국을 정복했다. 이로써 이슬람이 지배했던 서지중해에서 기독교도의 상업활동은 실질적으로 자유로워졌다. 이제 지중해에서 이슬람이라는 공동의 적이 없어지자, 그 뒤 제노바는 교역 라이벌인 피렌체의 외항 역할을 한 피사와 남부의 아말피를 제압하고 지중해 서쪽 교역의 독점적 주도권을 쥐었다. 제노바는 실크산업이 약간 발달하기는 했으나 주력사업은 무역, 전쟁, 금융이었다.

당시는 전쟁이 중요한 사업의 하나로 간주되던 시대였다. 해상무역을 통해 상호 이익을 증진시키거나 상대방이 말을 듣지 않으면 무력으로 굴복시켜 재화를 탈취하는 방법으로 국부를 증대했다. 이러한 국부 증대와 자본 축적은 곧 금융산업으로 발전했다.

채권의 발명: 활발한 채권 및 주식 거래

유럽의 대 금융가들은 지배자에게는 없어서는 안 될 인물들이었다. 정부가 재정적으로 문제가 생길 때마다 지배자들은 금융가들을 불렀다. 정부에 돈을 대기 위해 은행가들은 아마도 세계 최초의 정부 채권에 해당하는 것을 팔았다. 정부채권은 세금수입으로 갚았다. 이런 종류로 가장 오래된 거래는 1164년 제노바에서 생겼다.

채권시장을 통해 돈을 빌리는 것은 금융 역사상 최대의 발명품 가운데 하나다. 이로써 국가가 미래의 세수를 담보로 돈을 빌려 전쟁을 치르거나 대규모 건설사업을 벌일 수 있었다. 또한 화폐의 만성 부족에 시달리던 금속본위제 하의 경제에서 그만큼 통화 유동량이 커져 경제 활성화에도 도움이 되었다. 이때부터 투기는 지극히 정상적인 것으로 인식되기 시작했다.

그 뒤 베네치아와 피렌체도 공채를 발행했다. 전쟁 등 비상시에는 용병 급여 등 전쟁 경비 증대로 채권 발행이 늘어나 정부부채가 국고 수입의 30~40%까지 차지하기도 했다. 정부는 이러한 부채를 상환하기 위해 세금도 무겁게 매겼다. 그럼에도 베네치아의 생활 수준은 그 어느 유럽 도시들보다 월등히 높았다.

중세 말기에 대부분 이탈리아 도시국가들에서 채권이 발행되었다. 14세기 이후 베네치아와 피렌체뿐 아니라 피사, 베로나, 제노바까지 확산되었다. 또 도시국가들은 주식loughi을 발행해 조달한 자본으로 세워진 회사monti들에 징세 업무를 위탁했다. 초기 주식회사는 로마 시대의 주식회사인 퍼블리카니Publicani와 매우 비슷했다.

그 뒤 북부 유럽의 정기시장에서도 중세 봉건왕조가 금기시했던 상거래와 금융이 거의 무제한으로 이루어졌다. 당시 시장참여자들은 지급불능 가능성이 높을수록 채권값이 떨어지는 메커니즘을 발전시켰다.

지브롤터 해협 발견:
대서양과 북해 해상운송 시대를 열다

운송로의 변화는 제노바 사람들의 업적이라 할 수 있는 지브롤터 해협의 발견으로 시작된다. 지중해地中海는 말 그대로 '땅 가운데 있는 바다'라는 뜻이다. 그런데 제노바 사람들이 '서쪽에 있는 큰 바다'인 대서양大西洋으로 나가는 길을 발견한 것이다. 제노바는 지중해를 벗어나 1278년에 대서양과 북유럽까지 진출했다. 이로써 힘들게 넘어야 했던 알프스를 통과하는 육로를 대신해 훨씬 많은 양을 쉽게 운반하는 해상운송이 각광받게 되었다. 탁월한 경쟁력이 생긴 것이다.

이로써 대륙 한가운데 있는 샹파뉴 정기시의 이점은 사라지고 영국의 양모를 쉽게 운반할 수 있는 플랑드르의 항구도시 브뤼헤에 각국 상인들이 모여들게 되었다. 1290년 영국에서 추방당한 유대인 약 7000명이 브뤼헤를 위시한 플랑드르 지방에 거주하기 시작하면서 이곳의 상권이 급속도로 발전하였다. 베네치아는 다음 세기인 1314년에야 제노바 뒤를 쫓았다.

제노바 사람들은 이어 1291년에 대서양의 카나리아 제도를 발견했고, 또 인도로 가는 항로를 찾으려고 시도했다. 이후 제노바와 베네치아 양 도시는 서로 싸우는 가운데 각자 자신의 주력시장 교역에 집중해갔다. 제노바는 서쪽으로, 베네치아는 동쪽으로 치중했다. 그리고 제노바는 북쪽, 특히 흑해 방면에서 주로 사업을 벌인 반면, 베네치아는 남쪽의 시리아와 이집트에서 주로 사업을 벌였다. 단적인 예가 당시 주력산업인 면직물의 원자재인 원면의 수입이다. 터키산 원면은 제노바가 주로 수입했고 시리아산 원면은 베네치아가 수입했다. 제노바는 그 외에도 주로 모직물 염색 재료인 명반, 비단, 설탕, 건포도, 포도주, 염료 등을 수입하여 서유럽에 팔았다.

제노바는 이를 운반하는 데 주로 코카선이라 불리는 원형범선을 주로 이용했다. 제노바 코카선은 점점 커져 15세기 중엽에 이르면서 지중해에서 가장 규모가 큰 선박이 되었다. 베네치아 코카선도 컸지만 제노바 코카선에 비하면 상대적으로 왜소했다. 제노바가 초대형 코카선을 도입한 이유는 명반 수송과 관련이 있었다. 제노바 상인들은 13세기 후반부터 소아시아에서의 명반 생산과 수출을 독점하게 되었는데, 문제는 명반의 가장 큰 소비처가 영국과 플랑드르였다는 점이다. 명반은 직물산업에 꼭 필요한 매염제媒染劑로서 이들 지역에서 면직물과 모직물 산업이 발전함에 따라 수요는 더욱 증가했다. 무명 염색 시에도 잿물로 매염한 후 명반으로 처리했다.

그렇지만 무겁고 비교적 저렴했던 명반을 동지중해에서 대서양으로 수송하려면 무엇보다 수송비 문제가 관건이었다. 결국 제노바 상인은 수송비를 낮추기 위해 당시로는 상상할 수도 없을 정도의 큰 선박을 이용하게 되었던 것이다. 제노바의 초대형 원형범선은 동지중해에서 대서양으로 명반, 면화와 같은 무겁거나 부피가 많이 나가는 저가의 대중상품들을 저렴한 수송비로 대규모로 수송할 수 있었다. 그리고 낮은 수송비 덕분에 동지중해에서 북아프리카를 걸쳐 대서양으로 가는 노선에서 독점적인 위치를 확보할 수 있었다.

제노바, 피사, 베네치아 등의 상선대는 12~13세기에 십자군에게 선박 운송 서비스를 제공하면서 부유해졌다. 특히 십자군의 무력을 배경으로 동지중해로부터 흑해 연안에 이르는 지역을 점령하고 상업을 독점했다. 그들은 서아시아, 인도, 동남아시아, 중국 등과의 중개무역품을 서유럽과 북유럽에 팔았다. 레바논의 사탕수수, 메소포타미아의 면화, 중앙아시아의 융단, 인도의 향료·보석, 중국의 견직물·도기, 모피·염장어 등이 주된 수입품이었으며, 서유럽으로는 모직물, 목재 등을 수출했다.

이 시기에 유럽에서 경제적인 변화가 일어났다. 이탈리아 상선들은 지중해 연안 레반트 지방과 십자군을 계기로 하여 왕래와 교역이 더욱더 빈번하게 되었다. 동방 산물이 사치품의 성격을 벗어나 일반화되기 시작하였다. 종래의 엄격한 전통에 사로잡혀 있던 복식 규정에서도 마찬가지였다. 십자군에 참가한 기사들은 동방의 진기한 것을 접하고 아름다운 의복을 동경하였다. 이처럼 동방의 뛰어난 기술로 짠 의복용 복지, 모직물, 무늬가 돋아 나오게 짠 피륙인 문직 등을 유럽으로 가져오고 혹은 직조를 서두르게 되었다. 그리하여 유대인들이 상권을 주도하던 북부 이탈리아와 플랑드르 지역에 직물기업들이 생겨나기 시작했다.

정직한 주화의 유통으로
유럽의 화폐제도를 부흥시키다

12세기에 중세 상업을 꽃피워낸 제노바, 베네치아 등 이탈리아 북부 도시국가들에서 은화가 주조되기 시작했다. 상업이 번창하기 시작하자 13세기에는 점차 서유럽으로 발행 지역이 늘어나기 시작했다. 유럽은 처음에는 금화를 만들지 않았다. 이슬람 금화가 사용되고 있었다.

십자군 전쟁으로 반이슬람 정서가 높아지고 있을 즈음 마침 중부 유럽의 금광이 발견되어 금의 공급량이 많아졌다. 그리고 경제의 중심이 비잔티움에서 이탈리아 북부 도시국가들로 옮겨 오기 시작했다. 당시 금은 교환비율의 차이로 이슬람 지역에서 은의 가치가 높아지자, 은이 동쪽으로 흘러가고 반대로 금이 서유럽으로 흘러오는 현상이 발생하였다. 1252년 유럽의 금 가격이 은 가격에 비해 비정상적으로 낮아지자 제노바는 제노비노라는 순금 금화를 발행했다. 주화의 무게는 3.5g, 24캐럿으로 순도가 상당히 매력적이었다. 이는 로마 시대 콘스탄티누스 대제가 처음 만들었던 베잔토 이래로 중세 유럽 최초의 금화였다.

제노바가 금화를 찍어내자 곧 베네치아와 피렌체인이 뒤를 이어 각각 두카트와 플로린(피오리노) 금화를 찍어냈다. 당시 유럽에는 금이 부족하여 금화를 찍어낼 수 있는 나라가 흔치 않았다. 북부 이탈리아 도시국가들은 동방무역으로 그만큼 많은 재화가 흘러들어 와 막대한 부를 축적했다는 이야기다. 제노비노와 베네치아 두카트화의 뒤를 이어 피렌체의 금화는 차례로 유럽의 기축통화가 된다. 이들 주화가 경제사적으로 중요한 의미를 지닌다. 이 돈들이 시장경제가 정지되었던 암흑의 중세를 긴 잠에서 깨워냈다.

이 돈들이 나오기 이전에 화폐가 다시 교환수단의 역할을 재개하기까지에는 수 세기가 필요했다. 화폐에 대한 혼란기가 있었다. 서로마 샤를마뉴의 후계자들이 권력이 약해져 가면서 지방 군주나 주교들이 점점 경화주조권을 획득했고, 돈의 무게 및 은 함량을 결정하는 권리도 얻었다. 그들 가운데 극소수만이 경화의 가치를 오랫동안 유지하였다. 가치가 안정되었던 경화로는 쾰른과 비엔나의 페니히가 있었다. 도시의 경제력과 정직한 주조의 뒷받침을 받은 이 두 화폐는 유럽에서 비교적 널리 유통되었다.

그러나 그들도 서서히 경화를 절하시켜 갔다. 경화의 가치절하는 군주로서는 아주 수지맞는 일이었다. 가령 어떤 군주에게 순은화 10개와 10개의 경화를 만들 수 있는 구리가 있다면 그는 겉으로는 순은화처럼 보이는 20개의 경화를 만들 수 있다. 그 뒤 이것에 맛들인 군주들이 경화를 매년 바꾸는 터무니없는 일이 일어났다. 이때쯤 화폐주조권은 법에 의해 오로지 지배자에게 주어졌다. 12세기에는 전년에 주조된 돈의 가치를 절하시키는 것이 관례처럼 되어버렸다. 평민들은 전년의 돈을 바치고 이의 75%에 해당하는 새 돈을 받았다. 이 같은 괴상한 화폐개혁으로 생긴 이윤은 지배자의 몫이었다. 이는 평민에게서 매년 현금 보유량의 25%를 세금으로 거두는 효과와 같았다.

어떤 군주는 너무 탐욕스러워 화폐주조권을 빌려주기까지 했다. 그러면 그는 자기 이름으로 된 돈의 가치와 무게를 단속할 도리가 없었다. 12세기에는 많은 은화가 너무 얇아져 한쪽 면밖에 그림을 새길 수 없을 정도였다. 그리고 이때쯤에 순은화로 통용되던 비엔나 페니히도 구리돈이 다 되어 있었다.

중세 유럽에서 금은 평민의 돈이 아니었다. 14세기부터 은화의 주조가 점점 줄어가자 금이 안정적이고 견실한 부의 기준이 되었다. 금은 돈으로 사용하기에는 아주 좋았다. 다른 금속과 비교할 때 금은 유럽에서 상대적으로 귀해 가치가 있었다. 금은 녹이 슬지 않는다. 주조하기도 쉽다. 연성과 무게 때문에 감정이 쉽다. 흔히 하는 식으로 깨물어서 감정할 수 있다.

금의 생산은 공급량을 서서히 증가시켜 돈의 홍수를 막았다. 이 사실은 매우 중요하다. 국내 거래보다 국가 간의 거래에 점점 사용돼 갔다. 당시에는 금이 많지 않았다. 어떤 역사학자의 추정에 의하면 중세에 유럽에서 유통되던 금은 단지 300~500톤에 불과하였다. 이것은 오늘날 매년 생산되는 금의 양보다도 훨씬 작은 양이다. 당시 유럽 전체에서 생산하는 금은 연간 약 7.5톤 정도였다.

그 무렵 더 많은 금이 인도와 아라비아로부터 중동을 거쳐 해상무역을 주도하던 북부 이탈리아 도시국가로 스며들어 왔다. 이것들은 피렌체와 베네치아에서 금화로 주조되었다. 13세기에 피렌체와 베네치아의 금화는 유럽에서 가장 잘 유통되는 금화였다. 이후에도 프랑스, 영국, 독일 등 유럽 여타국에서는 주화의 품질이 계속 하락하는 악화가 계속되었다. 돈의 역사는 화폐가치의 계속된 하락에 관한 이야기다. 유일하게 믿을 수 있는 돈은 이탈리아 도시국가 돈이었다. 그 돈들이 자연스레 기축통화가 된 이유다.

금융기법의 발달

북부 이탈리아 도시국가에서는 예금과 환어음을 다루는 금융기법들이 개발되었다. 무역업은 필연적으로 금융업으로 발전할 수밖에 없었다. 제노바는 해양 국가답게 조선업도 발달하여 14세기 초 프랑스 미려 왕은 제노바에 함대 건조를 의뢰했으며 항해술에 능한 제노바 사람을 제독으로 임명했다.

제노바를 위시한 이탈리아의 은행가들은 샹파뉴 정기시가 쇠퇴하고 난 후 프랑슈콩테와 제네바에서 활동했다. 점차 정기시에서도 상품거래보다는 환어음거래가 주요 업무가 되었다. 그 정기시가 제노바 안으로 들어올 수는 없었다. 교황이 인정치 않는 고리대금업 문제로 분규에 휘말리게 되기 때문이었다. 그래서 이탈리아 북부의 피아첸차가 정기시 구실을 했다. 제노바에는 베네치아만큼 유대인이 많지는 않았으나 상업적 이윤이 있는 곳에 그들이 없을 리 없었다. 그들은 매년 3솔리두스의 세금을 내야 했다.

제노바, 스페인의 상업을 일깨우다

제노바가 스페인과 관계를 맺게 된 출발점은 영국과 플랑드르로로 항해하는 도중에 바르셀로나, 세비야 및 리스본에 중간 기착한 데서 비롯되었다. 제노바의 항해업자들과 은행업자들은 스페인의 상업을 일깨웠다. 그들 가운데 일부는 세비야에 정착했다. 이곳에서 그들은 쉐리주, 참치, 올리브유, 수은 무역을 활성화시켰다. 서아프리카의 황금이 리스본과 세비야를 거쳐 제노바로 운송되었다. 제노바 출신 선원들이 부족해지자 그들은 스페인과 포르투갈 선원들을 고용했다. 1540년에는 제노바 상인들이 스페인 양모조합인 메스타를 인수하였다. 이로써 제노바 상인들이 스페인의 질 좋은 메리노 양모의 수출입을 독점하였다.

그리고 펠리페 2세가 수출관세를 징수하기로 결정하고 제노바 은행가들에게 징세청부를 맡겼다. 이 초기의 무역 관계는 자연스레 16세기 후반의 금융업으로 길을 닦게 되었다. 무엇보다 제노바가 페루에서 대량으로 들어오는 스페인의 은 거래에 관여하게 되었다. 당시는 은본위 주조 시대였기 때문에 곧 대규모 외환거래와 금융업에 참여한 것이다.

제노바와 베네치아는 지중해 원거리 교역과 식민제국 건설의 패권을 둘러싸고 1250년부터 1380년에 이르기까지 장기간 전쟁을 거듭해왔다. 고대 이래로 염전이 있는 곳에서는 소금의 독점권을 둘러싼 전쟁이 끊이지 않았다. 1380년 베네치아와 제노바는 지중해 소금의 독점권을 두고 맞붙었다. 결국 1381년 키오지아 전투를 결정적 계기로 베네치아의 승리로 귀결되고 말았다. 승리한 베네치아는 이후 100년간 경제적으로 우월한 지위를 누렸으며, 제노바는 해상권을 잃고 쇠퇴의 길을 걸었다.

그 뒤 내정의 혼란으로 밀라노 공△과 프랑스 왕 등의 지배를 받다가 1528년에 스페인의 왕이자 신성 로마 제국의 황제였던 카를 5세의 원조로 다시 자립했다. 그 무렵 제노바에서도 스페인의 영향으로 유대인에 대한 증오가 증폭되어 1550년 유대인들이 추방의 위기에 직면했다. 금융업, 의사, 자본가 등 여러 부문에서 활동하던 제노바의 유대인들은 이때 자신의 신분을 감추고 이름을 바꾸어 위장 기독교도가 되어 추방을 모면했다. 그 이후부터 제노바에서 활동한 유대인의 정확한 수나 역할 규명이 어려워졌다.

이후 제노바는 1590년에 토카나 공작에 의해 자유항이 된 리보르노의 유대인 상선대와 다투었다. 피렌체 인근의 리브르노 시는 메디치가의 친유대 정책에 힘입어 많은 스페인계 유대인들을 영입하여 16세기 말 중요한 항구도시로 급성장했다. 이곳은 유대인에게 재산의 소유권과 상업할 수 있는 권리가 주어짐은 물론 유대 차별 표시도, 게토도, 개종을 위한 설교도 없었다.

18세기 초까지만 해도 제네바의 해외투자는 네덜란드 다음으로 컸지만 그 뒤 제노바는 오스만튀르크의 진출로 해외의 근거지를 차례로 상실하여 1768년에는 마지막 식민지인 코르시카 섬을 프랑스에 양도했다. 제노바 선원의 일부는 뛰어난 항해술을 바탕으로 직업 해군이 되어 남의 나라 용병으로 살아가기도 했다.

청바지를 '진'이라 부르는 유래

미국에서는 청바지를 '진Jeans'이라 부른다. 그 이유는 미국 서부개척 시대에 청바지를 만드는 천이 주로 이탈리아 제노바에서 수입되었기 때문이다. 당시 제노바를 미국인들은 제노Genes라고 불렀는데, 이의 영어 발음이 진Jeans이다. 당시 유럽에서는 여자들이 바지를 입으면 벌금형을 받았는데, 청바지를 입은 미국 여성들의 유럽 여행이 많아지면서 자연히 폐지되었다.

청바지 천이 제노바에서 이렇게 대량으로 독과점적으로 생산된 데는 유래가 있다. 유대인들은 고대부터 염료와 염색기술을 가문의 비밀로 유지하여 모직물과 견직물 시장을 독점적으로 장악해왔다. 13세기 초 북아프리카 섬에서 시칠리아로 잡혀 온 유대인들이 머리 염색용 헤나와 직물 염색용 인디고 등 유용식물을 재배했다. 머리 염색은 고대 이집트에서부터 유래되었다. 그리고 이 인디고가 바로 청바지의 청색을 내는 염료였다. 이걸로 염색한 청바지는 뱀이 접근하지 않는다. 뱀이 인디고 냄새를 싫어하기 때문이다. 당시에는 인디고

라는 식물도 유대인들이 시칠리아에서 독점적으로 대량으로 키워내
어 유대인 직물업체에만 납품하였다.

베네치아 경제사

명품도시 베네치아는 122개의 작은 섬들 사이의 96개 운하와 400개의 다리로 이루어진 수상도시다. 베네치아는 원래 긴 석호 속에 고립된 작은 섬들로부터 시작되었다. 석호란 바닷가의 모래나 흙이 한쪽에 계속 쌓이다 보면 바다의 일부를 막아 만들어지는 호수다.

훈족의 침입으로 생겨난 해상도시, 베네치아

베네치아는 훈족 왕 아틸라의 침공으로 생겨났다. 452년 훈족은 이탈리아를 침입하여 동북부에 자리한 아길레야를 3개월간 포위한 끝에 함락시켰다. 아틸라는 이어서 포 강 유역으로 진출했는데 밀라노, 파비아 등의 도시에 무혈입성하였다. 이들은 파죽지세로 파도바, 베로나, 브레시아, 베르가모 등 7개 도시를 휩쓸었다. 워낙 기세가 맹

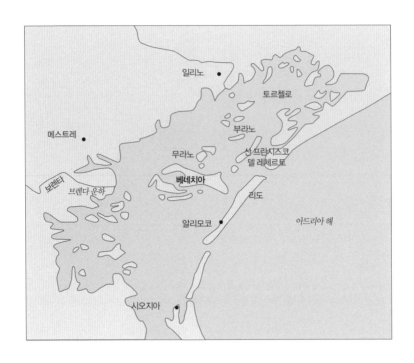

일리노

토르첼로

메스트레

부라노

산 프란지스코
델 레제르토

무라노

베네치아

보렌타

브렌타 운하

리도

아드리아 해

알리모코

시오지아

렬해 그 누구도 저지할 수 없었다. 그 무렵 베네치아 주변에 살던 로마인들과 아킬레야에서 빠져나와 해안가 섬 늪지대로 도망간 사람들은 훈족의 공격에 스스로를 지킬 능력이 없었다. 그들은 모든 것을 다 내주고 항복하더라도 학살당할 것 같은 공포에 떨었다. 갯벌로 도망가 섬에 피신하는 길만이 유일한 마지막 방법이었다. 훈족은 유목민족인 흉노족의 일파로 바다와는 거리가 먼 민족이었다. 예상대로 바다 건너 섬은 건드리지 않았다. 훈족의 기마대들은 말이 늪지대에 빠져 더는

∴ 훈족 왕 아틸라

난민들을 추격하지 못했던 것이다. 우리나라가 몽고 침입 당시 강화도로 피신해 항쟁한 것과 비슷한 경우였다. 당시 로마인들은 무사히 섬에 도착하여 "베니 에티암Veni Etiam(나도 여기에 왔다)"이라고 외쳤는데 베네치아는 여기서 유래된 말이라고 한다.

이탈리아 북쪽 지역이 완전히 파괴당한 후 훈족은 남하하여 로마로 진격하였다. 다급해진 서로마 제국의 황제 발렌티니아누스 3세는 로마 가톨릭 교황인 레오를 특사로 보내어 아틸라와 협상하지 않을 수 없었다. 아틸라의 군대가 이탈리아의 침공을 중지하는 조건으로 황금을 아틸라에게 주었다. 협상이 성공하여 아틸라 군대는 이탈리아에서 철수하여 자신들의 근거지인 헝가리의 부다페스트로 돌아갔다.

철군은 교황 레오 1세의 설득에 의한 것이기도 했지만, 사실은 아틸라가 이미 넘칠 정도로 많은 전리품을 획득했고 또 초원을 떠난 지

오래된 병사와 군마가 지친 상태에 역병까지 돌았기 때문이었다. 더구나 그는 황제의 여동생 호노리아와 결혼 지참금에 대한 약속까지 받았으니 전쟁을 계속할 이유도 없었다.

그 뒤 베네치아의 피난민들이 간척을 시작하여 피와 땀으로 운하를 만들고, 섬 위에 건물을 지어 도시를 건설하였다. 이후 롬바르디아족과 프랑크족의 침입을 피해 사람들이 몰려와 도시가 점차 커졌다. 특히 567년 이민족에 쫓겨 내려온 롬바르디아족 피난민들이 섬이 부족하자 만의 기슭에 인공섬들을 만들기 시작했다. 수심이 얕은 갯벌에 물에 썩지 않는 백양목 말뚝들을 박고 그 위에 세운 6개의 인공섬을 필두로, 경제가 번성하고 부두가 더 필요해지자 베네치아 사람들도 기존의 자연섬 옆 습지에 인공섬들을 만들기 시작했다. 그 위에 건물과 부두를 지었다. 그 뒤 약 700년에 걸쳐 100여 개의 인공섬들이 만들어져 지금 형태의 수상도시가 완성되었다.

소금으로 부흥한 베네치아

원래 베네치아는 생선과 소금 이외에는 별다른 생산물이 없었다. 그런데 바로 이 소금이 큰 효자 노릇을 한다. 6세기까지만 해도 어촌이었던 베네치아는 7세기 이후 해수면이 내려가 소금 생산에 호조건이 마련되었다. 당시 해수면은 지금보다 1m 이상 낮았다. 7세기와 9세기 사이에 베네치아에서 오늘날과 같은 천일염 제조기술이 발명되었다. 여러 개의 염전을 만들고 펌프와 수문을 이용해서 바닷물의 염도가 점점 높아지면 다음 단계의 염전으로 보내는 방식으로, 이 방식은 현재 우리나라에서도 사용하고 있다.

그 뒤 베네치아는 귀한 소금 독점을 기반으로 배를 만들어 바다로 나갔다. 소금은 고가에 동방 물건들과 교환되었다. 게다가 베네치아는 대단한 지리적 장점을 갖고 있었다. 아드리아 해 안쪽에 자리한 베네치아는 해적들로부터 비교적 쉽게 방어할 수 있으면서도 바다를 통해 레반트 지역에 쉽게 접근할 수 있었다. 게다가 알프스의 여러 협로를 통해 오스트리아, 독일과도 가까워 중개무역에 유리한 위치를 점하고 있었다. 이로써 7세기 중엽 이후 이슬람의 지중해 장악으로 침체되었던 중세 유럽의 경제가 베네치아를 중심으로 활성화되기 시작했다.

선출된 통령을 둔 민주공화국

베네치아나 제노바는 항구도시로 농사지을 땅이 없었다. 그래서 처음부터 피렌체식 봉건주의가 자리 잡을 수 없었다. 베네치아인들은 섬사람들이었던 까닭에 필연적으로 어부나 상인이었다. 도시 초창기였던 697년, 12개 구역으로 나누어진 베네치아인들은 도제_{Doge}라 불리는 대표자를 선출했는데, 도제는 대외 문제에서 그들 전체의 대표자였다. 이렇게 초대 통령이 선출되어 사실상 독자적인 민주공화제가 시작되었다.

통령은 시민투표에 의해 선출되며 임기는 종신직이었다. 그리고 국회격인 원로원이 있었고 내각이 있었다. 베네치아는 서로마 제국 멸망 뒤에도 1000년 이상을 민주주의를 지켜왔다. 나폴레옹에 의해 망할 때까지 선거 민주주의를 지킨 유럽 최장의 민주주의 국가다.

로마 멸망 뒤 이탈리아에 생겨난 도시국가들은 민주주의를 가지고 태동하였다. 상인 세력이 권력의 중심에 있었기 때문에 가능한 일이었다. 영국의 마그나카르타보다 훨씬 오래된, 피 흘리지 않고 처음부터 생겨난 민주주의 정치체제다.

베네치아가 오랜 기간 서유럽 제일의 부국을 유지할 수 있었던 것은 해상무역의 패권 못지않게 정치적 안정과 합리적인 정치적 의사 결정의 권력구조를 가지고 있었기 때문이다. 베네치아는 민주공화국 체제를 유지했기 때문에 교황과 교회 권력으로부터 자유로울 수 있었다. 정치와 종교의 분리 원칙을 고수하여 마녀사냥이나 이단 파문과 같은 현상은 베네치아에서는 일어나지 않았다. 외지 상인들과 교류가 잦았던 베네치아는 유대 상인들에게 차별을 두지 않았다. 유대인들이 종교적 제약을 덜 받고 베네치아 상인들과 동등하게 해상무역과 금융업에 종사할 수 있었다.

유대인들, 비잔티움 제국의 황금칙서를 받아내다

9세기경 유대인들이 중심이 된 베네치아 상인들은 처음으로 이슬람교도들과 상업협정을 맺고 해상무역을 시작했다. 베네치아는 지리적으로 동방무역을 하기에 딱 알맞은 곳이었다. 그 무렵 가장 큰 교역 물품은 목재와 노예였다. 유대인들은 뛰어난 상술과 항해술은 물론 교섭력까지 발휘하여 비잔티움 제국으로부터 유대인들의 신분 안전을 왕이 보장한다는 '황금칙서'까지 얻어냈다.

당시 실크로드를 거쳐 소아시아나 레바논 등 동부 지중해변까지 육로로 도착한 동방 물건들과 북아프리카 알렉산드리아 항구까지 해상으로 당도한 향료, 비단 등도 갤리선을 타고 베네치아로 흘러들어 왔다. 특히 유대인들이 슬라브 지역에서 사 오는 슬라브 노예들

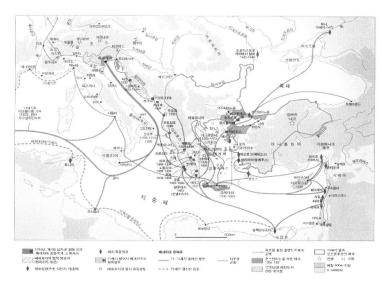

.•. 출처: 조르지 뒤비 지음, 채인택 옮김, 《지도로 보는 세계사》, 생각의나무, 2006

과 담비 모피는 당시 유력자들 사이에서 인기 품목이었다. 어둠보다 까맣고 백설보다 부드러운 담비 모피는 당시 주교가 입고 다닐 정도였다.

10세기경부터 베네치아는 천일염을 알프스 지역에 공급함으로써 막대한 부를 거머쥐었다. 그리고 베네치아 공화국 시민에게는 절반 가격에 파는 가격 차별화 정책을 실시했다. 당시 소금을 팔아 중국에서 들여온 비단은 한 필당 금 한 덩어리에 거래되기도 했다. 이렇게 무역업이 번성하자 특히 유대인들이 베네치아에 몰려들면서 모직물, 유리 제품, 가죽 제품을 생산하기 시작했다. 또한 독일 광산의 은이 유입되었고 이 길을 따라 동방 물건이 북유럽으로 전해졌다.

이렇게 소금의 중요성을 일찍 깨우친 베네치아인은 소금 채취 경쟁 상대들을 제거하기 위해 여러 차례 전쟁도 불사했다. 14~15세기에는 자체에서 거의 소금 생산이 안 되자 키프로스 및 북부 아프리카의 소금을 독점해 이를 동방무역에 연계했다. 이들보다 늦게 등장한 제노바와 피사의 기독교 상인들은 영리를 위해서라면 어떤 일도 꺼리지 않는 유대인들과는 달리 종교적 적대자인 이슬람교도들과 상거래를 거부하였다. 이 틈에 유대인들은 어부지리를 얻어 계속 동방무역을 확대할 수 있었다.

베네치아 유대인 유리공으로부터 유래된 안경과 거울

베네치아는 11세기에 십자군 원정의 기지가 되어 지중해 무역의 중심지가 되었다. 지중해 동부로부터 유럽으로 운반되는 상품의 집

산지였다. 그뿐만 아니라 중세의
전란으로 사라진 예술과 공예를
그곳 공방에서 소생시켰다. 베네
치아의 유리공예, 양 복지, 비단
제품, 금, 철, 청동 등의 가공기
술, 배 만드는 조선업은 실로 뛰
어난 것이었다.

1160년을 전후해 유럽 일대를 여행한 스페인계 유대인 벤자민의
여행기에 의하면, 당시 콘스탄티노플의 실크 상인들과 제혁업자, 알
레포의 유리 제조업, 테베의 실크 직조, 그리스의 제혁업 등이 유대인
들이 주로 종사하는 산업들이었다. 이탈리아에서는 유대인들이 조
선업, 유리 제조업, 실크산업, 염색 등의 분야를 독점하였다.

안경에 관한 최초의 기록은 수도사 조르다노 다 피사가 1305년에
행한 설교에서 처음 나온다. "안경 제작기술이 발견된 지는 20년도
채 되지 않았어요. 전에는 볼 수 없었던 신기술이지요. 난 안경을 처
음 만든 기술자를 압니다. 만나서 얘기까지 했어요." 이 기록대로 안
경이 1280년대에 처음 발명되었다는 것이 학계 정설이다. 하지만 처
음 만든 기술자의 이름은 끝내 밝혀지지 않았다.

베네치아에서 13세기 말에 안경이 널리 사용되자, 이를 발명한 사
람은 큰 수익을 올리고자 제작법을 비밀에 부쳤다. 1445년 피사의
금 세공사들이 작성한 계약서에는 안경 제작기술을 계약기간 동안
누구에게도 누설하지 않겠다는 서약이 기록되어 있다. 계약 당사자
모두가 복음서에 손을 얹고 엄숙히 맹세함으로써 계약이 성립되었
다. 안경 만드는 기술이 특별한 것이었음을 알 수 있다. 초기 안경은

그림에서 보듯이 '안경 중간 브리지를 접었다 폈다 할 수 있는 코안경'이었다. 1352년에 그려진 이 프레스코화 벽화의 주인공은 프로벤차 추기경이다.❖

특히 15~16세기는 베네치아 유리공예의 전성기였다. 국가에서 유리공들을 무라노 섬에 이주시켜 기술이 섬 바깥으로 빠져나갈 수 없게 관리하였다. 이때 유리 용기는 실제로 다양하여 식기는 물론 샹데리아와 램프 등의 유리 세공, 연금술용 화학용구, 실내장식물, 창유리, 거울 등이 있었다.

❖❖ 안경을 쓰고 있는 추기경의 모습. 베니스 북쪽에 자리한 트레비소의 산 니콜로 대성당에 있는 1352년에 만들어진 프레스코 벽화.

거울의 역사

당시 베네치아의 첨단산업이자 고부가가치 산업이 거울 제조였다. 인류는 연못이나 원시적인 용기에 담긴 물의 표면을 거울로 사용하다가 자연산 유리인 흑요석 같은 암석을 갈아서 거울로 쓰기 시작했다. 1960년대 고고학자들은 오늘날 터키 영토인 아나톨리아 지역의

❖ 박상익 우석대학교 역사교육과 교수

고대 무덤에서 기원전 6000년 정도에 쓰인 것
으로 추정되는 흑요석 거울을 발견했다. 단단한
화산암의 하나인 흑요석 조각은 고대인들이 얼
굴을 비쳐 볼 수 있게 잘 갈려져 있었다. 기원전
4000년 메소포타미아 지역과 기원전 3000년
고대 이집트에서는 구리를 갈아서 거울로 썼
고, 기원전 2000년 중남미에서는 돌을 갈아 매
끈하게 만들어 거울로 썼다. 중국에서는 기원전
2000년 청동거울을 사용했다.

　유리판을 금속으로 코팅한 거울은 페니키아 시돈에서 1세기경에
만들어졌다. 또 서기 77년에 쓰인 로마의 한 서적에는 금박을 입힌
유리거울이 언급되어 있다. 로마인들은 3세기경 투명한 유리판의
한 면에 은이나 금, 구리를 얇게 입혀 투박한 유리거울을 만들었다.
중국에서는 500년경에 은-수은 도금을 한 거울을 만들기 시작했
다. 하지만 아직 유리 평면이 거칠고 투박해 제대로 실물을 반영치
못했다.

　13세기 후반에 이탈리아의 베니치아 사람들은 평판 유리를 만든
다. 그 뒤 평판 유리의 뒷면에 금속판을 붙여 거울다운 거울을 만들
려는 시도가 계속되었다. 마침내 1463년 베네치아의 유리장인이었
던 베로비에리는 오늘날 우리가 사용하고 있는 평면 유리거울을 발
명한다. 그 이전까지는 동판이나 은판을 소재로 한 작은 거울을 주
로 사용했다. 한편 1507년에 달가로우 형제가 발명했다는 설도 있다.
하여튼 유리 뒤에 수은을 칠해 뒤가 비치지 않게 한 것이 거울의 원
리다. 그 뒤 주석과 수은 합금을 칠한 유리거울은 영광의 상징이 되

며 초상화가 널리 보급되는 계기가 되었다.

이후 거울은 고가품이 되어 세계로 넓게 수출되었다. 당시 대형 유리거울은 권위와 부의 상징이었다. 그 뒤에도 베네치아는 거울 만드는 법을 비밀로 하였다. 거울은 200년 이상 베네치아의 독점사업이었다. 하지만 수은중독 때문에 피해가 컸다.

그런데 1682년에 완성한 베르사유 궁전의 거울은 프랑스가 직인을 무라노 섬으로 몰래 잠입시켜 기술을 배우게 한 뒤 만든 것이다. 산업 스파이인 셈이다. 베르사유 궁전에 '거울의 방'이 별도로 만들어졌다. 그 뒤 프랑스에서는 거울 붐이 일어났다. 그 후에도 금속판 대신 수은을 발라 거울을 만들었다. 거울은 19세기 말에 이르러서야 지금처럼 유리의 뒷면에 은을 도금하여 만들게 되었으며, 이때부터 일반인들도 널리 이용하게 되었다.

반유대 정서의 대두와 유대인 금융업

그 무렵 베네치아의 유대인들은 특히 인도와의 교역을 활발히 추진했다. 또한 유대인이 주도했던 조선업은 무역 규모가 커지는 것과 비례해 새로운 배를 많이 건조했다. 당시 베네치아의 유대인들은 특히 인도와 후추교역을 통해 막대한 부를 얻었다. 이것이 기독교도들을 자극하여 배척받는 계기가 되었다.

12세기 초 스페인계 유대인 여행가 벤자민은 그 무렵 유대인들에 대한 대중의 적대감이 종교적인 이유보다는 직업에서 비롯된 것이라는 관점을 제시한다. 다음의 예를 보자. "그들을 향한 증오의 대부분은 집 밖으로 폐수를 내다 버려 지역을 오염시킨 제혁업자들 때문에 생긴 것이다. 이 때문에 그리스에서는 선하든 악하든 상관없이 유대 인들을 증오했으며 그들에게 무거운 멍에를 지웠다. 그리스인들은 길 거리에서 아무런 거리낌도 없이 유대인들을 구타하거나 힘든 일을 강제로 시켰다."

베네치아도 이러한 혐오산업인 가죽산업 이외에 유대인들에 의한 견직업, 염색업, 모직물산업, 무역업은 물론 대부업이 발달한 곳이라 주민들의 반유대 정서가 극심했다. 이를 반영하듯 1179년 라테나우 공의회에서 '냄새나는 유대인'이라 하여 유대인의 주거지를 격리시 켰다. 이 격리정책은 전 유럽으로 퍼졌다. 유대인들을 외진 곳에 몰아 넣고 지역에 따라서는 노란 완장과 모자로 차별하였다. 게토로 격리 되기 이전의 일이다.

그럼에도 항상 베네치아에는 유대인들이 존재했으며 성공을 거두 었다. 서유럽 대부분과 팔레스티나, 바빌론 등지를 여행한 벤자민은 당시 유대인들의 상황을 일일이 기록한 여행일지에서 상업적 이윤이 있는 곳에는 무슨 수를 써서라도 진입하는 유대인을 '상업민족'이라 고 정의했다. 베네치아에 와본 적이 없었던 셰익스피어가 반유대 작 품인《베니스의 상인》을 쓴 것은 다른 나라에까지 알려진 베네치아 의 반유대인 정서에 대한 단적인 사례다.

사실《베니스의 상인》은 실화를 바탕으로 쓰였다. 1317년 프랑스 마르세유 법정에서 유대인 본 데이빗은 고리대금 혐의로 판결을 받 았다. 그는 원금보다 더 많은 이자를 받고도 또 원금을 갚으라고 요 구했던 것이 고리대금 금지법에 저촉되었다. 그리고 조반니 피오렌티 노라는 이탈리아 시인의 작품《Il Pecorone》에는 유대인 고리대금업자와 1파운드의 살점을 베어내는 잔혹스러운 이야기가 등장한다. 이 작품과 본 데이빗 사건에 영감을 받은 셰익스피어에 의해 이 인물은 《베니스의 상인》에서 샤일록으로 부활한다.

그럼에도 유대인의 금융업은 중세에 중요한 것이었다. 장사하는 상인들은 물론 흉년이 든 시기에 농민에게 종자 살 돈을 꿔준 사람은 유대인이었다. 가축이 병이 들어 새로 사야 할 때, 농민이 병들고 식량이 떨어졌을 때, 세금이 밀려 재산을 영주에게 빼앗기게 됐을 때 봉건제도 하의 농민들은 유대인을 찾아갔다. 귀족들도 성을 사거나 증축해야 할 때, 전쟁을 치러야 할 때 유대인들에게 돈을 빌렸다. 교회도 대성당과 수도원을 지을 때 유대인들의 돈을 융통했다. 그들의 금융업이 없다면 봉건제도 자체가 유지되기 어려울 정도였다.

특히 베네치아에서 유대인의 금융은 너무나 중요한 의미를 갖고 있었다. 라벤나 시가 베네치아 공화국에 합병되기를 원했을 때, 비참한 처지에 있는 빈민들에게 돈을 빌려줄 은행을 개설하기 위해 유대인들을 함께 불러들여야 한다는 조건이 붙었을 정도다. 르네상스의 피렌체조차도 자금의 흐름을 유지하기 위해 유대인들에게 꼭 와달라고 요청하였다.

유럽 최강의 조선산업: 표준화와 분업

베네치아가 해양력에서 우위를 발휘할 수 있었던 또 다른 힘은 조선업의 발달이었다. 그 무렵 모양이 뾰족하고 가벼우면서도 물 위에 낮게 뜨는 갤리선과 대규모 무역선인 대형범선의 경쟁력이었다. 베네치아는 1104년에 건립된 국영 아르세날레 조선소가 조선산업을 주도했다. 이곳에서는 노를 저어 항해하는 해군용 경 갤리선과 상업용 대형 갤리선을 표준화하고 이를 분업 작업을 통  해 대량으로 건조했다. 원래 갤리선은 군선으로 쓰였으나 상선으로도 진화한 것이다. 돛이 있어 바람의 힘도 이용하지만 주로 노 젓는 사람들을 사용해 조종이 쉬우며 해적으로부터 방어를 할 수 있는 갤리선은 고가 상품들을 수송하는 데 쓰였으며 대개 정규 항로에 투입되었다.

한편 주로 유대인들이 운영했던 민간 조선소에서는 바람과 노를 함께 이용한 범선을 주로 제작했다. 원형범선은 한자동맹의 코카선을 본떠 만든 다음 계속 개량되었다. 이 무렵 지중해의 상선은 선저 모양이 비교적 둥글게 되어 있어 라운드 십Round Ship이라 한다.

처음에는 풍향 변화에 편리한 삼각돛이었다. 그러다 나중에는 사각돛으로 대체되었다. 범선은 수십 년의 기간을 두고 1본 마스트(돛대)에서 2본, 그리고 다시 3본 마스트로 바뀌어갔다. 이후 군용 선박과 민간 상선 모두 규모가 커졌다. 더 많은 돛과 마스트, 더 큰 배수량을 가진 범선들이 만들어졌  다. 그 뒤 조타용 노 대신 배 끝에 중앙타가 사용되어 배를 더 크게 건조할 수 있게 되었다. 이 중앙타의 출현은 선박 제작기술에 일대 혁명이었다. 일반적으로 갤리선단은 향신료와 같은 고가 상품 수송을 전담한 반면, 면화와 같은 가벼운 상품은 주로 원형범선에 의해 수송되었다. 갤리선단과는 달리 면화선단에 참여하는 범선은 국가 소유의 선박이 아니라 개인 소유의 선박이었다. 한편으로는 항해술과 지도 제작술이 발전하여 1300년에 이르는 100년의 기간 동안 상업혁명이 항해혁명으로 발전하였다.

1300년경 항해기술과 선박의 건조, 삭구, 무장에서 이루어진 발전은 중세의 '수송혁명'이라 불릴 정도로 혁신적이었다. 나침반은 새로운 항해기술에 필요한 대표적인 도구였다. 항구와 항구 사이의 거리를 기입하는 초기 형태의 항구안내도port book가 13세기 후반에 항해지도로 발전했다. 위도와 경도를 표시한 방위표 덕분에 지그재그 형태로 항해하는 대신 직항할 수 있게 되었다. 나침반, 해도, 방위표와 같은 기술 발전은 추측항법을 가능케 했고, 이러한 항법은 콜럼버스 이후 시대에까지 기본적인 항해기술로 이용되었다. 추측항법의 도입으로 겨울 항해가 가능해졌다. 특히 자석이 달린 나침반은 나쁜 기상조건에도 위치를 파악할 수 있게 해줌으로써 겨울 항해를 가능하게 만들었다. 왜냐하면 추측항법이 사용되기 이전에는 해와 별을 보고 방향을 추측했기 때문에 비, 안개, 폭풍우가 잦았던 겨울에 항해한다는 것은 모험에 가까웠기 때문이다.

주로 동쪽으로 운행하는 베네치아 대형 갤리선은 모직물, 선박 제조용 목재, 은을 운송했다. 1320년 이후 갤리선은 노를 3단으로 장착

했는데 빠르며 회전하기 쉽고 방어하기에도 쉬웠다. 게다가 150톤까지 화물을 실을 수 있었다.

당시 해상무역의 최대 골칫거리가 해적이었다. 베네치아 정부는 해적 문제에 대처하기 위해 상

선을 종래의 범선에서 갤리선으
로 대체했다. 원래 노꾼들이 많
은 갤리선은 길이가 40m가 넘
는 베네치아 해군의 전투선이었
다. 유사시 100여 명이 넘는 노
꾼들이 모두 전투요원이 되어
해적에 대항할 수 있었다. 그리
고 4척이 함께 다니도록 해 선단을 운용했다. 이로써 고질적인 해적
문제는 해결되었다.

갤리상선의 등장

한편 노로 움직이는 갤리선의 속도와 원형범선의 장점인 대량수
송 능력을 결합한 새로운 형태의 갤리선, 즉 갤리상선이 탄생하게 되
었다. 갤리상선의 일차 장점은 속도와 안정성에 있었다. 갤리상선의
주 동력원은 돛이었고, 바람이 불지 않거나 입항이나 출항 시에 보조
동력인 노를 사용함으로써 기상조건에 좌우되지 않고 항해할 수 있
게 되었다. 갤리상선을 이용할 때 14세기 말 알렉산드리아에서 베네
치아로 돌아오는 데 드는 시간이 한 달 정도였다. 또한 무법천지의 바
다에서 200명 정도의 선원이 탄 갤리상선은 상거래의 안전성을 보장
해줄 수 있었다. 무역이 거의 해적질에 가까웠던 당시 해전은 배와 배
가 맞부딪치는 접근전이었기 때문에 빠른 기동성과 많은 전투원이
탑승한 갤리상선이 유리했다.

안전하고 빨랐지만 범선보다 상대적으로 높은 수송비 때문에 갤리상선은 주로 후추와 생강 같은 향신료와 고가의 직물을 실어 날랐다. 그렇지만 갤리상선의 크기가 점차 커짐에 따라 수송비가 낮아졌다. 13세기 베네치아 갤리선은 주로 95톤급 정도의 선박이었는데, 14세기에는 250톤급으로 개량되었고, 15세기에 이르면 300톤급의 갤리상선도 건조되었다. 15세기 플랑드르 노선에 투입된 베네치아 갤리상선은 길이 50m에 폭이 9m로 약 250톤가량의 화물을 선적할 수 있었다.

캐럭선의 등장

갤리상선의 도입보다 더욱 중요한 변화는 대서양에서 사용되던 코카Cocca라 불리는 원형범선을 지중해에 도입해 개량한 것이었다. 코카선은 2가지 측면에서 이전까지 지중해에서 사용되던 원형범선과 달랐다. 우선 이전에는 배의 측면에 2개의 방향타가 부착되었던 반면, 코카선의 경우 선미에 1개의 방향타만 있었다. 둘째로 기존의 원형범선이 삼각돛을 이용했던 반면, 코카선은 사각돛을 채택했다. 특히 사각돛의 채택은 경제적인 이점을 가지고 있었는데, 이는 바람 방향에 맞추기 위해 활대를 돌리는 데 삼각돛보다는 사각돛이 더 적은 인원이 소요되었기 때문이다. 1300년경 지중해에 도입된 코카선은 점차 개량되어 15세기 중엽에 이르면 전장을 완전히 갖춘 캐럭선으로 발전했다.

갤리상선의 경우와 마찬가지로 새로운 형태의 원형범선인 코카선 또한 2세기 동안 더욱 커져갔다. 14세기 초엽 베네치아는 600톤 이상의 선박을 가지고 있지 않았지만 1450~60년대에 이르면 600톤 이상의 선박을 9척이나 보유하게 되었다. 제노바는 더 많은 대형선박을 보유하고 있었는데, 피렌체 상인 베네데토 데이의 연대기에 따르면 1424년 제노바는 600톤 이상의 선박을 63척이나 가지고 있었다. 제노바의 초대형 원형범선은 15세기 중엽에 이르면 1000톤 이상의 화물을 수송할 수 있을 정도로 커졌다. 코카선을 가장 먼저 지중해에 도입한 곳은 제노바였고, 기록상의 도입연도는 1286년이었다. 베네치아 기록에는 1312년에 나타난다.✤

그 뒤 베네치아 평의회는 갤리선에만 허용했던 해상무역에 범선의 참여를 허가했다. 당시 1500톤급 갤리선에 1200명의 운용인력이 필요했으나 범선은 이의 3분의 1만으로도 충분했다. 이로써 운송비를 3분의 1 정도 줄일 수 있었다. 이후 지중해 해운업은 노수들을 부리는 갤리선에서 곧 범선으로 대체되었다. 대신 안전을 위해 해군이 호위하는 경우가 많았다.

이때 해군들도 교역에 참여해 식량을 실어 날랐다. 당시 베네치아 해군은 해적 퇴치와 식량 확보가 주 임무였다. 배후지가 협소한 베네치아로서는 비상시 식량을 항상 비축해두어야 했다. 경제사에서 통상력과 조선업 그리고 해군력은 상호 보완적인 관계다. 실제로 활발

✤ 남종국, 〈중세 말 지중해 무역의 성격변화〉, 《지중해 지역 연구》 제8권 제1호(2006. 4)

한 해외무역은 조선산업의 기반을 튼튼하게 만들었고 대규모의 상선대는 전시에 수병으로 전환할 선원들을 훈련시켰다. 이렇게 훈련된 해군력은 해상무역과 해외 자산을 보호했다.

15세기 초엽 베네치아는 3000척의 소형선, 300척의 중대형 범선, 그리고 45척의 갤리선을 보유하고 있었으며, 소형선의 운항에는 1만 7000명, 중대형 범선의 경우에는 8000명, 그리고 갤리선의 운항에는 1만 1000명의 선원이 고용되어 있었다. 그 밖에 1만 6000명의 조선공이 베네치아의 국영 조선소들에서 선박 건조에 참여하고 있었다.

다른 경쟁국들과 비교해 베네치아가 가지고 있었던 가장 큰 장점은 국가 주도 하의 체계적인 운영과 관리였다. 14세기 초반부터 베네치아 정부는 중요 노선에 국가 소유의 갤리상선을 투입해 운영하기 시작했고, 갤리상선단의 운영에 필요한 인력과 자본을 인칸토Incanto라 불리는 경매제도를 통해 조달했다. 갤리선 운영에 관한 제반 논의는 매년 비슷한 시기에 원로원에서 이루어졌으며, 여기서는 투입할 갤리선의 수와 운임, 항해 일정과 선적 품목 등을 구체적으로 결정했다. 1462년 북동아프리카행 갤리선단이 창설됨으로써 베네치아는 8개의 노선에 국영 갤리선단을 운영하였다.

유럽 최대의 조선산업 단지

3000명을 고용한 아르세날레는 당시 유럽 최대의 국영 조선산업 단지였다. 베네치아는 제노바와 함께 선박 제조기술을 계속 발전시켜 갤리선과 범선을 개량하여 항해혁명에 앞장섰다. 제노바의 경우 조그만 항구에는 입항 자체가 힘든 1000톤에 이르는 대형선박을 건조하였다. 당시 베네치아 선박은 표준화된 디자인과 크기에 맞추어 만들어졌으며 판자는 적합한 재질과 강도를 가진 목재를 선별하여 호환이 가능하였고 전문 노동자들이 분업 작업으로 신속하게 만들었다. 그리고 항구의 해안에 여분의 목재를 적치해서 신속한 수리가 가능하도록 하였다. 1574년에 프랑스 왕 앙리 3세가 직접 보는 가운데 시범을 보일 때는 갤리선 한 척을 조립하는 데 한 시간이 채 안 걸렸다.

중세의 여행자는 거의 보호를 받지 못했다. 유럽은 도적, 약탈군인, 실업자, 패망한 귀족의 놀이터였다. 노상강도는 길에서 배회하였다. 상인의 여행은 아주 위험한 것이었다. 상인들은 호송을 받고 여행하거나 스스로 단단히 무장했지만 여전히 위험하였다. 바닷길도 마찬가지였다. 곳곳에 해적들이 도사리고 있었다. 상업혁명은 선박의 개량과 발달에만 머물지 않았다. 무역과 선박 운송이 전문화되어 직접 물건을 가지고 돌아다니는 여상들은 줄어들었다. 그 뒤 상품 운송은 선장에게 맡기고 사무실에서 상업과 무역만 전담하는 정주상인들이 늘어났다.

베네치아의 콘스탄티노플 함락: 지중해 상권 장악

1092년 제1차 십자군 원정이 성지 예루살렘의 탈환을 목적으로 시작된 이래 1272년 제8차까지의 십자군 원정은 유럽의 종교적·정치적·경제사회적 변화를 불러왔다. 특히 십자군 전쟁으로 군수품 조달과 물자 공급 등으로 상업이 활성화되었다. 또한 이 시기에 도시들이 자치권을 획득하였다. 십자군 원정은 막대한 경비가 필요하므로 왕과 제후들은 도시 자치권을 대가로 경비를 마련하는 경우가 있었다. 특히 베네치아는 십자군 전쟁을 계기로 제노바와 피렌체의 외항인 피사를 누르고 동방무역을 독점했다. 알렉산드리아와 흑해 연안 트라브존에 1년에 2회의 무역선들을 보내어 후추 등 동인도산 향신료와 유럽에서 가져간 모직물, 은 등을 교환하여 이를 유럽에 독점 판매하여 폭리를 취했다.

상업과 해상무역 그리고 조선산업의 발전으로 재정수입이 증대되었다. 베네치아와 제노바가 지중해 무역의 패권을 다투다가 13세기 초 갑자기 베네치아가 우세를 띠게 된다. 그 이유는 베네치아가 동방무역의 거점인 콘스탄티노플을 장악했기 때문이다. 베네치아 공화국은 제4차 십자군에게 8만 5000쾰른 마르크를 받는 조건으로 1년분의 식량과 기사 4500명 및 그들의 말, 종자병 9000, 보병 2만 명을 수송하는 데 충분한 선박을 제공하기로 합의했다. 또한 전리품을 동등하게 나누는 조건으로 50척의 전투용 갤리선과 승무원을 제공하는 데 동의했다. 당시 십자군이 고용하기로 한 함대는 주요 선박만 해도 500척이 넘었다.

베네치아의 통령인 단도로는 계략을 써서 제4차 십자군을 회유해 팔레스타인 공략에 앞서 콘스탄티노플을 먼저 공격하게 만들었다. 베네치아가 400척에 달하는 선박의 해상 운송비를 받지 않고 해군 병력을 보태기로 한 조건이었다. 결국 단도로의 계책으로 1204년 4월 13일, 7세기 이래로 아랍인들도 점령하지 못했던 콘스탄티노플은 함락되어 베네치아의 수중에 들어왔다. 이때 십자군과 베네치아 상인에 의한 대규모의 약탈이 자행되었다. 이로써 지중해에서 흑해에 이르는 비잔티움 제국의 4분의 3을 베네치아가 차지했다. 콘스탄티노플은 흑해에서 지중해로 빠져나가는 길목에 자리해 무역의 황금거점이었다.

1204년의 충격으로 비잔티움 제국은 결코 다시는 부흥하지 못했다. 이것을 계기로 중세 동안 베네치아는 아드리아 해는 물론 동지중해에 무역 거점도시들을 줄줄이 건설하여 무역 강국으로 발전했다. 이후 베네치아는 교황청의 권위에도 굴복하지 않고 신성 로마 제국 세력권에도 들어가지 않았다. 또한 강력한 무역과 해상의 라이벌인 제노바 공화국과 120여 년에 걸쳐 4번의 전쟁을 벌여 결국 승리했다. 그 뒤로 베네치아인들은 흑해에서 제노바인들을 추방하고 해상권을 독점하였다. 이를 기점으로 베네치아는 300여 년간 동방무역 제해권을 장악했고 제노바는 쇠퇴의 길로 접어들었다.

산 마르코 성당과 태양의 전차

오늘날 베네치아를 방문하면 전형적인 비잔티움 양식으로 지어진 산 마르코 대성당을 볼 수 있다. 산 마르코 성당은 베네치아의 수호성인인 마르코 성인의 유해를 모시고 있는 성당이다. 원래 마르코 성인의 유해는 알렉산드리아에 있었다. 그런데 이슬람의 강성으로 알렉산드리아가 위기

에 처했을 때 성인의 유골조차 지키기가 어려워졌다. 이때 베네치아 상인이 성인의 유골을 돈 주고 사서 베네치아로 모셔 온 것이다. 마르코 성인은 신약성서의 마르코의 복음서를 쓴 바로 그 마르코이다. 성인의 유골이 도착하자 베네치아 시민들은 열광하였다. 성인을 도시의 수호성인으로 정하고 성인의 유골을 모시기 위해 대성당을 건축하였다. 이것이 바로 산 마르코 대성당이다.

성당의 출입문 위에는 십자군 전쟁 때 콘스탄티노플에서 가져온 전리품이 설치되어 있다. 지금 베네치아 산 마르코 대성당 입구 2층 발코니에 마치 날듯이 뛰고 있는 4마리 청동 말이 끄는 전차다. 이른바 '태양의 전차'란 것이다. 1204년 제4차 십자군 원정 때 콘스탄티노플에서 가져온 것이다.

사실 이 전차는 원래 알렉산더 대왕 시절 그리스에 있었던 것이다. 이를 로마가 뺏어와 네로 황제의 개선문 위에 세워놓았다. 그러다 훗

날 비잔티움 왕국이 그것을 콘스탄티노플로 가져가 전차 경기장에 세워놓았는데 제4차 십자군 정벌 때 탈취되어 베네치아로 온 것이다. 그 뒤 이 전차는 다시 한 바퀴 돈다. 베네치아를 정복한 나폴레옹이 뜯어 파리

** 카루젤 개선문

로 가져갔다가 뒤에 프러시아의 카이저 황제가 베를린으로 가져가 카이저 개선문에 옮겼다. 그 후 베네치아가 되찾아 오늘날 산 마르코 대성당을 장식한 것이다. 아직도 루브르박물관의 카루젤 개선문 위에는 복제품이 있다. 그야말로 역사의 굴곡이 깊디깊게 파인 세계적인 문화재다.[*]

베네치아의 유럽 금융시장 장악

신성 로마 제국에서 만든 마르크 은화 등 여러 종류의 화폐가 유럽에서 쓰였지만 베네치아의 두카트 금화가 등장한 후로는 두카트 금화가 유럽의 기축통화로 자리 잡았다. 베네치아의 국채는 단 한 번도 이자 지급이 연체되거나 지급이 거절된 적이 없다.

두카트 금화는 순도가 정확하고 상업 강국이자 신용 강국인 베네치아가 제조했기 때문에 스페인, 프랑스, 신성 로마 제국 등 타 국가끼리의 금전거래도 당사국의 통화가 아닌 두카트 금화로 이루어지는 경우가 많았다. 명실상부한 최초의 국제통화였다. 베네치아의 경제와 금융이 유럽 금융시장을 장악한 것이다.

❖ 김종빈 지음,《갈등의 핵, 유태인》, 효형출판, 2001

베네치아의 동방무역 독점

베네치아는 1347년 루마니아로부터 흑사병이 들이닥쳐 20만 인구의 절반을 쓸어가 버렸다. 이 때문에 선원 부족이 심각해져 외지인들을 많이 고용하였다. 게다가 제노바와의 전쟁으로 선원들의 탈주가 계속되자 노수들이 많이 필요한 갤리선에서 범선(라운드 십)으로의 이행이 가속화되었다.

대항해시대 이전까지 지중해 해양공국은 베네치아, 제노바, 피사, 아말피 이렇게 4개 도시국가였는데 최후에는 1380년 제노바를 꺾은 베네치아 하나만 해양공국으로 남는다. 당시 베네치아는 지중해 상권을 독점하여 명실상부하게 유럽을 지배했다. 경쟁자들이 없어지자 동방에서 들어온 독점 상품으로 막대한 폭리를 취하였다.

예를 들어 후추 등 향신료는 금가루와 가격이 같았다. 당시 서양 의학은 모든 병이 악취에서 발생한다고 믿어 향신료를 의약품으로 생각했다. 그들에게 향신료는 재산으로 취급될 정도로 귀중품이었다. 이처럼 향신료에 대한 유럽의 수요는 많아지는 반면 공급량은 한정되어 있었다. 게다가 중개하는 상인들이 과중하게 중간이윤을 매겨 수입 향신료의 값은 원가의 수십 배에 달할 정도로 비쌌다.

당시 향신료는 유대 상인, 아랍 상인, 인도 상인들이 인도와 동남아시아에서 바다 비단길을 통해 홍해의 항구들로 운송했다. 그곳에서 이집트와 시리아까지 육로로 운반했고, 베네치아 상인과 제노바 상인들이 유럽 시장에 판매했다. 그런데 14세기 이후에 이를 베네치아가 독점하자 향신료를 비롯한 동방 상품의 가격은 폭등할 수밖에 없었다. 그 뒤 유럽의 각국들은 동방산 향신료를 구하기 위해 향신료 전쟁이라 불릴 정도의 쟁탈에 나선다. 콜럼버스의 대항해가 그중 하나다.

설탕도 마찬가지였다. 1kg 설탕 가격은 수소 2마리와 같은 가격이었다. 심지어 1393년에는 수소 10마리 가격까지 폭등했다. 유럽 세계에 설탕이 처음으로 들어온 중세에는 수 세기 동안 설탕이 상류 계급의 전유물이었다. 과일 및 동물, 사람의 형상과 똑같게 만들어 귀한 사람에게 진상되는 최상의 선물인 설탕은 후추와 함께 중요한 레반트 무역품이었다. 설탕을 소비한다는 것은 그 사람의 부와 지위를 과시하는 것을 의미하였다.

따라서 1453년 콘스탄티노플의 함락은 후추교역과 마찬가지로 설탕교역에 치명적인 변화를 초래했다. 오스만튀르크가 사탕수수 재배 지역인 이집트와 키프로스를 점령하면서 유럽으로의 설탕 공급이 타격을 받았기 때문이다. 그 이후 지속되는 오스만튀르크와의 전쟁으로 동방무역이 힘들어질수록 설탕값은 올랐다. 전반적으로 15세기 내내 설탕은 소 한두 마리 가격을 유지하는 고가품이었다. 16세기 초 사탕수수 농장에서 일하는 흑인 노예의 가격은 놋쇠 대야 2개의 값이었다. 설탕이 사람보다 훨씬 비쌌다는 이야기다. 소금산업 및 동방의 후추교역으로 부를 얻은 베네치아가 16세기까지 설탕무역에서도 단연 선두를 달렸다. 이미 베네치아는 설탕 정제시설도 갖고 있었다. 이럴 즈음 신대륙에서의 사탕수수 생산으로 플랑드르 저지대에서도 설탕의 정제산업이 시작되었다.

절정과 쇠퇴

15세기에 베네치아 공화국은 전성기를 맞는다. 키프로스와 에게 해의 여러 섬을 복속시키고 또한 뭍으로 진출하여 파도바와 베로나 등 내륙으로 영토를 확장하였다. 이렇게 이탈리아 본토에 속주를 세우는 한편 지금의 크로아티아 남서부 연안인 달마티아와 알바니아 연안에 베네치아 귀족이 통치하는 속국을 만들었다. 베네치아는 '레반트의 여왕'이라 불리며 동지중해 무역을 독점하다시피 하여 엄청난 부를 거둬들였다.

상인들은 레반트, 키프로스, 크레타, 남부 독일, 플랑드르의 부뤼주, 영국과의 무역에 열중했다. 베네치아 해군은 이들 해상무역의 보호에 신경 썼을 뿐 아니라 당시 식량이 부족하여 식량 확보 및 운송에 주력하였다. 베네치아는 특히 개종 유대인인 '마라노'들이 많이 찾는 도시로 이들은 무역만이 아니라 지적인 측면에서도 많이 공헌하였다.

무역으로 엄청난 부를 쌓았던 베네치아는 15세기부터 정기항로가 있었다. 유대 상인들은 한 해에 많게는 수만 통의 편지를 주고받고, 각종 정보를 얻기 위해 각국 유대인 커뮤니티 내에 정보원들을 심어놓았다. 그 당시에 유대인들이 제작하는 지도는 국가 기밀이었다. 왜냐하면 부를 쌓는 원천이 무역이었고, 지도는 무역을 가능케 하는 항로를 담

∴ 중세 시대의 베네치아 모습

고 있기 때문이다.

1453년 콘스탄티노플의 함락으로 동로마 제국이 멸망하자 베네치아는 동방무역의 주종이었던 후추와 설탕 교역에 치명타를 입는다. 동로마 제국을 멸망시킨 오스만 제국이 사탕수수 재배 지역인 이집트와 키프러스를 점령했기 때문이다. 그 뒤 오스만 제국과의 전쟁으로 동방무역이 힘들어질수록 설탕값은 올랐다. 설탕값이 오르자 신대륙에서 사탕수수 재배가 시작되었다. 그 뒤 다시 유럽에서 설탕의 교역 및 정제 산업이 재개되었다.

한편 오스만튀르크의 진출과 영국, 피렌체의 동방무역 가담으로 베네치아의 독점은 와해되었다. 튀르크가 동로마 제국을 멸망시킨 1453년 이후 베네치아인은 이미 무역거점을 동지중해의 알렉산드리아로 옮겼다. 동지중해의 알렉산드리아, 안티오키아, 야파(현 텔아비브) 같은 도시의 무역도 흑해 못잖게 번성하였다. 알렉산드리아는 몬순 계절풍을 이용한 아랍인들의 다우Dhow 선 무역의 거점지였다. 동방에서 오는 육두구나 후추 같은 향료가 모두 이곳에 모였다. 육두구는 사향 향기가 나는 호두다. 이를 갈아서 향신료로 쓴다. 당시 고기가 주식이던 유럽인에게 냉장고가 없던 시절 고기를 보관하려면 후추나 육두구를 이용해야 했다. 후춧가루가 금가루보다 비쌌다. 이곳에 모인 향료를 베네치아인들이 사들여 유럽에 가져다 팔았다.

세계 최초의 특허법이 1474년 베네치아에서 모직물 공업 발전을 위해 제정되어 제도적으로 발명을 보호하였다. 그러나 그 뒤 1498년 바스코 다 가마의 신항로 발견에 의한 동인도 무역의 등장으로 베네치아는 쇠퇴의 길로 접어들었다. 스페인과 포르투갈의 대서양 항로 개척으로 역사에서 밀려난 것이다. 이후 포르투갈과의 향신료 경쟁에서 밀리고 나중에는 영국과의 모직물 경쟁에서도 밀렸다. 무엇보다 1516년 유대인들이 게토에 갇혀 해상무역량이 줄어들자 조선산업에서 쇠퇴를 가져와 네덜란드와 영국에까지 조선산업 경쟁력에서 현저히 뒤처지기 시작했다.

그 뒤 스페인과 포르투갈이 아메리카 대륙과 무역을 주도하여 부와 무역의 주도권이 대서양으로 넘어가자 지중해 무역의 중요성은 더 떨어졌다. 동방과의 교역은 지중해가 아니라 대서양을 통해 이루어져 무역에 의존하는 베네치아는 점차 쇠퇴의 길을 걷게 된다.

16세기에 이르러 베네치아에 대항하는 교황령 주도의 캉브레 동맹이 결성되었는데, 1508년 캉브레 동맹 전쟁에서는 승리했지만 그 뒤로는 더 이상 베네치아 공화국의 영토를 넓힐 수 없었다. 대항해시대 당시 서양에서의 최강대국 오스만튀르크에 대항하여 지중해 패권을 놓고 싸웠던 기독교 연합군대가 바로 스페인 무적함대와 베네치아 함대였다. 1571년 오스만 제국에 대항하여 레판토 해전에서 승리하지만 베네치아는 오히려 키프로스를 상실했다. 훗날 베네치아에서 유대인들이 추방되자 금융업은 기독교도들이 장악하였다. 이때부터 베네치아 경제는 더 현저히 쇠퇴하기 시작했다.

베네치아 공화국이라는 이름에서 알 수 있듯 민주공화국이었던 베네치아는 개신교와 가톨릭 간의 분쟁을 개신교에 유리하게 중재하여 로마 교황의 분노를 샀다. 1606년 교황 바오로 5세는 베네치아에 선전포고를 하고 1610년 베네치아를 파문해버렸다. 이미 무역에서 주도권을 상실한 베네치아는 이후 수공업을 장려하며 부흥을 꾀했으나 이미 이탈리아 본토로 주도권이 옮겨 가 점차 쇠락의 길을 걸었다. 베네치아 상인들 자체가 경쟁력 있는 산업 지역과 부를 찾아

다른 곳으로 이주하기 시작했다.

이후 프랑스 혁명이 발발하고 팽창하는 열강의 틈바구니에서 1792년 베네치아 공화국은 비무장 중립을 선언했지만 1796년 나폴레옹의 군대가 오스트리아군을 쫓아 베네치아를 침공했다. 결국 약 1200년의 역사를 가진 베네치아 공화국은 나폴레옹에게 멸망하고 만다. 작지만 강했던 도시국가 베네치아 공화국은 이로써 역사에서 사라졌다. 그 뒤 베네치아는 나폴레옹 치하의 이탈리아 왕국에 귀속되었다가 1815년에는 오스트리아의 지배 아래 들어갔으며, 1866년 이탈리아 통일왕국에 편입되었다.

마르코 폴로, 베이징에서 유대 상인들을 만나다

베네치아 상인인 마르코 폴로는《동방견문록》이란 여행기로 중국을 서구에 처음으로 소개했다. 그는 1254년경 베네치아에서 보석 무역상의 아들로 태어났다. 15세 되던 해에 아버지와 숙부를 따라 동방 여행을 떠나 실크로드를 거쳐 원나라 수도 베이징에 도착했다. 그들이 원나라에 간 이유는 칭기즈 칸의 손자 쿠빌라이 칸의 요청으로 예수의 무덤으로 추정되는 곳의 성유와 선교사들을 데려가기 위해서였다. 당시 서방과의 교류를 원하고 있었던 쿠빌라이 칸으로서는 기독교를 이해할 필요가 있었다. 하지만 같이 여행을 시작한 도미니코 수도회 수사들이 중도에 모두 돌아가 버려 성유만 갖고 황제를 알현하게 되었다.

∴ 《동방견문록》의 한 페이지

이때부터 17년간 마르코 폴로는 원나라의 우대를 받아 관리로 일하면서 중국 각 지역을 돌아다녔다. 그는 베이징에서 그보다 먼저 와 있었던 유대인 상인들도 만났다. 그 뒤 마르코 폴로 일행은 이란의 몽골 왕조인 일한국汗國의 아루군 칸에게 시집가는 원나라 공주의 여행 안내자로 선발되어 겨우 원나라를 떠날 수 있었다. 1295년에야 겨우 베네치아로 돌아왔다. 25년간의 여행이었다.

훗날 그는 해전에 참가했다 포로가 되어 제노바 감옥에 갇혔다. 감옥생활의 유일한 낙은 서로의 체험을 이야기하는 것이었다. 당연히 마르코 폴로의 동방 체험은 그를 감옥에서 가장 재미있는 이야기꾼으로 만들어주었다. 다행히도 당시 감옥에는 루스티케로라는 작가가 갇혀 있었다. 그 작가가 중국에서의 경험을 이야기하는 마르코 폴로의 이야기를 받아 적어 그 유명한 《동방견문록》이 쓰였다. 하지만 원제는 '세계의 서술'이었다. 이는 유럽인이 전혀 알지 못하던 새로운 세계에 대한 자세한 지식을 담았기 때문이다.

《동방견문록》은 13~14세기의 이란, 중앙아시아, 몽골의 역사와 지리 그리고 민속 등에 관한 귀중한 문헌이다. 마르코 폴로가 여행한 지역의 방위와 거리, 주민의 언어, 종교, 생산물, 동물과 식물 등을 하나씩 기록한 탐사 보고서의 성격이다.

이 책의 원제목이 '세계의 서술'인 만큼 전체 8편에는 북극, 자바와 수마트라, 아나톨리아 고원, 일본까지 담겨 있다. 서편은 마르코 폴로가 여행을 떠나게 된 이유와 책을 구술하게 된 사연이 담겼고, 1편은 아르메니아·페르시아 지방을 포함하는 서아시아, 2편에서는 중앙아시아를 다뤘다. 3, 4, 5, 6편에 중국을 담았고, 마지막 7편에 러시아와 북극 지방까지 설명했다. 특히 13세기 유럽인의 눈에 비친 이방 세계를 아주 상세히 묘사했다. 이 책은 한 유럽인의 단순한 여행기가 아니라, 유라시아 대륙의 서쪽에서 동쪽까지 각 지역의 풍습과 자연환경, 사람들의 모습, 종교 등을 세세하게 묘사한 '세계 문화 편람'이라 할 만한 책이다.

특히 마르코 폴로는 베네치아 상인답게 무역 정보를 많이 담았다. 이 책은 광범위한 무역시장에 대한 연구서로, 페골로티의 실무 무역서와 함께 14세기에 상인들 사이에 널리 읽혔다. 사실 《동방견문록》의 대부분은 도시 간 거리나 이동 소요시간, 여행에 관한 실리적인 조언, 거래 물품들의 무게와 양, 가격, 지불 방법, 그리고 통화와 지폐 등에 관한 서술로 많이 채워져 있다.

쿠빌라이의 화려한 궁전이나 계획도시, 곳곳을 가로지르는 도로, 사람들이 북적거리는 시장, 누구나 입는 비단옷, 산에서 캐내는 불타는 까만 돌(석탄), 금으로 교환되는 9가지 등급의 종이돈 등 책에서 이야기하는 모든 것은 13세기 중국이 얼마나 앞선 세계였는지를 충분히 짐작하게 한다.

당시 사람들은 마르코 폴로의 이야기가 너무 놀랍다 못해 의심스러워 그를 허풍쟁이라고 불렀다. 오죽하면 친구들까지도 임종을 앞둔 마르코 폴로에게 《동방견문록》에서 한 거짓말을 모두 참회하라고 권했을까. 그러나 이후 유럽인들은 《동방견문록》을 통해 신선한 충격을 느끼고 새로운 영감을 얻었다. 마르코 폴로 살아생전에는 이 책이 그리 각광받지 못했지만 그의 사후에는 성서 다음으로 인기 있는 베스트셀러가 될 만큼 유럽 전역을 휩쓸었다.

하지만 내용의 진정성에 대한 비판도 있다. 예를 들면 칼리프가 바그다드의 그리스도인을 학살하려고 했다면서 이슬람이 마치 다른 종교를 탄압한 종교인 양 헐뜯고 있는데 실제 역사 속의 이슬람은 인두세만 낸다면 종교의 자유를 허용했으며, 그리스도교는 유대교와 더불어 성지인 예루살렘에서 태어났다고 하여 존중받았다.

일본에 대한 언급도 '지팡구'는 황금으로 가득한 땅이라고 기술했는데, 이는 당시 서구 상인들의 입맛을 자극하기에 충분하였다. 《동방견문록》은 편견과 허구도 있다는 점에서 비판을 받긴 하나 서구인들에게 동방에 대해 동경의 대상이 되게 한 긍정적인 역할을 했다. 그 뒤 이 책에 쓰여 있는 인도의 향신료를 구할 목적으로 인도 항로를 개척하기 위한 대항해가 경쟁적으로 시작되었던 것이다. 결국 대항해는 세계사의 방향을 바꾸어놓았다.❖

마르코 폴로, 중국의 종이돈을 소개하다

이 책은 당시 서양 서민들은 입어보지도 못하는 비단이 중국에는 넘쳐나고, 땅에서 캔 까만돌, 곧 석탄이 땔감으로 사용되는 사회를 소개하고 있다. 또한 금과 교환되는 종이돈의 사용을 소개하였다. 미지의 세계에 대한 무한한 동경을 불러일으키는 책이었다.

사실 자본주의의 상징인 지폐는 원래 중국에서 최초로 발명되어 사용되었다. 960년 송나라 초기 쓰촨 성의 한 거상은 그간 화폐로 사

❖ 위키백과사전, 두산백과사전 참조

용하던 동전 대신 처음으로 교
자交子라는 지폐를 발행하였다.
중국에 종이돈이라는 새로운 혁
신이 일어났다. 종이돈은 바람
만 불어도 손에서 날아갔기 때
문에 사람들은 '날아다니는 돈'
이라고 불렀다. 원래는 동전용
구리의 부족으로 일시적 대용
수단으로 계획되었던 지폐제도
는 남발로 감당할 수 없게 되었

❋ 14세기 중국의 지폐와 동전들

다. 계속해서 돈을 인쇄해내는 일은 너무도 쉽기만 했다. 사태는 결국
걷잡을 수 없는 인플레이션으로 이어졌다. 이렇게 송 말기에 최초로
선을 보인 지폐가 남발되자 화폐로서의 구실을 제대로 못 하였다.

그 뒤 11세기 초 1023년 북송 때 민간에서 이용되던 어음을 참고
로 정부에서 교자를 발행했는데 이것이 세계 최초의 정부발행 지폐
로 추정된다. 당시 주화가 무거워 교역 및 운송이 어려워 발명되었다.
그러나 그 후 남발의 결과로 신용을 상실하여 1122년경 폐지된 것으
로 보인다. 이후 화폐 발행의 엄격한 통제가 지속돼오다가 정부가 발
행하여 오랜 기간 상용되었던 지폐는 1287년 원나라 세조, 곧 쿠빌
라이 때 발행된 지원통행보초였다. 13세기 여행가 뤼브릭은 "중국
상인들은 장사하는 데 금은화를 쓰지 않는다. 그들은 황제의 도장이
찍힌 손바닥 크기의 종이로 물건을 사고판다"라고 증언하였다.

당시 마르코 폴로는 지폐 몇 장을 유럽으로 가지고 돌아와 사람들
에게 보여주었다. 하지만 당시 사람들에게 종이돈이라는 것이 얼마

나 어처구니없는 발상이었던지 그의 이야기를 믿는 사람이 아무도 없었다. 마르코 폴로는 《동방견문록》에서 지폐 사용이 중국 전역에서 보편화되어 있으며 중국인들이 그 종이돈을 얼마나 진지하게 대했는지를 다음과 같이 묘사하고 있다.

"이 모든 종이쪽지는 마치 순금이나 은이라도 되는 양 대단히 근엄하고 권위 있게 발행된다. 각각의 쪽지를 담당하는 관리들이 있어 그들은 쪽지에 자기 이름을 쓰고 도장을 찍어야 한다. 모든 것이 정식으로 준비되면 황제의 위임을 받은 최고 책임자가 자신에게 맡겨진 옥쇄에 인주를 묻혀 종이 위에 찍는다. 그러면 종이 위에는 옥쇄 모양이 빨간색으로 찍히게 되고 이제 그것은 인증된 돈이 되는 것이다. 누구든 그것을 위조하는 사람은 3대까지 사형에 처해진다. 만일 금이나 은으로 술잔이나 허리띠 등의 물건을 만들려고 한다면 마찬가지로 지폐를 조폐창에 가져가서 금, 은으로 바꾸면 된다. 대칸의 군대는 모두 이 지폐로 군향미를 받는다. 이런 상황들로 미루어볼 때, 대칸의 경제적 지배권은 세계의 어떤 군주보다 폭넓다고 분명하게 말할 수 있다."

모르코 폴로는 뽕나무 껍질로 만든 종이에 대칸의 옥세가 찍힌, 금은과 같은 가치를 지닌 화폐 주조를 극찬하고 있다. 진주, 금, 은을 모두 지폐와 교환토록 한 대칸이 "세상 어디에서도 찾아보기 어려울 정도로 많은 재물을 모았다"고 마르코 폴로는 쓰고 있다. 그러나 그는 이 지폐 날인이 가진 한 가지 중요한 사실을 미처 알아차리지 못한 듯하다. 다시 말해 인쇄술, 더 정확히 말해 목판인쇄에 의한 서적 출판이 가능하게 되었다는 사실에까지는 눈을 돌리지 못했던 것이다. 아직 유럽에서는 인쇄술이 발달하지 못했다. 목판인쇄가 이루어지려면 2세기나 더 기다려야 했던 때에 중국에서는 목판인쇄가 행해진 지 벌써 3세기가 넘었던 것이다.

중국의 지폐는 1661년 스웨덴 정부가 서양 최초로 지폐를 발행한 것에 비한다면 약 400년이나 앞선 것이다. 마르코 폴로가 설명하기 어려웠고 서양인들은 이해하기 어려웠던 그 근엄한 종이쪽지가 오랜 세월이 지난 후에야 서양에서도 만들어지기 시작했다.

유대인 강제 거주지구인 '게토'의 탄생

베네치아가 생긴 이래 그곳에는 항상 유대인들이 있어왔다. 유대인들이 내는 특별 세금으로 부유해진 베네치아는 계속해서 유대인들에게 '콘도타condotta'라는 특별 허가장을 발부해주었다. 유대인들은 그곳에서 독점적으로 대부업을 경영할 수 있는 허가를 받기는 했으나 베네치아 시민권을 가질 수는 없었다. 10세기 이후로 상업 및 무역 도시로 부각된 베네치아는 유대인들이 정착하기에 쉬웠던 반면, 유대인들의 거주지가 일정 지역으로 한정되어 몇 차례의 강제 이주에 직면하게 된다.

13세기에는 지우데카의 섬에 거주하다가 또다시 강제로 메스터의 본토로 옮겨야 했다. 그곳에서도 그들은 유대인임을 증명하는 둥글고 노란 배지를 착용해야 했다. 그 뒤에는 노란 모자를, 다음에는 붉은 모자를 써야 했다.

스페인 통치 하의 시칠리아와 샤르데냐에선 본국에서의 유대인 박해의 여파로 1493년 4만 명이 추방당했다. 이들이 북부 이탈리아 도시국가들로 몰려들었다. 뒤이어 스페인이 통치하던 나폴리에서도 박해가 시작되었지만 1510년 유대인이 추방될 때 부자들은 예외로 추방을 면했다. 여기서 다시 유대인의 돈은 생명줄임이 다시 한 번 증명되었다.

1509년 캉브레 동맹군이 베네치아군을 격파하자 당황한 피난민들이 주변 섬들로 도망쳤다. 이들 가운데 5000명 이상의 유대인들도 있었다. 이들은 주로 스페인과 포르투갈에서 추방당해 온 이민자들이었다. 1492년 스페인에서, 그리고 1497년 포르투갈에서 약 30만 명의 유대인들이 추방되는 바람에 세파르디계의 이산이 시작되었다. 난민이 된 유대인이 한곳에 밀려들어 갔다 하면 그곳에서도 으레 유대인 배척운동이 벌어지곤 해 곳곳에서 유대인들이 밀려다니게 되었다. 지난날 유대인을 몰아낸 곳에는 두 번 다시 발을 들여놓지 못하게 했으므로 숱한 유대인들은 행상을 하며 떠도는 수밖에 없었다. 베네치아에서도 유대인들이 많이 몰려오자 반유대 정서가 일어났다. 2년 후 가톨릭 수도사들은 설교를 통해 이들을 추방하자며 주민들을 선동하기 시작하였다.

1516년 3월 29일, 베네치아 의회. 논란 끝에 특이한 법률 하나가 통과되었다. 명칭은 '유인인 거주제한에 관한 법', 곧 세계 최초의 게토 Ghetto가 탄생하는 순간이었다. 유대교도들을 기독교도들로부터 격리시켜 그들만의 공동체를 꾸리게 하는 관습은 역사적으로는 1179년 제3회 라테라노 공의회에서 그리스도교도와 유대교도의 교류를 금지한 데서 발단하였다.

12세기 후반 먼저 독일에서 유대교도의 강제 격리가 시작되었다. 1280년 모로코에서 회교도들이 유대인을 분리된 지역으로 강제 이주시키면서 게토가 형성되었다. 14세기에 흑사병이 유럽을 휩쓸자 유대교도에 대한 차별정책은 더욱 심해져 일반적으로 유대인 거주지역은 그리스도 교회에서 멀리 떨어진 곳에 설치하게 되었다. 또 그 내부 사회는 유대인의 공동체로서 어느 정도의 자치가 허용되었으나, 시민권은 허용되지

∴ 이탈리아 베네치아 도심

않았다. 유대인 집단 거주지역을 법적으로 제한하고 '게토'라고 부른 것은 베네치아가 효시다.

유대인을 분리 수용한 이유는 2가지다. '압박'과 '보호'라는 상반된 목적에서다. 유대인을 추방하자니 그들이 내는 막대한 세금을 다른 데서 거둘 방안이 없었고, 그대로 두자니 주민들의 반유대 정서가 문제였다. 인구가 급증하는 유대인을 감시하는 한편 기독교인에게는 금지된 대부업으로 부를 축적한 유대인을 보호하는 데 '분리'만큼 좋은 방법도 없었다. 유대인들은 불만이었지만 추방보다는 격리를 택할 수밖에 없었다. 유대인 격리 장소는 이탈리아어로 '게토'라고 불리던 주물공장gettare 터로 운하에 둘러싸여 외부 접촉이 차단된 장소였다.

게토는 한쪽 끝에는 시너고그가, 가운데 통로 양측에는 다닥다닥 붙은 작은 집들이, 그리고 다른 쪽 끝에는 유대인 공동묘지가 자리

∴ 유대인 공동묘지

잡았다. 유대인들은 선조들과 함께 묻혀야 한다는 오래된 관습이 있다. 삶과 죽음이 한 선상에서 이루어진다는 유대인들의 믿음이 잘 드러난다. 낮에만 바깥출입이 허용되었다. 아침에 열리고 자정에 닫히는 두 곳의 도개교를 급전이 필요한 기독교도가 넘나들었다.

이곳에는 환전업과 전당업에 종사하는 독일과 이탈리아계 유대인들이 거주하였다. 영수증의 색에 따라 붉은 은행과 녹색 은행, 검은 은행으로 구별되는 3개의 게토은행은 가난한 기독교인들이 돈을 빌려 쓰는 곳이었다. 이렇게 기독교 통치자들은 서민의 돈 문제를 유대인에게 위임하였다. 이자율은 당국이 정하고 감시하였다. 대신 그들은 유대인에게서 보호 명목의 보호비를 받았다. 유대인들은 게토에 갇혀 살면서도 1년에 1만 두카트라는 연례 특별세를 강제로 내야 했다.

베네치아 가면축제의 기원

베네치아의 유대인 공동체는 번영했다. 주민은 스페인계의 페넨트 사람Penentines, 터키권에서 온 레반트 사람Levantines, 그리고 독일계로서 오래전부터 베네치아에 살아온, 숫자는 많지만 가장 가난한 나치오네 테데스카Natione Tedesca의 셋으로 크게 갈라볼 수 있다. 겉으로 볼 때는 궁상스러워 보였겠지만, 베네치아의 게토에는 흥겨움이 넘쳐 있었다. 당시의 사람들은 율법 환희축제에 대해 이렇게 써놓고 있다.

"이날 밤은 거의 카니발 같은 양상을 이룬다. 미혼여성이나 기혼여성이나 모두 가면을 써서 누구인지 알아보지 못하게 하고, 시너고그를 구석구석 누비고 다닌다. 이때만큼은 기독교도인 신사 숙녀들도 호기심이 나서 이런 광경을 구경하려 하므로 인산인해를 이룬다. … 그곳에는 스페인인, 레반트인, 포르투갈인, 독일인, 그리스인, 이탈리아인을 비롯한 여러 나라 사람들이 있어서 각각 제 나라식으로 노래를 부른다." 이것이 발전하여 오늘날 유명한 베네치아 가면축제가 되었다.

해상무역 종사 유대인들을 게토에 가두어 경쟁력 퇴화

늘어나는 유대인들로 게토는 베네치아에 추가로 건설되었다. 1516년에 개설된 초기에는 독일계 고리대금업자들이 많았지만 1541년 건설된 게토에는 해상무역을 하는 유대인들이나 스페인과 포르투갈에서 이주해 온 유대인들이 많았다. 그들이 앤트워프로 많이 떠났음에도 16세기 베네치아에는 6000명의 유대인이 살고 있었다. 당시 유대 기업들은 기독교인 4000명을 고용하고 있었다. 1550년 베네치아 당국이 유대인을 추방하려 하자 기독교도들이 함께 이주하겠다고 하면서 반대했다고 하니 다시금 경제의 위력을 실감하게 된다.

베네치아가 해상무역과 조선업에 종사하던 유대인들을 게토에 가두어버린 것은 큰 실책이었다. 이후 게토에 갇히기 싫은 유대인들은 베네치아를 떠나 주로 당시 유대인들이 많이 몰려 사는 앤트워프로 옮겨 갔다. 유대인들이 몰려온 앤트워프는 얼마 지나지 않아 해양공국 베네치아의 뒤를 이어 유럽의 중요한 경제 및 금융 중심지가 되었다. 베네치아는 1571년 레판토 해전에서 이겨 터키를 눌렀음에도 그 후부터 쇠퇴했다. 이후 경제력의 퇴보가 국운을 기울게 만든 것이다.

베네치아 게토 이후 다른 나라들의 유대인 거주지역도 게토라고 부르는 것이 일반화되었다. 유대인은 1550년 제노바에서 추방되는 것을 시발로 얼마 지나지 않아 교황 영지 대부분에서 쫓겨나 게토에 갇혀 살았다. 이로써 1570년에는 토스카나에, 1599년에는 베로나에, 1601년에는 파도바와 만토바에 게토가 도입되었다. 그 뒤 대부분의 도시에 게토가 생겨났다. 독일 경제학자 베르너 좀바르트는 1911년에 발표한 저서 《유대인과 근대 자본주의》에서 자본주의는 '게토'에서 시작되었다고 지적하였다.

피렌체 경제사

피렌체란 '꽃의 도시'란 뜻이다. 영어식으로는 플로렌스다. 피렌체는 13세기 전반까지만 해도 밀라노, 로마에 비견될 수 없는 작은 도시였다. 십자군 원정 이후 교통과 무역이 원활해지면서 피렌체의 상인들은 영국과 벨기에의 양모를 수입하여 모직공업을 발전시켰다. 따라서 피렌체는 12세기 초엽부터 모직물산업이 발달하기 시작하였다.

원래 모직물산업은 서양이 처음으로 동양의 기술을 받아들여 상업화에 성공한 산업이다. 동양과 서양은 이 상업화 여부에 따라 산업 발전 속도가 크게 달라졌다. 그 뒤에도 서양은 도자기, 인쇄술 등을 동양에서 배워 상업화에 성공했다. 동양은 이러한 물품의 생산량이 주로 국가나 지방 관청의 수요에 의해 결정되었으나, 서양은 상업적 동기와 시장의 수요에 의해 민간 주도로 생산량

❊❊ 메디치가의 기부로 만들어진
피렌체의 우피치미술관

이 결정되었다.

999년에 일단의 노르만 바이킹들이 예루살렘을 순례하고 돌아오는 길에 이탈리아 남부의 항구도시 살레르노에 머물게 되었다. 이때 살레르노는 조공을 요구하는 사라센의 공격을 받고 있었다. 마침 이를 본 노르만들이 나서서 사라센을 격퇴했다. 깊은 인상을 받은 살레르노 군주는 노르만을 고용하여 살레르노를 지키도록 하였다. 이때부터 이탈리아 남부와 시칠리아는 점차 노르만의 수중에 들어가게 된다. 이렇게 이탈리아에 정착하게 된 노르만족이 11세기에 그리스와의 전쟁에서 이겨 돌아올 때 수백 명의 모직물 직조공을 노예로 잡아 왔다.

이를 계기로 비잔티움 제국의 발달된 직조기술이 유럽에 전파되기 시작하였다. 12세기부터는 북부 이탈리아의 피렌체, 밀라노 등과 플랑드르 지방에서 본격적으로 모직물 수공업이 번창했다. 이들 도시는 이미 아랍과의 무역 및 한자동맹을 통해 상업적 기반을 닦아놓아 산업이 발달할 수 있는 자유스러운 분위기가 조성되어 있었다. 그래서 빠른 속도로 모직물산업이 발전했다. 산업혁명으로 대규모 방직기술이 발달하기 전까지 공들여 짠 모직물은 값비싼 제품이었다. 이들이 생산한 옷감은 유럽 전역으로 다시 수출되었다. 따라서 모직물산업을 발전시킨 북부 이탈리아와 플랑드르 지방의 도시들은 상당한 부를 축적할 수 있었다. 16세기에 비단과 면이 유럽에 본격적으로 도입되기 전까지 유럽에서는 모직물로 만든 옷이 주류를 이루었다.

유대인의 비기, 자색 염색

특히 그 과정에서 유대인에 의해 피렌체에서 자색으로 물들인 모직물이 개발되었다. 유대인의 비기秘技로, 유럽 최초의 기술이었다. 이것이 피렌체에 상업 중흥을 가져다주는 계기가 되었다. 그 뒤 자색 모직물은 유럽인들 사이에서 가장 인기 있는 옷이었다. 이탈리아 명품의 시발점이기도 하다. 당시 자색 염료는 아랍으로부터 들여와야 하는 유대인의 독점 수입품이었다. 염료가 희귀할 뿐 아니라 독점이었기 때문에 부가가치가 워낙 높았다. 피렌체의 급속한 경제발전은 이 염색산업으로부터 시작되었다. 13세기에는 자국의 모직물뿐 아니라 프랑스의 샹파뉴 정기시로부터 모직물을 구입하여 염색하였다.

유대인, 염색기술로 모직물 독과점 체제 구축

그 뒤 유대인들은 영국 등 북부 유럽에서 양털을 들여오고, 염료는 남부 프랑스와 아랍에서 수입하여 양모를 염색했다. 이를 직조하여 모직 옷을 만들어 전 유럽에 수출하는 최초의 일관공정 생산체제를 구축했다. 이로써 유대인들은 방적·직조·염색·디자인·봉제 기술을 모두 통합해 발전시킬 수 있었다. 이로써 자색 모직물 독과점 체제를 구축했다.

순금의 가격과 맞먹을 정도로 비싼 자주색 물감으로 물들인 자색 옷은 신분과 부의 상징이었다. 로마 시대에는 왕궁 자색royal purple이라 불렸다. 직물이 매우 비쌌던 시대에는 천이 많이 필요할수록 점잖게 여겼다. '천을 휘감고 있다'는 표현은 부유하다는 의미였다. 빛나는 색은 부자가 입고 수수한 색은 가난한 사람들이 입었다.

유대인들이 이러한 독과점 체제를 구축할 수 있었던 핵심은 염색 기술이었다. 기원전 1000년경 페니키아의 티레 및 시돈 지방은 자색 염료의 발견으로 번영을 이룩하였다. 고대로부터 빨간 직물은 권위와 사치를 뜻했다. 그 가운데 가장 고귀한 색은 '퍼플레드'였다. 왕, 추기경 등 높은 사람들은 이 색의 옷을 입었다. 그래서 별도로 추기경의 퍼플이라고 불렀다. 퍼플레드는 잘 익은 토마토나 버찌 같은 빨간색이 아닌 자수정과 같은 보라색이었다. 로마 제국 시대에는 자색과 같은 귀중한 염료는 서민의 사용이 금지되었고, 황제와 귀족의 전유물이었다.

그러다 보니 이 시대에 염료의 생산과 염색기술이 현저하게 쇠퇴하였다. 그동안에 염색기술은 유대인의 비전秘傳이 되었다. 13세기에 이르러 비로소 유대인에 의해 이탈리아인들에게 전해졌다. 그 뒤 시칠리아, 피렌체, 베네치아 등 이탈리아 여러 도시국가에서 염색업자들의 길드가 결성되었다. 그때부터 가장 값진 직물은 자주색으로 염색하였다.

로마 시대의 자주색 물감에 관한 정보는 당시 플리니우스가 쓴 《자연사》와 스트라보가 쓴 《지리학》 등을 통해 알려졌는데, 가장 좋은 품질의 물감을 만들 수 있는 소라는 페니키아의 티레에서 잡힌 것들이다. '뮤렉스 브란다리스'라는 바다 소라의 내아가미샘에서 분비되는 맑은 체액이 원료다. 소라의 내장 중에서 흰색 분비물을 내는 부분만 도려내 그릇에 모은다. 이 분비액을 공기 중의 산소에 노출시키고 햇볕을 쪼여주면 몇 차례 색깔이 바뀌다가 산화되면서 노란색으로 변한다. 여기에 소금을 뿌리고 사흘 정도 지난 후 납이나 주석으로 만든 가마솥에 물과 함께 넣고 끓인다. 9일간 끓이면 비로소 자주색 물감이 완성된다. 양털을 염색할 때는 물감에 5시간 정도 담근다. 가장 최고의 색깔은 '응고된 피' 색깔로 보통은 검게 보이지만 햇빛에 반사되면 선명한 붉은색이 나타난다. 따라서 이 색깔이 호메로스가 〈일리아드〉와 〈오디세이〉에서 자주 인용하는 '자줏빛 피blood of purple hue'라는 표현의 기원이 되었다.

로마 시대 시칠리아에서 생산된 자주색 물감은 1kg에 220데나리온(약 660만 원)이었다. 최고급 티레산 자주색 물감은 그것의 10배가 넘는 값으로도 구하기 어려웠다. 이렇게 값이 비싼 이유는 1만 2000개의 소라를 분해해야만 겨우 1.2g의 자주색 물감을 얻을 수 있었기 때문이다. 2번 염색하여 절대 색이 바래지 않는다는 티레산 자주 옷감은 그냥 보면 단순한 검은 색깔이지만 햇빛에 비비면 검붉은 빛에서부터 보랏빛까지 그 색상이 매우 화려한 게 특징이었다.

이렇게 자색 천연염료는 대량으로 생산하기 어려웠으므로 희소가치가 높았다. 따라서 왕이나 귀족만 사용할 수 있었다. 거기다가 염색을 제대로 하기 위해서는 염료 이외에도 명반과 같은 매염제가 필요했기 때문에 염색기술은 국가 비밀로 취급되었다. 로마 시대에는 국가 염료공장 밖에서 로열 퍼플을 만드는 사람은 사형에 처할 정도였으니 일반인에게 천연염료는 그림의 떡일 수밖에 없었다.❖

❖ 김성 교수(협성대 · 성서고고학), 《국민일보》 2001. 2. 14; 이덕환, 〈민주주의 앞당긴 염료의 역사〉, 《베이직 사이언스》

또 다른 고급 빨간색의 원료는 벌레의 알

그 뒤 15세기에 빨간색을 내는 또 다른 천연염료가 알려졌다. 이 보랏빛 퍼플레드는 비잔티움 제국의 황제 직영 염색농장만 그 제조법을 알고 있었다. 비잔티움 제국이 멸망하면서 제조 비밀이 밝혀지게 되었다. 최고급 직물을 염색하는 데 사용했던 빨간 염료는 벌레의 암컷에서 얻어냈다. 지중해 근방에서 자라는 떡갈나무 잎에 붙어 사는 이 벌레는 완두콩만 한 크기에 둥근 모양으로 케르메스(연지벌레)라 불렀다. 이 벌레는 나뭇잎에 붙어 살다가 빨간 액이 가득 들어 있는 알을 낳고는 마침내 그 알 위에서 죽는다. 이 벌레에서 얻어지는 색소도 케르메스라고 불렀는데, 10kg의 모직을 염색하려면 1kg의 케르메스 염료가 필요했고, 1kg의 케르메스 염료를 얻으려면 14만 마리의 케르메스가 필요했다. 나무주걱으로 떡갈나무 잎에 붙어 있는 케르메스를 긁어내어 건조시킨 다음 분말로 만들어야 했다.

이러한 복잡한 과정 때문에 케르메스는 매우 비쌌다. 여간해서는 엄두를 못 낼 색이었다. 하지만 그 선명한 빨간색이 무척 아름다웠을 뿐 아니라 햇볕에도 전혀 바래지 않았다고 한다. 결국 힘 있고 돈 있는 황제와 귀족만 빨간색을 독점할 수 있었다. 카를 대제는 궁전과 그의 왕좌가 마련된 성당을 빨간색으로 칠하게 했다. 교회 위에 군림하는 황제의 권력을 분명하게 과시할 수 있었다. 빨강은 황제의 색이었다. 빨간색은 강력한 힘과 권력을 부여한다는 미신이 있어서 지배 귀족들은 신하들에게 빨간색을 금지시켰다. 귀족만 빨강 망토와 구두를 신을 수 있었다. 그 뒤 귀족이 경제력을 상실하자 빨강 망토의 특권도 사라졌다. 이후 학자에게도 빨강 망토를 허용했다.

신분과 재산에 따라 사는 곳과 입는 옷이 다르다

중세 도시민은 여러 계급으로 구분되어 차별 대우를 받았다. 계급에 따라 사는 지역도 달랐다. 도시민이기는 하나 시민권이 없는 경우에는 성안에 살지 못하는 사람도 많았다. 또 신분과 재산 정도에 따라 입는 옷, 심지어 착용하는 장신구까지 세세히 규정되어 있었다. 고대로부터 유럽에는 신분과 재산에 의해 복식 규정이 달랐다. 지배자들은 피지배자들을 통제하고 사회의 위계질서를 확립하기 위해 입는 옷을 통제한 것이다.

예를 들면 14세기 이전 중세 독일 괴팅겐에서는 도시민을 3개 등급으로 구분했다. 재산이 90마르크 이상이면 그의 부인은 모든 옷이 허용되었으나, 45~90마르크의 재산 소유자의 부인이라면 망토는 걸치지 못하고 그 외의 의복으로 만족해야 했다. 그 이하의 재산 소유자는 호이케와 록만 허용되었다. 의복 위에 장식을 달려면 100마르크 이상의 재산이 있어야 하며 진주 장식은 200마르크 이상의 재산가라야 했다. 모피는 250마르크 이상의 재산가에게 허용되었고 모든 장식을 자유롭게 달려면 300마르크 이상의 재산이 있어야 했다. 이러한 규정은 유럽 대륙 전체에 걸쳐 고대로부터 뿌리 깊게 내려오는 일종의 관습법으로부터 유래되었다.

유대인, 모직물산업의 유통구조를 독점하다

당시 유대인들의 독점 수입품이었던 남부 프랑스 염료는 현지의 유대인들이 독점 생산하여 이탈리아 유대인에게 독점 공급되었다. 아랍권 염료도 기독교도들은 아랍권과 교역 자체가 안 되었기 때문에 유대인들만이 독점 수입할 수밖에 없는 구조였다. 이처럼 유대인의 특기가 구매-생산-판매를 연결하는 유통 체계의 완전 독과점에 있다. 경쟁이 없으니 가격을 마음대로 받을 수 있기 때문이다. 당시 모직물산업은 유럽 최대의 산업이자 부가가치가 높은 첨단산업이었다.

유럽 내 모직물산업의 발전 덕분에 14세기 후반부터 유럽산 모직물의 동방 수출은 늘어나기 시작했다. 사실 중세 말 모직물이 없었다면 서유럽은 동방과의 무역을 지속할 수도 없었을 것이다. 유럽은 동방과의 무역에서 항상 적자 상태에 있었다. 중세 말 동방 물품과 바꾸어 올 유럽 내 은이 부족해짐에 따라 유럽 상인들은 되도록 현지에서 유럽의 대표 상품인 모직물로 동방 물품을 구입하려고 하였다.

15세기 초엽, 피렌체의 산업은 모직산업과 의류산업이 주도하였다. 1406년 피렌체가 피사 항구를 점령함으로써 상파뉴 정기시를 거치지 않고도 대서양으로 직접 물자를 실어 나를 수 있는 해로가 개척되었다. 안정적인 수출입의 물류가 확보되어 이것이 또 하나의 피렌체 산업 부흥의 분기점이 되었다. 때마침 유럽의 인구 증가로 의류산업이 붐을 타고 있었다. 피렌체 상인들은 영국과 네덜란드 지역에서 양모를 수입해 염색·가공한 옷을 만들어 전 유럽으로 되파는 무역업으로 큰 수익을 올릴 수 있었다.

당시만 해도 유럽의 최대 경제권은 유대인들이 상권을 주도하던 북부 이탈리아와 플랑드르 지방이었다. 두 곳이 유럽 경제의 양대 축이었다. 그 무렵 유럽에서 자색 모직물이 크게 유행하자 양모 생산국인 영국은 짝퉁을 만들어 시장에 내다 팔았다. 당시만 해도 직조기술이 없었던 영국은 이탈리아 모직물을 사다가 바깥쪽에 포장하는 기만전술로 교묘히 모조품을 팔았다. 이렇게 시작한 영국이 훗날 양모 수출 금지조치와 적극적인 산업정책에 힘입어 모직물산업의 중심지가 되었다.

15세기 이후에 유대인들에 의해 이탈리아 외 유럽 다른 나라에도 염색기술이 보급되었다. 케르메스에 버금가는 빨간 염료는 '꼭두서니의 뿌리'로 만들었다. 르네상스 시대에는 남녀노소를 막론하고 빨강은 가장 아름다운 의복의 색이었다. 최상급의 꼭두서니가 16세기에 이르러 네덜란드에서 재배에 성공하여 꼭두서니의 값은 많이 내렸다.

16세기 농민혁명이 성공한 후 농민들이 제일 먼저 빨간 옷을 입는 것으로 해방의 기쁨을 만끽했다. 그 뒤 지위가 높은 네덜란드인은 빨간 비단 양복을 입었고, 농부도 축제일에는 빨간 바지와 재킷을 입었다. 여자들에게는 빨간 속치마가 살짝 보이는 검은 드레스가 인기였다. 그 뒤 1540년 최초의 염색기술에 대한 서적이 G. V. 보세티에 의해 쓰였다. 후에 천에다 문양을 찍는 날염은 무명(면포)의 원산지인 인도에서 비롯하여 이집트로 전래되었다고 추정된다.

정주상인의 등장

11~12세기 전형적인 상인은 상품을 가지고 먼 지역에까지 직접 가서 장사하는 순회상인이었다. 여러 가지 위험요소들이 산재해 있

었지만 성공할 경우 큰 이윤을 얻을 수 있다는 점에서 모험상인의 모습도 동시에 가지고 있었다. 반면 정주상인은 순회상인처럼 상품을 팔러 먼 지역으로 여행을 다니지 않았고, 한곳에 머물면서 원거리에 있는 시장과 거래하는 상인을 의미했다. 초기의 정주상인들은 주로 유대인이었다. 그들은 멀리 떨어져 있는 유대 커뮤니티와 장사했기 때문에 사업이 정착한 뒤에는 굳이 다시 방문할 필요 없이 서신 왕래만으로 사업을 추진할 수 있었다. 정주상인의 모습은 상업혁명이 일어났던 12~13세기에 나타나기 시작했다. 하지만 일반인 정주상인은 14~15세기에 이르러서야 일반화되었다.

정주상인의 등장과 성공은 사업조직과 사업방식의 변화를 가져왔다. 순회상인은 자신이 직접 상품을 가지고 여행을 했기 때문에 현지에서의 판매와 구매를 스스로 결정할 수 있었고, 그렇기에 현지 업무를 대행할 사람이 절실하게 필요치 않았다. 반면 정주상인은 자신을 대신해 현지 시장에서 업무를 대리할 사람이 필요할 수밖에 없었고, 이를 위해 주재원을 파견하거나 현지에 상주하는 사업상의 동료를 이용했다. 새로운 유형의 상인인 정주상인들은 지중해의 주요 시장들뿐만 아니라 흑해와 대서양 지역에도 자신들의 상업조직을 가지고 있었다.

14세기 중엽 피렌체에서 가장 규모가 컸던 바르디 상사는 365명의 대리인을 고용하고 있었다. 바르디는 전형적인 헤브루 이름으로 유대인인 것으로 추정된다. 참고로 이스라엘 독립선언서에 서명과 관련하여 저널리스트 헤르츨 로젠블룸이 서명할 차례가 되었을 때, 벤구리온은 그에게 헤르츨 바르디로 서명하라고 부탁했는데, 이는 최대한 많은 헤브루 이름을 선언문에 포함시키고자 한 그의 의도 때문이었다.

　그리고 페루치 상사는 144명, 작은 규모였던 알베르티 상사는 56명의 대리인을 보유하고 있었다. 14세기 말 토스카나 지방의 작은 시골도시인 프라토 출신으로 거상이 된 다티니는 172명 정도의 대리인을 두고 있었으며, 이들은 기독교 세계의 중요 상업 거점지들에서 다티니의 상업을 대리했다. 다티니의 경우처럼 대부분의 피렌체 상사들은 이탈리아와 서지중해를 포함한 서방 기독교 세계에 대리인들을 집중 배치시켰다.✛

정주상인이 글로벌 금융업자가 되다

　정주상인들은 대부분 무역과 금융업을 함께 운영하였다. 이들이 세계 최초의 글로벌 국제은행이었다. 나중에는 무역보다는 이윤이 큰 금융 쪽으로 특화했다. 예나 제나 금융업은 수익성이 좋았다. 이들 덕분에 14세기 피렌체는 세계에서 가장 크고 가장 부유한 도시가 되었다. 일례로 피렌체 페루치 은행은 런던 지점과 키프로스 섬 지점 등을 포함해 유럽에 16개의 은행 지점이 있었다. 당시 피렌체의 굴덴gulden은 서구 세계에서 가장 영향력 있고 안정된 통화였다.

　아레초, 피사, 리보르노를 비롯한 이웃의 여섯 도시를 마음대로 쥐고 흔들면서 피렌체는 이탈리아 중부의 중심 강국이 되었다. 다른 어느 곳보다도 상인과 금융가들이 큰 정치적 세력을 키웠다. 그래서

✛ 남종국, 〈중세 말 지중해 무역의 성격변화〉, 《지중해 지역 연구》 제8권 제1호(2006. 4)

스위스 역사가인 야코프 부르크하르트는 그 당시의 피렌체를 가리켜 '세계 최초의 근대 도시'라고 했다. 부를 축적하면서 예술도 꽃을 피웠다.

피렌체 금화가 유럽의 기축통화

메디치 가문의 조상들은 원래는 피렌체 위 무겔로 지방의 농민이었다. 그 뒤 피렌체로 옮겨 와 약재상으로 성공한 후 당시 첨단산업인 모직물산업에 뛰어들었다. 아버지 공장을 물려받아 2개의 모직 공장을 운영하던 조반니 디 비치 데 메디치(1360~1429년)는 유럽에서 전개되고 있는 변화를 예리하게 관찰했다.

.: 피렌체 휘장과 피렌체 금화

메디치 가문이 등장하기 전 14세기 피렌체의 양대 문벌인 바르디가와 페루치가는 금융업, 수공업, 무역업 등 광범위한 분야에 손을 대 재벌이라 불릴 정도로 유럽 전역에 고객이 퍼져 있었다. 영국과 프랑스 및 나폴리 왕가와 교황청은 이들의 최대 고객이었다. 1251년부터 피렌체에서 만들어진 플로린 금화는 유럽 각지에서 유통되었다. 이는 베네치아와 같은 항구도시가 아닌 피렌체가 해상무역으로서는 도시 수입의 원천이 될 수 없음을 빨리 깨닫고 13세기부터 피렌체의 많은 사업가가 대부업을 통해 큰 이득을 남겼기 때문이다.

피렌체 금융산업의 규모가 커짐에 따라 베네치아 두카트 금화를 따돌린 플로린의 유럽 기축통화 구실도 더 커져갔다. 플로린 금화에는 성 요한의 입상과 피렌체의 문장인 붓꽃이 각인되어 있었다. 이 도안은 100년 이상 바뀌지 않고 통용되었다. 1344년에는 에드워드 3세에 의해 바다 건너 영국에까지 플로린 금화가 도입되어 사용되었으며, 헨리 7세 치하의 1487년까지 유통되었다. 각국에서 금화를 새로 주조하는 경우에는 그 모델로 이용되었다.

메디치가의 업종 전환

모직물산업으로 메디치 가문을 성공의 반열에 올려놓은 조반니는 피렌체의 금화인 플로린이 유럽의 기축통화로 통용되는 것에 주목했다. 당시 피렌체가 유럽 경제의 중심에 설 수 있었던 배경이 있었다. 바로 전쟁특수였다. 당시 백년전쟁은 영국과 프랑스 간의 전쟁으로 프랑스를 전장으로 하여 여러 차례 휴전과 전쟁을 되풀이하면서 1337년부터 1453년까지 116년 동안 계속되었다. 명분은 프랑스 왕위 계승 문제였고, 실제 원인은 영토 문제였다. 전쟁에 필요한 갑옷, 대포 등 무기류와 식량, 의복 등 물자를 북부 이탈리아와 플랑드르 지역에서 제공했는데 공업이 발달한 피렌체가 주도하였다.

이윽고 메디치는 결단을 내려 업종 전환을 시도한다. 조반니는 모직물로 축적한 부를 바탕으로 대부업에 뛰어들었다. 곧이어 은행가 길드에 가입하고 메디치 은행이 1397년에 정식으로 문을 열었다. 그는 개별 사업체로 존재하던 대부업을 조합형, 분권 체제로 변화시켰다. 규모보다는 다양화를 추구하였다. 피렌체에서 베네치아를 거쳐 로마에까지 영업망을 넓혀가면서 규모 확산과 분산을 통해 대출에 따른 위험을 줄일 수 있었다. 이는 곧 채무자의 이자 비용을 낮추는 결과를 낳게 된다. 경쟁력이 생긴 것이다. 그리고 막대한 재력을 바탕으로 시장을 장악해나갔다. 이로써 사실상의 근대적인 은행업이 피렌체에서 처음 시작되었다.

당시 팽창하던 유럽 경제는 잉여자본의 축적에 따른 투자처의 확보와 대금업, 그리고 각 국가별 통화가치의 차이에서 비롯되는 환율 문제를 해결할 수 있는 은행제도가 필요했다. 조반니를 비롯한 메디치 가문의 리더들은 시대의 요구를 재빨리 파악하고 제조업에서 은행·서비스업으로의 사업 전환을 과감하게 추진한 것이다. 사실 당시 유대인들의 돈놀이 사업이 유럽 각지에서 번창해갈 때 기독교인들도 욕심이 생겨 편법으로 돈놀이를 하였다. 이중장부를 이용하든지, 땅의 사용료를 받든지, 또는 세금을 받을 수 있는 대행사업 면허증을 정부에서 받든지 하여 금융사업을 일으켰다.

처음에 경험이 일천했던 조반니는 돈의 흐름을 관찰했다. 관찰 끝에 환전에서의 가장 큰 시장은 교황청이라는 것을 알게 되었다. 세계 각국에서 교황청으로 보내지는 헌금은 일단 로마로 보내졌다가 다시 각 지역으로 알맞게 분배되었다. 조반니는 교황청의 후원 여부에 따라 메디치 은행의 성공 여부가 판가름날 것이라고 판단했다.

그는 피렌체의 중심 성당인 산타마리아 델 피오레 성당의 정문을 장식할 청동 조각상의 봉헌을 주도하면서 교회의 환심을 샀다. 교황청의 대분열을 종식시키기 위해 교황 요한 23세가 폐위당했지만 조반니는 끝까지 힘을 잃은 교황을 후원하고 임종했을 때 호화로운 무

덤까지 마련해주었다. 결국 메디치 은행은 교황청의 주거래 은행이 된다. 14세기 말에 이르러서는 2개의 모직물 공장과 교황청을 상대로 하는 은행을 가진 조반니 디 메디치는 부유한 상인으로 존경받았다. 교황의 은행가로서 은행 업무 이외에도 메디치가가 취급하는 물품은 향신료, 비단, 모직, 후추, 설탕에서 노예, 모피, 염료, 보석, 명반에 이르기까지 다양하였다. 은행업보다는 무역업 쪽 비중이 훨씬 더 컸다. 당시 이자 수취가 금지되어 있을 때라 은행업은 무역 경쟁력 확보를 위한 보조수단이었다.

코시모 데 메디치, 세계 최초의 글로벌 국제은행 설립

그의 아들 코시모 데 메디치는 1420년 부친으로부터 메디치 은행을 물려받았다. 당시 메디치 은행은 피렌체에서 세 번째로 큰 규모로 급성장했다. 사람들은 부러움과 시기심으로 코시모를 주목했다. 피렌체 귀족들의 견제가 강화됐고, 특히 알비치 가문은 노골적으로 코시모와 메디치 가문을 공격했다. 결국 구 지배층과 대립하여 코시모는 수년 동안 추방당했다. 그 뒤 그는 '사람들의 시선에서 벗어나라'는 가문의 가훈을 한시도 잊지 않았다. 사람들은 눈앞의 이익에 따라 입장을 바꾸고, 이웃이 잘되는 것을 절대 좋아하지 않는다는 것을 깨달은 코시모는 "질투는 물을 안 주어도 잘 자라는 잡초"라고 자주 말했다. 우여곡절 끝에 유배지에서 돌아와 실질적인 피렌체의 통치자가 되었음에도 코시모는 늘 겸손하게 행동했다.

그 뒤 민중의 지지와 상업자본에 힘입어 정권을 장악하고 피렌체 공화국의 발전에 기여한 공으로 국부의 칭호를 받았다. 그는 피렌체 시내에서 이동할 때 말을 타지 않았다. 말을 타고 다니면 피렌체 시민들과의 노상 대화가 불가능해질뿐더러 하층민과의 위화감이 조성된다고 믿었기 때문이다. 코시모는 피렌체 시내를 걸어 다니면서 마주치는 주민들에게 늘 웃음으로 대했다. 장거리 이동을 위해 말을 타야 할 경우라면 당나귀를 애용했다. 철저하게 자신을 낮추겠다는 의지를 당나귀를 타고 가며 보여준 것이다.

당시 피렌체는 밀라노와의 전쟁에 패해 국가 경제가 거의 파탄지

경이었다. 결국 피렌체 정부는 모든 시민에게 강제적으로 재산을 등록하도록 하여 일괄적으로 등록된 재산에 0.5%의 세금을 부과했다. 그러나 이런 가혹한 세금정책은 특히 피렌체 하층민들에게 부당하게 집행되었다. 부자들은 세금 납부 대신 의무 공채인 프레스탄체prestanze를 구입하고 대신 이자를 받았다. 정부로서도 당시 용병을 많이 쓰는 터라 재정이 악화되어 세금만으로는 부족하자 막대한 공

※ 베노초 고촐리, 〈동방박사의 행렬〉, 1461년. 코시모 데 메디치가 당나귀를 타고 가는 모습. 검은색 옷을 입은 사람이 코시모다. 지금도 피렌체 관광의 필수 코스인 메디치 저택의 가문 기도실에 가면 볼 수 있다.

채를 발행한 것이다. 그리고 이를 부자들에게 강제로 떠넘긴 것이다.

그리고 이자는 의무 투자에 대한 보상이었으므로 고리대금업과는 달라 교회법과 충돌하지는 않았다. 그러나 서민들로선 세금을 안 내는 부유층에 대한 불만이 많았다. 이들의 불만이 커져 사회적 불안으로 이어지고 있었다. 따라서 코시모는 부자들에게 더 많은 세금이 부과되는 누진세를 적용해 사회의 질서와 안녕을 꾀한다. 본인 스스로 더 많은 세금을 납부하는 모습을 의도적으로 보여주었다.

그는 유럽 곳곳의 16개 도시에 은행을 세웠다. 글로벌 국제은행이 탄생한 것이다. 외환거래를 가능케 하는 피렌체의 은행 지점이 전 유럽에 그물처럼 짜여졌다. 그 결과 피렌체의 통화인 플로린은 기축통화로서의 위상이 더욱 강화되었다. 요즘 세계의 달러나 유로처럼 당

시 전 유럽에서 통용되는 공용화폐가 되었다. 어음과 송금 등이 자유로운 매우 발달한 은행제도가 확립되기 시작했던 것이다. 그 무렵 메디치가에서 특히 중시한 사업이 환어음 업무였다. 당시 상거래에서 채권자가 채무자 앞으로 환어음을 발행하여 양측 모두 이를 지급수단으로 쓰거나 은행에서 할인을 받고 현금으로 바꿀 수 있었다. 교회는 이자놀이를 비난했지만 이런 식으로 돈 버는 방법까지는 막지 못했다.

코시모는 자신이 피렌체의 실질적인 통치자임을 각국의 영주들에게 각인시켜 피렌체의 메디치 가문과 거래하는 것이 안전하다는 인식을 심어주어야 했다. 그래서 그는 먼저 각국 대사들에게 신뢰감을 심어주기 위해 신중하게 행동했다. 그는 먼저 말하지 않고 묵묵히 상대방의 말을 듣기만 하는 태도를 보였다. 꼭 말을 해야 할 경우에는 간단한 단문만 사용했다.

코시모의 개인 문장은 다이아몬드였다. 다이아몬드가 절대로 변하지 않고 한결같은semper 모습을 유지하는 것처럼 사람도 마땅히 그래야 한다고 믿었다. 그래서 그는 셈페르(한결같은)한 사람을 좋아했다. 그는 외국과의 관계에서도 셈페르한 피렌체의 모습을 심어주기 위해 노력했다. 그는 내부적으로는 피렌체의 사회적 질서를 유지하고, 외부적으로는 자비로운 지도자의 이미지를 심어주기 위해 자선사업을 적극 활용했다. 평생 총 40만 피렌체 플로린(금화)을 자선사업에 기증했다. 이는 피렌체 국가 총수입의 2배에 해당하는 거액이었다.❖

❖ 최선미 연세대 경영대학 교수·김상근 연세대 신과대학 교수, 〈겸손하고 신중하게… 스스로를 낮추다 – 대중의 시선에서 벗어나라〉, 《한경비즈니스》, 2009

송금제도의 혁신: 일종의 온라인 송금거래 발명

메디치 은행의 절정기는 15세기 중엽이었다. 코스모 데 메디치는 콘스탄츠 공의회에 참석하여 복잡한 은행 금융거래를 익혀 교황청 재정을 관리하였다. 메디치가가 교황청의 재정 관리와 환전을 맡게 되면서 재미있는 일이 벌어졌다. 예를 들면 프랑스에서 거두어들이는 헌금이 로마로 왔다가 다시 프랑스로 보내지는데 거의 대부분의 돈이 그대로 왔다 다시 그대로 돌아갔다. 굳이 왔다 갔다 할 필요가 없었던 것이다. 프랑스에서 모인 헌금 중에서 교황청으로는 일부만 가져가도 되었다. 메디치가는 차액만 계산해주면 되는 일종의 온라인 송금의 형태를 당시에 인류 최초로 고안해냈다.

이렇게 하여 국제결제 방법이 발달되었다. 한 나라의 채권과 채무는 다른 나라의 채권과 채무로 상쇄되고, 다만 그 차액만 실제로 지불되었다. 당시로는 획기적인 일이었다. 이로써 유럽 각국에 거액을 직접 들고 다니다가 도난을 당하는 일이 사라졌다. 게다가 메디치가로서는 수수료뿐 아니라 환율 차익도 대단했다. 오히려 그 뒤 온라인 송금 형태에 맛들인 교황청은 이제 메디치 가문이 없으면 안 될 정도로 엄청난 신뢰를 갖게 되었다.

이자 못 주는 대신 선물 주는 '재량예금' 개발

유럽 각국의 돈이 로마 교황청으로 몰려들면 들수록 메디치 은행의 수익은 기하급수적으로 늘어났다. 주교나 추기경, 교황이 개인 자격으로 은행과 거래할 때 이를 주선한 것도 메디치 은행이었다. 돈을 굴려 이자를 받는 행위를 금지하고 있는 교회법에 따라 당시 은행들은 형식적으로 이자가 아니지만 실제로는 이자를 지급하는 방법을 썼다. 예를 들어 송금이나 환전 형태로 돈을 빌려주고 수수료를 받는 방식이 활용되기도 했다. 메디치 은행은 '재량예금'이란 금융상품을 고안해냈다. 로마의 실력자들이 가지고 있는 여유 자금을 직접 투자해 이윤을 지불하는 것이 아니라 메디치 은행이 예금주에게 감사하다며 '재량껏' 선물을 주는 금융상품이다. 재량예금의 이자율은 연 8~12% 정도였다. 또 메디치 가문은 보험의 개념을 은행의 금융상품으로 처음 도입했다. 신대륙의 발견과 희망봉 항로의 개척으로 세계 해상무역이 급격히 증대하면서 값비싼 교역 물자에 대한 보험이 필요했다. 메디치가는 보험산업으로도 큰돈을 벌었다.

1430년대부터 1450년대까지 메디치 은행은 최대의 호황기를 맞았다. 이 시기에 메디치 가문은 은행업에서 연평균 약 2만 플로린을 벌었다. 당시 궁전 1채를 건축하는 데 드는 비용이 약 1000플로린이었다는 것을 감안하면 메디치 가문은 그야말로 은행업으로 대박을 터뜨린 것이다. 모직산업에서 은행업으로 전환했던 메디치 가문은 새로운 시대의 변화를 선도하는 피렌체 산업의 리더가 되었다. 메디치 가문은 연속해서 2명의 교황을 배출한 명문가로, 미켈란젤로를 위시한 수많은 예술가를 후원한 르네상스의 가문으로, 그리고 피렌체를 실질적으로 통치하는 지배 엘리트로 계속 변모를 거듭한다.

메디치 가문의 리더들이 약재상에서 모직산업으로, 모직산업에서 은행업으로, 교황을 배출하고 피렌체의 통치 엘리트 가문으로 변모를 거듭할 수 있었던 비결은 바로 시대의 변화를 선도하는 통찰력과 결단력을 가졌기 때문이다. 물론 이것은 쉬운 일이 아니다. 마키아벨리의 묘비명을 보자. "새로운 시대의 새로운 질서를 이끌어간다는 것만큼 책임지기 어려운 일이 없고, 위험스러운 일도 없으며, 성공의 가능성이 불확실한 것도 없다." 그렇다. 새로운 질서를 이끈다는 것은 어려운 일이다. 그러나 메디치 가문의 역사가 웅변하고 있다. 시대의 변화를 선도하는 것이 리더가 감당해야 할 역사의 몫이라는 것을.✤

유대인들에 의한 복식부기의 사용

특히 오늘날 주식회사 등 기업에서 회계장부를 관리할 때 쓰는 복식부기가 1340년대 최초의 상업 도시국가 제노바에 도입되었다. 그 뒤 본격적으로 사용된 것은 15세기 유대인들에 의해 피렌체에서 사용되었다. 신용과 차변을 추적하기 위한 복식부기는 메디치 가문을 위해 일하는 유대인 회계사들에 의해 처음으로 사용된 것이다. 그 뒤 복식부기는 레오나르도 다빈치에게 구구단을 가르치기도 했던 루카 파치올리라는 수도승이 1494년에 쓴 수학책 《산술집성算術集成》을 통해 최초로 일반인들에게 소개되었다.

파치올리는 20세에 부자 상인의 수학 가정교사로 들어갔을 때 상업부기도 배우고 상선을 타고 여행하며 지중해에 접한 아라비아 지역에서 선진 수학을 익혔다. 서른 살 무렵 수도회 사제로 파도바·나폴

✤ 최선미 연세대 경영대학 교수 · 김상근 연세대 신과대학 교수, 〈트렌드 먼저 읽고 '변신, 또 변신' – 메디치처럼 경영하라④ – 새 시대의 변화를 선도하라〉, 《한경비즈니스》, 2009

∴ 야코포 데 바르바리, 〈루카 파치올리의 초상〉, 나폴리 국립미술관, 1495년

리대학에서 강의하던 그는 일곱 살 연하인 다빈치와도 사귀었다. 다빈치의 그림과 건축에 스며 있는 원근법과 기하학의 스승이 파치올리다. 그의 초상화도 다빈치 작품이다. 그가 쓴 수학책은 유럽 전역에 복식부기를 확산시키며 주식회사 출범과 근대적 자본의 축적을 이끌었다. 그래서 루카 파치올리를 회계학의 아버지라고 부른다. 아쉬운 것은 복식부기에 더하여 자본주 관계까지 드러나는 우리의 개성부기(송도사개치부법)는 파치올리보다 200년 앞섰건만 희미한 흔적만 남았을 뿐이라는 점이다.

　세계 경제사를 들여다보면 경제 패권은 항상 금융산업과 함께하였다. 서양의 발흥을 이끌었던 문예부흥인 르네상스를 촉발시켰던 이탈리아 반도의 도시국가들부터가 그랬다. 우선 중세 유럽 경제의 패권을 차지했던 베네치아는 대부이자를 죄악시했던 로마 교황의 종교적 속박을 벗어나기 위해 이주해 온 유대인 금융업자들이 세운 도시나 마찬가지였다. 그 뒤를 이어 피렌체, 밀라노, 피사, 제노바 등이 비슷한 경로를 통해 발흥했으며, 이런 도시국가들이 이탈리아의 문예부흥을 뒷받침했던 것이다. 포르투갈과 스페인이 앞서거니 뒤서거니 대항해시대를 열면서 세계 경제의 패권을 쥐었을 때에도 마찬가지였다. 초기에는 이탈리아 도시국가들의 금융업자들이 그 자본을 뒷받침하였다.

금융이 발달하면서 회계제도에서도 중요한 변화가 있었다. 그들은 신용과 차변을 추적하기 위한 복식부기 체제의 개선이라는 중요한 공헌을 하였다. 이 체제는 피렌체의 메디치 가문을 위해 일하는 유대인 회계사들에 의해 처음으로 사용되었다. 앞서 언급했듯 그는 은행 대표로 콘스탄츠 공의회에 참석하여 복잡한 은행 금융거래를 익혀 교황청의 재정을 관리했다. 이를 통해 당시 세계 최대의 돈줄을 장악하여 막대한 재산을 축적했다.

그리고 앞서 보았듯 메디치가가 취급하는 물품은 향신료, 비단, 모직, 후추, 설탕에서 노예, 모피, 염료, 보석, 명반에 이르기까지 다양했다. 명반은 직물 염색공정에서 염료가 섬유에 먹혀들게 하는 화학 매염제다. 이것을 사용해야만 색조도 짙어지고 염색도 빨리 진행되었다. 또 유리 생산에 필요한 광물성 소금으로 백반이라고도 불리는데 소아시아에서 수입하였다. 당시 제노바가 이것을 독점으로 수입하여 전 유럽에

공급하고 있었다. 베네치아가 소금으로 일어났듯이 제노바가 융성한 것도 바로 이 명반 덕이었다. 그런데 이 명반 광산이 1460년에 교황령 관할지에서 발견되었다. 1466년에 메디치가가 교황청과 계약을 맺고 이를 개발하였다. 이것은 큰 이권이었다.

한편으로 메디치가는 대 금융가답게 사재를 시정市政에 투입하고 학예를 보호·장려하였다. 코시모 1세는 그리스 학자와 플라톤의 숭배자가 되어 자신의 별장에 옛날 플라톤이 세웠던 아카데미를 되살렸다. 피렌체 대학은 지난 700년간 서구 세계에 전혀 알려진 적이 없는 그리스어를 가르치기 시작했다. 성 베드로 성당의 라파엘 방에 아테네 학파의 그림이 그려진 이유이다. 이런 일들로 코시모가 르네상스의 주도자가 되었다. 그는 동방에도 사람들을 보내어 이들이 수집한 문헌들은 다른 어떤 도서관도 필적할 수 없는 훌륭한 로렌초 도서관의 핵심이 되었다.

르네상스를 일군 로렌초 데 메디치

그의 손자 로렌초 데 메디치(1449~1492년) 때에 피렌체와 메디치가의 번영은 정점에 달하고, 그의 뛰어난 외교 수완으로 피렌체가 이탈리아 정치의 중추적 지위를 차지했다. 국부란 명예로운 호칭을 가지고 가문을 부흥시킨 코시모 데 메디치 사후 가문을 물려받은 피에로 데 메디치는 병약했다. 그래서 가문과 피렌체 공화국을 5년밖에 이끌지 못하고 그의 아들이던 로렌조 데 메디치가 스무 살이라는 젊은 나이에 그 뒤를 잇게 되었다. '일 마니피코(위대한 사람)'라는 칭호가 보여주듯 로렌조는 조부나 부친과는 비교도 되지 않을 정도로 매사에 화려하고 당당했다. 로렌조 데 메디치를 표현하는 한 구절이 있다. "그는 운명으로부터, 그리고 신으로부터 최대한의 사랑을 받은 사람이다."

✦ 위대한 로렌초와 당대의 예술가들, 피렌체 피티 궁정박물관

피렌체의 르네상스 문화가 최고조에 이른 것도 이때다. 현대까지 출판되는 작품들을 남길 만큼 뛰어난 문인이었던 로렌조 데 메디치는 당연히 학문적 지성을 중시하고 그리스어 또한 유년 시절의 교육으로 인해 능통했다. 인문주의적 교양을 폭넓게 지녔던 그는 학예, 특히 철학 연구를 장려했다. 그는 예술의 가치를 분명하게 이해하고 그 자신 역시 예술가였다.

정치적 영향력까지 행사했던 메디치 가문은 당시 라파엘, 미켈란젤로, 레오나르도 다 빈치, 단테, 보티첼리 등 쟁쟁한 거장들을 후원하였다. 그들로 하여금 피렌체에서 활동하며 수많은 명작을 남기게 했다. 피렌체의 르네상스는 메디치가의 번영 위에 핀 꽃이다. 은행과 무역에 집중한 피렌체인에 의해 14세기부터 16세기까지 도시는 예술과 문학 그리고 과학에 이르기까지 전 부분에 걸쳐 발전을 이룬다. 그 뒤 메디치가는 르네상스 시대의 피렌체 지역을 실질적으로 지배했다. 이 일가는 토스카나 대공국의 통치자로 군림하게 되었다. 메디치가의 수장 로렌초 데 메디치는 전제군주와도 같은 영향력을 행사하였다.

피렌체 은행들은 국내외 곳곳에서 영업을 잘했다. 그러나 유럽 각국 군주들의 자금줄 역할을 하다가 파산한 사례도 많았다. 루카의 리차르디 은행은 영국 왕에게 40만 파운드를 빌려주었다가 받지 못해 파산했으며 피렌체의 바르디, 페루치, 아이쿠올리 은행 역시 1348년 영국 왕이 채무 불이행을 선포하자 결국 망했다. 영국 왕이 은행 킬러였다.

15세기 유대인 금융업의 대두

메디치 가문은 경쟁이 될 과두 가문에 대한 견제책으로 유대인들에게 1437년 공식적으로 대금업을 허용했다. 그 뒤 1492년 프랑스의 샤를 8세가 피렌체를 침공했을 때 메디치 정권은 붕괴되고 만다. 이탈리아는 비록 경제적으로 번영되고 또 문화, 예술로 유럽을 제압했지만 정치적으로 통일국가를 이룩하지 못했던 탓으로 프랑스의 군사력을 이겨내지 못했다. 그리고 뒤이어 메디치 은행도 파산하였다.

여기에는 정치적 영향도 있었지만 방만한 경영상의 문제가 더 컸다. 당시 군주들에게 돈을 빌려주지 않을 수 없기도 했지만 1494년에 파산한 메디치 은행의 경우를 보면 해외 대리인들이 피렌체로부터 엄격한 통제를 받지 않는 상황에서 브뤼헤, 리옹, 런던에서 각국 군주들에게 지나치게 많이 대출해주었기 때문이다. 이로써 피렌체의 금융산업에서도 유대인들이 그 중심에 설 수 있었다. 유대인들이 대부업을 독점하는 기회를 맞게 되었다. 그럼에도 1400년부터 피렌체를 이끌었던 메디치 가문은 비록 금융업에서 물러났지만 갖고 있는 재산은 많았다. 가문의 정치적 영향력과 문화적 영향력은 1750년대 중반까지 건재했다.

메디치 가문은 2차례의 짧은 공백기(1494~1512년, 1527~1530년)를 제외하고 1434~1737년에 걸쳐 피렌체와 토스카나 지방을 지배했다. 4명의 교황(레오 10세, 클레멘스 7세, 피우스 4세, 레오 11세)을 배출했으며, 유럽의 여러 왕가와 혼인 관계를 맺었다. 프랑스의 왕비가 된 카트린 드 메디시스와 마리 드 메디시스가 바로 메디치 가문 출신이다.

피렌체 인근의 리브르노 시는 스페인에서 추방당한 많은 유대인을 영입하여 16세기 중요한 항구도시로 성장했다. 이곳은 유대인들을 전혀 차별하지 않았다. 이에 따라 유대인을 중심으로 인쇄업이 발달했고 17~18세기까지 경제적·문화적 전성기를 누렸다.

1547년 교황, 5% 이자 허용

하지만 중세 상업활동이 활발해지면서 이자금지법은 변화의 압력을 받게 된다. 도시 간 상업활동은 자급자족적인 농업과는 달리 대규모 자본이 필요했다. 그러나 이자금지법 때문에 대규모로 자금을 조달하는 것이 어렵거나 사람들이 돈을 빌려주는 것을 꺼리는 경향이 있었다.

이에 따라 이자금지 조항을 피해 형식적으로는 이자가 아니지만 실제로는 이자를 지급하는 방법도 개발됐다. 예를 들어 송금이나 환전 형태로 돈을 빌려주고 수수료를 받는 방식이 활용되기도 했다. 결국 이자금지법은 상업 발전이라는 현실을 반영해 높은 이자를 받는 것을 금지하는 고리대금 금지법으로 바뀌게 된다. 결국 1547년 교황이 트렌트 공의회에서 5%의 이자를 허용하였다.

이로써 피렌체와 피사에서 100여 년간 대부업을 독점하던 유대인들의 존재 기반 자체가 위협받으면서 1570년부터 유대인들은 다른 지역으로 이주하기 시작했다. 결국 이듬해인 1571년에 피렌체에도 게토가 생겼다. 그러나 유대인들이 금융업에서 밀려나면서부터 실제 시장 이자율이 지나치게 높아져 교황도 대금업을 하는 그리스도인들의 횡포에 대해 공공연히 비난했다. 이후 지하경제를 실물경제화하기 위해 나중에는 이자를 연 10%까지 허용하는 법을 통과시켰다.

밀라노 경제사

밀라노는 켈트인의 촌락에서 기원하였다. 전쟁 중 십자가의 환상을 본 콘스탄티누스 대제가 313년 밀라노 칙령으로 기독교를 공인한 후, 확장되는 로마 제국을 효율적으로 통치하기 위해 교통과 해상교역의 요충지인 비잔티움을 로마식의 대도시로 건설하여 330년 수도를 로마에서 비잔티움으로 옮겼다.

콘스탄티노플 천도 이후 밀라노 부상

그리고 도시 이름도 비잔티움에서 콘스탄티노플로 개명하였다. 이 무렵부터 황제가 떠나간 로마는 제국의 중심으로서 지위를 잃고 밀라노와 라벤나로 정치적·경제적 중심이 옮겨졌다. 그 뒤 374년에 암브로시우스가 밀라노 교부(대주교)가 되면서부터 밀라노는 북부 이탈리아의 종교 중심지도 겸하게 된다.

∴ 2245개의 거대한 조각 군과 135개의 첨탑이 하늘로 치솟아 있는 대리석으로 만들어진 밀라노 두오모 성당. 설문조사 결과 이탈리아인들이 가장 좋아하는 문화재라 한다.

한편 밀라노는 교통의 요지이자 전략적인 요충지로 빈번한 외세에 시달렸다. 5~6세기에 훈족과 고트족의 침입으로 파괴되었고, 568년 게르만 일파인 롬바르드족이 침입하여 반도의 상당 부분을 점거하였다. 그 뒤 밀라노를 포함한 주변 지역을 롬바르디아라 불렀다. 8세기 프랑크 왕국의 제2대 왕인 샤를마뉴의 치하에 들게 된 무렵부터 밀라노 대주교의 권력이 강대해졌다. 따라서 전란을 피해 성벽으로 둘러싸인 밀라노로 몰려드는 인구도 증대하여 11세기에는 롬바르디아 지방에서 가장 큰 도시국가가 되었다.

유럽에서 가장 지력이 좋은 롬바르디아 평야

롬바르디아의 부는 처음에는 주로 토지에서 이루어졌다. 롬바르디아 평야는 유럽에서 가장 지력이 좋아 옛날부터 풍요로움으로 유명했다. 평야를 가로지르는 포 강을 관개하여 일찍부터 쌀농사 등 농업이 발달하였

다. 알프스 빙하 지대에서 발원한 포 강은 바다에 이르는 200마일 동안 겨우 260m의 낙차로 평화롭게 흐르며 땅을 알맞게 적셔주어 롬바르디아 평야를 곡창 지대로 만들어주었다.

포 강 유역의 평원은 동서 길이가 약 400km, 남북 너비가 약 100~200km로 세 방향이 알프스와 아펜니노의 두 산맥에 의해 둘러싸여 있다. 동쪽은 아드리아 해에 면하고 북동쪽은 베네치아 평원에 의해 슬로베니아의 산지에 접한다. 쌀농사는 밀농사와 달리 절기를 잘 지켜야 하고 특히 사람 품이 많이 들어가는 농사다. 따라서 이곳 사람들은 옛날부터 부지런하고 성실했다. 농업으로 이룬 부는 상공업으로 이어졌다. 그 뒤 중세에 밀라노는 교통의 요지로 무역, 산업, 금융업 등에서 고루 두각을 나타냈다.

밀라노의 부흥: 실크산업을 주도한 유대인

12세기 밀라노도 피렌체와 마찬가지로 유대인들이 주도하여 모직물산업이 발달하였다. 지금도 북부 이탈리아의 작은 도시 비엘라에만 1100개의 모직물 생산업체가 모여 있다. 게다가 밀라노는 모직물산업에 이어 13세기 피렌체에 없는 비단, 곧 견직물산업이 발전하였다. 그 무렵 중국 송나라에서 유대인들이 주로 사 오는 것들이 유럽 귀족들이 좋아하는 비단과 채색옷감 그리고 금실로 수를 놓은 고급 옷감인 금란이었다. 그러나 이를 한 번 가져오는 데 보통 2~3년씩 걸렸다. 게다가 천산 산맥을 넘는 실크로드는 힘들 뿐 아니라 중간에 통행세를 많이 물었다. 그래서 나중에는 유대인들이 주동이 되어 수입대체산업을 일으켰다. 실크의 경우 누에는 롬바르디아에서 길러내어 물레로 명 실을 뽑은 다음 이를 남부 직조업체로 보내어 직조케 하였다.

이탈리아 남부가 비단 직조의 중심지가 된 유래는 제2차 십자군 전쟁 때인 1147년 시칠리아 왕국의 루지에로 2세의 함대가 유대인의 붉은 모직물과 비단 중심지로 유명한 그리스의 유대인 산업 지역인 테살로니키와 테벤 지역을 점령한 덕분이다. 테벤을 점령한 루지에로 2세는 유대인 모직공, 비단 직조공과 염색공을 시칠리아 수도 팔레르모로 강제 이주시켜 서구에서 처음으로 비단 직조와 염색기술을 전수받았다. 또한 북아프리카에서 데려온 유대인들이 헤나와 인디고 등 검은색과

∴ 시칠리아 팔레르모

청색의 천연염료로 쓰이는 유용식물을 재배했다.

동양에서 훔쳐 간 누에고치와 뽕나무 씨

사실 비잔티움 제국의 비단 직조기술은 동양에서 훔쳐 온 것이다. 비잔티움 제국은 선교차 동양으로 떠나는 신부들로 하여금 뽕나무 씨와 누에고치를 훔쳐 오게 했다. 6세기 동로마 황제 유스티니아누스는 인도 북부 세린다국에 체류한 경교景敎 신부들의 방문을 받게 된다. 그는 신부로부터 비단 생산기술에 대한 보고를 받고 얼마간의 선불금과 막대한 보상을 약속했다고 당시의 역사가 프로코피우스(500~565년)가 전하고 있다. 신부들은 황제와의 약속을 지켜 세린다로 돌아가 지팡이에다 누에 애벌레와 뽕나무 씨앗을 몰래 숨겨서 비잔티움으로 반입하는 데 성공하였다. 이렇게 도입한 기술이었다.

그 무렵 13세기 신성 로마 제국의 프리드리히 2세는 국가 재정을 위해 당시 부가가치가 높았던 소금과 철, 구리, 생사(비단실) 등을 독점하여 전매하였다. 이때 생사의 구매와 판매를 유대인에게 맡겼다. 게다가 이들이 적절한 가격에 생사를 사서 팔 때는 구매 가격의 3분의 1 정도를 더 받도록 하였다. 생사 수요자는 비단을 짜는 남부의 수공업자들인데 이들 역시 유대인이었다.

원자재를 얻는 문제와 판매가 시급했기에 황제는 염료와 더불어 생사 조달에도 유대인에게 독점권을 부여한 것으로 보인다.

유대인들은 이렇게 시칠리아와 남부에서 생지를 직조한 후 천연염료인 헤나와 인디고를 활용하여 검정과 청색 염색을 하였다. 그러나 자색 염색을 할 고급품은 밀라노로 가져와 남부 프랑스와 아랍에서 수입한 자색 염료를 사용해 코모 호숫가와 포 강에서 염색하였다. 그 무렵 남부 프랑스에는 유대인 수공업자들이 거의 없었지만 유대인의 전통적인 직업 중 하나인 자색 염료 생산에 종사하는 유대인들이 있었다. 남부 프랑스에서 자라는 나무에서 얻는 자색 염료를 3명의 유대인이 임대료를 내고 독점 생산하여 이탈리아 유대인 염색업자에게만 공급하였다. 이렇듯 염료와 관계된 원자재에서부터 시작해 염색과 완제품 생산 그리고 유통 등 전 과정을 유대인들이 장악하였다.

유대인만의 비법인 자주색 염색기술로 최고의 비단 제품을 만들어냈다. 당시 자주색은 추기경의 색깔이라 하여 누구나 입고 싶어 하는 최고 인기 색상이었다. 그리고 유통의 전 과정을 장악하고 있었기 때문에 이중가격 제도를 운영할 수 있었다. 그래서 국내에서는 싸게 팔고 해외에서는 고가격을 유지하였다.

그 뒤 영국을 포함한 유럽 일부 지역에서도 실크 생산을 시도했으나 색상과 질적인 면에서 코모 실크를 당해낼 수 없었다. 당시 롬바르디아 평야의 기름진 저지대에서는 밀과 벼가 자랐고 산지에서는 유대인들이 심은 누에를 먹일 뽕나무가 지천이었다. 이를 이용해 밀라노는 코모와 함께 중요한 비단의 생산 지역이자 거래시장이 되었다. 중세 귀족들 사이에서 최고의 인기품이자 가장 부가가치가 높은 수입품이었던 비단을, 이를 수입하던 유대인들이 생산공정을 지역별로 최적화하고 분업화함으로써 현지에서 직접 만들기 시작한 것이다. 한마디로 수입대체산업을 일으킨 것이다.

13세기 당시 유대인들은 코모 호숫가에서 그들만의 세련된 색상과 디자인으로 완제품을 생산하였다. 생산된 비단 제품은 플랑드르 지역 등 유럽 각지로 팔려나갔다. 이렇듯 이탈리아의 실크산업은 유대인들이 구매, 생산, 판매를 아우르는 일관 유통조직을 이루어내 지켜왔다. 오늘날 밀라노 인근의 호수도시 코모가 세계 실크산업의 중심지로 남아 있는 연유가 여기에 있다. 지금도 코모에는 2100개 이상의 실크업체가 있다. 이처럼 이탈리아의 산업 클러스터, 곧 산업집적 단지는 오랜 역사의 산물이다.

그 무렵 프랑스 귀족들은 이탈리아 실크를 사기 위해 황금을 이탈리아에 쏟아부었다. 15세기 루이 11세는 이러한 경제적 폐해를 바로잡기 위해 프랑스 내에서 실크를 생산하도록 독려했다. 당시 유대인들이 프랑스 리옹에서 실크 염료를 직접 생산해냈다. 이후 리옹에서도 유대인들에 의해 실크산업이 꽃을 피웠다.

18세기 영국에서도 실크산업이 꽃을 피웠다. 영국도 실크를 생산했으나 품질이 조악했다. 문제 해결의 관건은 선진기술이었다. 하지만 최고급 비단을 생산하고 있던 이탈리아 도시국가들은 기술자의 출국 금지, 기술 유출 시 사형 같은 엄격한 비밀유지 장치를 마련해놓고 있었기 때문에 기술도입은 불가능했다. 롬브 형제가 이탈리아 볼로냐의 실크공장 평면도를 훔쳐 왔다. 1717년 영국 더비에 볼로냐식 비단공장을 세우고 양질의 비단을 선보였다.

볼로냐는 몇 수 아래로 여겼던 영국에서 자기네와 똑같은 품질의 비단이 싼 가격에 생산되는 데 충격받았다. 진상을 파악하고 격분한 볼로냐의 비단 길드는 1722년 여성 암살단을 보내 동생인 존 로브를 살해했다. 반면 암살을 모면한 형 토머스 롬브는 영국의 비단산업을 번창시켰다. 그는 1727년에 비단산업을 발전시킨 공로로 기사 작위를 수여받았을 뿐 아니라 엄청난 돈을 벌었다. 이에 자극받아 여기저기서 신기술이 봇물처럼 터져 나왔다. 1764년 제니방적기, 1769년 수력방적기, 1779년 뮬방적기 등이 잇달아 발명되었다. 형제 산업 스파이의 도둑질이 영국의 산업혁명을 자극한 셈이다.

유럽 최고의 갑주 생산지

당시 밀라노에서 비단 다음으로 유명했던 것이 갑주甲冑였다. 갑甲은 갑옷, 주冑는 투구를 이른다. 실제는 갑옷과 투구 등 기사의 보호장구 전체를 일컫는 말이다. 착용자의 몸이 단단한 갑주의 표면과 마찰하는 것을 피하기 위해 갑주 안에 무거운 가죽 코트인 펠트felt를 입었다. 밀라노 갑주의 특징은 둥글둥글한 라운드 모양의 강철 갑옷이었다. 이는 적의 창칼을 빗나가게 하여 잘 막아냈다. 평면의 갑옷보다 충격을 잘 흡수 분산하여 한계 이상의 충격을 받아도 심하게 손상되거나 부서지는 일이 없었다. 따라서 기사들이 크게 해를 입는 경우가 적었다. 유럽 기사들 사이에서 최고의 명품 대접을 받았던 상품이었다.

한편 이러한 신형 갑옷의 등장과 더불어 크고 작은 분쟁과 함께 전장에서의 갑옷 수요는 급격히 늘어났다. 병사들이라도 다리만큼은 갑주를 착용하는 것이 일반화되어 밀라노 갑옷산업이 부흥하였다. 싼 가격의 보급형에서부터 완벽한 방호를 자랑하는 예술품에 가까운 갑옷까지 갑주 전성시대를 이루었다.

밀라노, 유럽 최대의 금융 중심지로 발돋움하다

1163년 밀라노는 신성 로마 제국의 황제 프리드리히 1세의 침공으로 시가지가 파괴되었으나 롬바르디아 동맹에 가담하여 1176년 레냐노 싸움에서 황제를 무찔렀다. 롬바르디아 도시동맹은 북이탈리아의 베네치아 및 롬바르디아 지방에 있던 20개 도시가 신성 로마 제국의 간섭에 맞서 자치권을 지키기 위해 12세기와 13세기 2차례에 걸쳐 맺은 동맹이었다.

그 뒤 밀라노는 모직물산업과 견직물산업에서 축적한 부를 이용하여 메디치 가문이 쇠퇴하는 시점을 틈타 피렌체를 제치고 중세 유럽 최고의 금융 중심지가 되었다. 사실 은행이 처음으로 생겨난 곳은 13~16세기 유대인이 많았던 이탈리아 베네치아였다. 유대인이 주도하는 금융업이 나중에 피렌체를 거쳐 밀라노를 중심으로 한 롬바르드 지방으로 퍼져나갔다. 이후 롬바르디아가 이탈리아의 금융 중심지이자 전 유럽의 금융 중심지로 커졌다.

중세의 금전 대출과 은행업이라고 하면 이탈리아를 말하는 것으로 여겨지고 그 가운데서도 롬바르디아 지역이 가장 유명했다. 그래서 훗날 영국이 17세기 중엽 런던에서 '더 시티'라는 금융특구를 정하고 금융 업무를 개시하게 되자 그 최초의 거리 이름을 '롬바르드 가'라고 명명했다. 이를 보면 당시 밀라노를 중심으로 하는 롬바르디아의 금융산업이 얼마나 융성했는지를 미루어 짐작할 만하다.

그러나 내분 등으로 인해 결국 1495년에는 프랑스에 침략당했고 1535년에는 스페인에 점령당하여 1714년까지 180년간이나 스페인의 지배를 받았다. 이때 스페인의 펠리페 2세는 교황 바오로 4세와 긴밀한 공조를 이루기 위해 1597년에 밀라노의 유대인들을 추방하였다. 그 무렵 교황 바오로 4세 치하에서는 이단 혐의를 받은 자는 무조건 교회의 적으로 선언되었다. 형벌은 무조건 사형이었으며, 특히 이단으로 선고된 자들은 대개 화형에 처해졌다. 유대인 추방 이전까지만 해도 세계 경제의 중심지는 북부 이탈리아와 네덜란드를 포함한 플랑드르 지방이었다. 유대인 추방 이후 밀라노 경제가 위축되어 세계 상권의 중심지도 유대인들이 건너간 영국으로 옮겨 갔다. 그 뒤 밀라노는 나중에 오스트리아에 합병되었다가 1861년에 이탈리아 왕국으로 통일될 때 자유를 되찾았다.

밀라노의 부활

은행들이 지방에서 사업을 시작했다가 성장한 연후에는 금융 중심지로 이끌려 가게 된다. 이탈리아 통일은 은행 집중의 움직임을 낳았다. 처음에 행정부가 피렌체로 이동했을 때 은행들 역시 토리노에서 피렌체로 향했고 그다음에는 로마가 수도로 정해지자 그곳으로 따라갔지만, 결국에는 교황청 수입이라는 유인요소가 있었음에도 로마가 사업 중심지가 아니라는 것이 확실해지자 다시 밀라노로 돌아갔다.

이러한 밀라노가 금융이나 패션 산업 이외에도 근대 공업의 중심지로 탈바꿈한 것은 그리 오래되지 않은 19세기 후반이다. 전통적인 섬유공업을 토대로 1880년대에는 알프스 산맥의 수력발전을 이용하여 금속공업, 화학공업, 기계공업 등의 중화학공업을 진작시킴으로써 이탈리아 최대의 공업도시가 되었다. 밀라노는 여러 산업을 망라하는 종합적인 공업지대를 형성하고 있으나, 특히 화학·섬유·기계공업이 두드러진다.

참고문헌

가나모리 히사오 지음, 정재철 옮김,《흥망 세계경제》, 매일경제신문사, 1995

강영수 지음,《유태인 오천년사》, 청년정신, 2003

갤브레이스 지음, 장상환 옮김,《경제학의 역사》, 책벌레, 2009

공병호 지음,《인생은 경제학이다》, 해냄, 2006

권홍우 지음,《부의 역사》, 인물과사상사, 2008

기 소르망 지음, 김정은 옮김,《자본주의 종말과 새 세기》, 한국경제신문사, 1995

김경묵·우종익 지음,《이야기 세계사》, 청아출판사, 2006

김욱 지음,《세계를 움직이는 유대인의 모든 것》, 지훈, 2005

김욱 지음,《유대인 기적의 성공비밀》, 지훈, 2006

김종빈 지음,《갈등의 핵, 유태인》, 효형출판, 2001

니얼 퍼거슨 지음, 김선영 옮김,《금융의 지배》, 민음사, 2010

데릭 윌슨 지음, 신상성 옮김,《가난한 아빠 부자 아들 3》, 동서문화사, 2002

마빈 토케이어 지음, 이찬일 옮김,《성경 탈무드》, 선영사, 1990

막스 디몬트 지음, 이희영 옮김,《세계 최강성공집단 유대인》, 동서문화사, 2002

머니투데이 국제부 지음,《월가 제대로 알기》, 아카넷, 2005

문미화·민병훈 지음,《유태인 경제교육의 비밀》, 달과소, 2005

미야자키 마사카츠 지음, 오근영 옮김,《하룻밤에 읽는 세계사 2》, 알에이치코리
    아, 2012

박윤명 지음,《상식 밖의 동양사》, 새길, 1995

박은봉 지음,《세계사 100장면》, 실천문학사, 1998

박재선 지음,《세계사의 주역, 유태인》, 모아드림, 1999

박재선 지음,《유태인의 미국》, 해누리, 2002

브라이언 랭커스터 지음, 문정희 옮김,《유대교 입문》, 김영사, 1999

비토리오 주디치 지음, 최영순 옮김,《경제의 역사》, 사계절, 2005

사카키바라 에이스케 지음, 삼정 KPMG경제연구소 옮김,《경제의 세계세력도》, 현암사, 2005

사토 다다유키 지음, 여용준 옮김,《미국 경제의 유태인 파워》, 가야넷, 2002

새뮤얼 애드셰드 지음, 박영준 옮김,《소금과 문명》, 지호, 2001

시오노 나나미 지음, 김석희 옮김,《로마인 이야기》, 한길사, 2007

쑹훙빈 지음, 차혜정·홍순도 옮김,《화폐전쟁 1, 2》, 알에이치코리아, 2014

안효상 지음,《상식 밖의 세계사》, 새길, 1997

애디슨 위긴 지음, 이수정 옮김,《달러의 경제학》, 비즈니스북스, 2006

에른스트 곰브리치 지음, 이내금 옮김,《곰브리치 세계사 1, 2》, 자작나무, 1997

오오타류 지음, 양병준 옮김,《유태7대 재벌의 세계전략》, 크라운출판사, 2006

우광호 기자, 〈유대인 이야기〉,《가톨릭신문》

우태희 지음,《세계 경제를 뒤흔든 월스트리트 사람들》, 새로운제안, 2005

우태희 지음,《월스트리트 사람들》, 새로운제안, 2005

육동인 지음,《0.25의 힘》, 아카넷, 2009

윤승준 지음,《하룻밤에 읽는 유럽사》, 알에이치코리아, 2004

이강혁 지음,《스페인 역사 100장면》, 가람기획, 2006

이라유카바 최 지음,《그림자 정부(경제편)》, 해냄, 2005

자크 아탈리 지음, 양영란 옮김,《미래의 물결》, 위즈덤하우스, 2007

정성호 지음,《유대인》, 살림, 2003

존 고든 지음, 김남규 옮김,《월스트리트 제국》, 참솔, 2002

찰스 가이스트 지음, 권치오 옮김,《월스트리트 100년》, 좋은책만들기, 2001

찰스 킨들버거 지음, 주경철 옮김,《경제강대국 흥망사》, 까치, 2005

최영순 지음,《경제사 오디세이》, 부키, 2002

최영순 지음,《성서 이후의 유대인》, 매일경제신문사, 2005

최용식 지음,《돈 버는 경제학》, 알에이치코리아, 2008

최용식 지음,《환율전쟁》, 새빛에듀넷, 1012

최재호 지음,《유대인을 알면 경제가 보인다》, 한마음사, 2001

최창모 지음,《이스라엘사》, 대한교과서, 2005

최한구 지음,《유대인은 EQ로 시작하여 IQ로 승리한다》, 한글, 1998

코스톨라니 지음, 김재경 옮김,《돈, 뜨겁게 사랑하고 차갑게 다루어라》, 미래의창,
    2005

쿠사카리 류우헤이 지음, 지탄현 옮김,《소로스의 모의는 끝났는가》, 지원미디어,
    2000

폴 존슨 지음, 김한성 옮김,《유대인의 역사》, 살림, 2014

피터 번스타인 지음, 안진환·김성우 옮김,《신을 거역한 사람들》, 한국경제신문사,
    2008

홍성국 지음,《세계 경제의 그림자 미국》, 해냄, 2005

후지다 덴 옮김, 진웅기 옮김,《유태인의 상술》, 범우사, 2008

성서(대한성서공회, 공동번역 개정판)

우광호 기자, 〈유대인 이야기〉,《가톨릭신문》

샤프슈터 박문환, 〈고수투자 데일리〉,《한경와우넷》

홍익희의
유대인 경제사 3
동방무역과 금융업
중세 경제사 上

1판 1쇄 발행 | 2015년 11월 16일
1판 5쇄 발행 | 2022년 10월 4일

지은이 홍익희
펴낸이 김기옥

경제경영팀장 모민원
기획 편집 변호이, 박지선
커뮤니케이션 플래너 박진모
경영지원 고광현, 임민진
제작 김형식

디자인 푸른나무디자인
인쇄 · 제본 민언프린텍

펴낸곳 한스미디어(한즈미디어(주))
주소 121-839 서울시 마포구 양화로 11길 13(서교동, 강원빌딩 5층)
전화 02-707-0337 | 팩스 02-707-0198 | 홈페이지 www.hansmedia.com
출판신고번호 제 313-2003-227호 | 신고일자 2003년 6월 25일

ISBN 978-89-5975-885-2 14320
ISBN 978-89-5975-861-6(세트)